北京商务年鉴

(2010)

北京市商务委员会　编

华龄出版社

责任编辑：林欣雨　程　扬
装帧设计：刘苗苗
责任印制：刘苗苗

图书在版编目（CIP）数据

北京商务年鉴．2010/北京市商务委员会编．—北京：华龄出版社，2010.11
ISBN 978-7-80178-777-4

Ⅰ．①北…　Ⅱ．①北…　Ⅲ．①商务—北京市—2010—年鉴　Ⅳ．①F727.1-54

中国版本图书馆 CIP 数据核字（2010）第 201399 号

书　　名：北京商务年鉴（2010）
编　　者：北京市商务委员会
出版发行：华龄出版社
印　　刷：北京画中画印刷有限公司
版　　次：2010 年 11 月第 1 版　　2010 年 11 月第 1 次印刷
开　　本：889×1194　1/16　　**印　　张**：21.5
字　　数：430 千字　　**印　　数**：1～1 000册
定　　价：150.00 元

地　　址：北京西城区鼓楼西大街 41 号　　**邮编**：100009
电　　话：84044445（发行部）　　**传真**：84039173

2009年7月，北京市市长郭金龙代表北京市人民政府与海关总署签署合作备忘录

商务部副部长姜增伟和北京市副市长程红出席第六届全国烹饪技能竞赛总决赛暨2009“水立方杯”北京国际美食盛典活动。

2009年8月，北京市副市长程红出席四川农产品及地方特色产品展卖会

2009年9月，北京市商务委员会主任卢彦出席《京冀农产品产销对接洽谈会暨商贸流通工作合作协议》签字仪式

2009年8月，北京市商务委员会领导督察“迎国庆”食品安全专项整治工作

2009年9月，北京市商务委员会领导带队检查商业设施无障碍改造项目——低位收款台

2009年9月，北京市商务委员会领导检查国庆节肉品安全和市场供应“双保障”工作

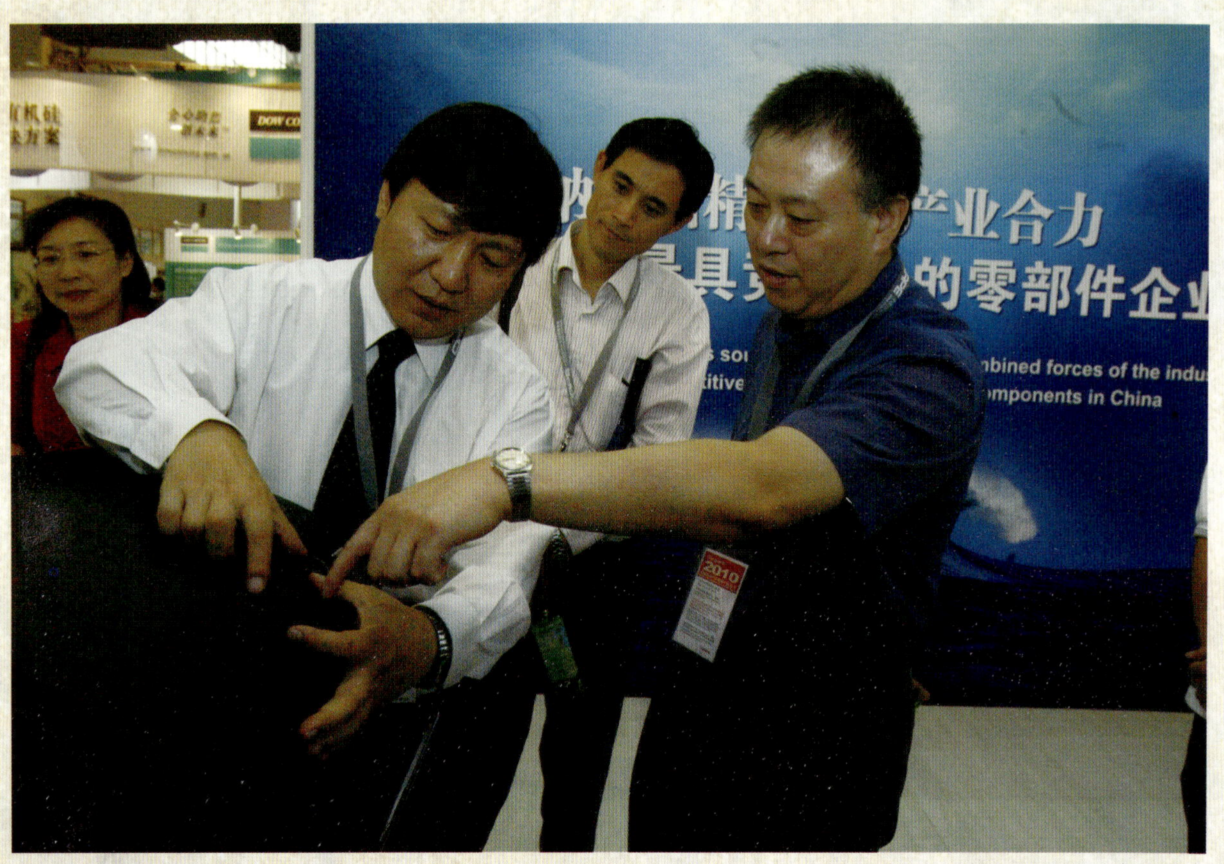

2009年9月，北京市商务委员会领导参观第三届中国国际汽车零部件博览会

2009年12月，北京市商务委员会领导调研医药物流配送中心

2009年5月，北京市商务委员会领导会见什邡市农业合作社代表

2009年12月，北京市商务委员会领导参加“2009年北京拍卖季”闭幕式

2009年2月，北京市商务委员会领导带队检查超市安全情况

2009年9月，北京市商务委员会领导出席在杭州举行的北京老字号“重温奥运辉煌、共享百年名品”系列巡展活动

2009年8月，北京市商务委员会领导出席北汽福田汽车股份有限公司俄罗斯销售公司开业仪式

2009年9月，北京市商务委员会领导出席“2009北京购物季”全市饮食业促销活动启动仪式

2009年7月，口岸办领导慰问T3航站楼防控甲型H_1N_1流感第一线工作人员

2009年5月，粮食局领导参加“2009北京科技周”粮食主题日活动

2009年4月，口岸办组织召开首都机场地区社会治安综合治理委员会会议

编 辑 说 明

一、《北京商务年鉴（2010）》（以下简称《年鉴》）由北京市商务委员会《年鉴》编辑委员会编纂，是本市商务领域唯一的权威性、综合性年鉴。该书的前身——《北京商务概览》创刊于2003年，2004年分为外经贸卷和内贸卷。2005年将两卷合一，更名为《北京商务年鉴》，并由内部刊印改为公开出版发行。

二、《年鉴》全面、系统地记述了上年北京市商务领域的基本情况和取得的成就。封面年号“2010”表示本期《年鉴》于2010年出版，主要包括2009年1月1日至12月31日期间的工作成果、相关数据和工作照片，并在重要文献中涉及2010年全市商务工作安排。

三、《年鉴》的内容由商务部门各单位提供，内容广泛，资料详实，数据准确，逐年出版，具有宝贵的文献保存价值。

四、《年鉴》不仅能为政府机关领导决策提供参考依据，也可为国内外商务领域和其他各界人士提供相关的法规、政策和数据资料，对本市商务领域的发展具有现实指导意义，对商务领域的各项工作也具有专业指导作用。

五、《年鉴》创刊以来，承蒙商务部门各单位领导的大力支持和撰稿人的积极参与，受到有关人士的欢迎和鼓励，在此谨致谢意，并希望继续得到各界人士的关心和支持。

《北京商务年鉴》编辑委员会

二〇一〇年十月

Editor's Notes

Ⅰ. *Beijing Commercial Yearbook* (2010) (hereinafter abbreviated as the Yearbook), compiled by the editorial committee of the *Yearbook* of Beijing Municipal Commission of Commerce, is the only authoritative and comprehensive yearbook in the commercial field in Beijing. The predecessor of the *Yearbook* is *Beijing Commercial Review* started publication in 2003. In 2004, the book was divided into two volumes—Foreign Economy & Trade Volume and Domestic Trade Volume. In 2005, the two volumes were combined together as one book with the name *Beijing Commercial Yearbook*, which changed from a periodical for restricted circulation into a publicly published one.

Ⅱ. The *Yearbook* gives a comprehensive and systematic record of the basic situation and achievements in the commercial field in Beijing, "2010" in the cover means the Yearbook is published in 2010. The *Yearbook* mainly includes the achievements of work, the related data and work photos from January 1 to December 31, 2009, and involves the commercial work arrangement of Beijing in 2010 in some important documents.

Ⅲ. The contents of the *Yearbook* come from various authorities of Commerce. With rich material, wide coverage and accurate data, the *Yearbook* is a valuable document.

Ⅳ. The *Yearbook* can not only provide reference for the leaders of government authorities to make decision but also provide the related materials of laws, regulations, policies and data for domestic and overseas personnel in the commercial field as well as other fields. It can offer practical directions to the development of the commerce in Beijing and professional directions to specific work in the commercial field.

Ⅴ. We are deeply appreciative of the great support from Beijing Municipal Commission of Commerce, the active participation of the writers, and the enthusiastic encouragement of the related personnel since the publication of the *Yearbook*. We hope we would be concerned and supported continuously in the future.

Editorial committee of *Beijing Commercial Yearbook*

October 2010

目　录

第一部分　重要文献

第二部分　法规、文件选编

第三部分　主要业务

第四部分　口岸、海关、检验检疫

第五部分 开发区、区（县）商务

第六部分　统计资料

第七部分　大事记

第八部分 附 录

CONTENTS

Part Ⅰ Important Documents

Part Ⅱ Selection of Rules, Regulations and Documents

Part Ⅲ Main Work

Part Ⅳ Ports, Customs, Inspection and Quarantine

Part Ⅴ Busiuess in Development Area, Districts and Counties

Part Ⅵ Statistical Materials

Part Ⅶ Record of Major Events

Part Ⅷ Appendix

第一部分

重　要　文　献

程红副市长在2010年全市商务工作会议上的讲话

（二〇一〇年二月八日）

2009年，商务战线各有关部门在国际金融危机的严峻形势下，以前所未有的工作力度和热情，积极出台政策，深入服务企业，不断开拓创新，使首都商务工作走在了全国前列，为首都经济平稳较快发展做出了积极贡献。这是市委、市政府对商务工作高度重视、正确领导的结果，是各区（县）政府、相关委办局积极配合的结果，更是全体商务工作者和商贸企业奋力拼搏、扎实工作的结果。我代表市政府和郭金龙市长，对大家的辛勤工作表示衷心的感谢！

一、2009年商务工作的三个突出特点

（一）2009年是商务工作的政策年

1. 国务院及有关部门制定了一系列促消费的政策。年初开始实施“家电下乡”政策，年中实施汽车和家电“以旧换新”政策。在落实促消费政策中，本市是全国第二批“家电下乡”省区市中最先启动的一家，也是全国启动“以旧换新”政策的第一家。各区（县）政府积极开展统筹协调，财政、商务等部门的同志们采取“一对一”的方式为百姓兑付补贴额，中标企业严格按照相关规程操作，保证了政策的有效落实。

2. 市委、市政府及有关部门及时出台了3个较有影响的商务政策：一是制定鼓励跨国公司在京设立地区总部的政策，对本市2009年认定的22家地区总部起到了直接促进的作用；二是制定促进服务外包产业发展的政策，拉动本市国际服务外包离岸业务执行额超过10亿美元，增长93.5%；三是实施商业水电费与工业同价政策，进一步优化了商业发展环境。

（二）2009年是商务工作的服务年

各区（县）政府和市各有关部门进一步强化服务意识，积极采取措施帮助企业应对国际金融危机。海关部门推出了10项措施，如改革保证金收取方式，帮助外贸企业减少资金占用达8亿元；外汇管理部门推出了15项措施，如将外汇审核改为网上审核，一年累计减少了5万人次的往返成本；出入境检验检疫部门推出了12项措施；国税部门退税审核时限缩短了10天；商务部门积极协调增加外经贸发展资金，并首次争取到了内贸发展资金；支持企业参展数量增长了54%，有效帮助企业开拓市场；运用出口信用等新的政策工具支持出口企业，保单融资额增长了70%。

（三）2009年是商务工作的创新年

1. 简政放权，效能实现新提高。商务部门主动下放行政审批权限，精简工作环节，各审批环节的审批时限共缩减了177个工作日。在政府部门政风行风社情民意调查中，商务部门名列前茅。边检部门以优良的服务荣获公安部集体一等功。北京海关执法评估指标在全国排名比上年跃升24名，通关效率居全国第一，直接提升了本市外经贸环境效能。

2. 多方协调，政策实现新突破。商务部门积极协调，为企业赢得了新的发展机会。如大兴宜家项目用地通过土地市场“招、拍、挂”取得土地使用权，并首开外资参与土地转让的先例，实现了新突破；艾克泰公司获得卫星电视接收系统设备生产资格；亦庄GE公司希望建立全球第三个产品再制造中心多年未果，经多方努力、积极争取，2009年终于获得了政策试点资格。

3. 积极探索，工作得到新拓展。一是在统筹内外贸发展和国内外市场方面有许多新做法。商务部门把外贸企业产品优势、内贸企业渠道优势和本市购买力优势相结合，组织了“赶外贸大集”活动，既稳定了外贸大局，丰富了首都市场，又有利于企业从长远发展角度统筹拓展国内外市场。二是服务全国、服务大局的工作力度明显增强。商务部门积极为什邡农产品进京进行衔接和促销；帮助参与奥运服务的外省市企业销售农产品；“7.5”事件后，迅速采取措施，组织新疆瓜果在京销售，市商务委因此荣获国务院颁发的民族团结进步奖。三是加大对本地产品和品牌“走出去”的支持力度，帮扶本地企业和品牌开拓市场。通过政策支持、多方协调、有效对接等多种方式，促进贸易企业销售地产产品；举办“老字号”奥运城市巡展，“老字号”网站开通后，直接促进其销售总额中对外省市的销售比例达到70%。

4. 多方联动，工作体系得到新发展。一是强化与中央单位的联动。2009年，市政府与海关总署签订了合作备忘录，进一步加强了署市合作；与中国进出口信用保险公司签署了合作协议，帮助外贸企业降低市场开拓风险；此外，还积极推动与商务部的紧密合作。二是强化与区（县）、功能区在政策衔接、工作协商等方面的联动。鼓励跨国公司在京设立地区总部政策出台后，朝阳区率先出台了配套政策；促进服务外包产业发展政策出台后，海淀区、昌平区随即出台了配套政策；在实施“家电下乡”和“以旧换新”政策时，平谷等区（县）加大了支持力度。三是强化与中介组织、国际商会的联动。将具有国际水准中介机构的渠道、专业优势与政府的政策、服务优势相结合，开展“以商招商”，收到良好效果。四是强化与企业的联动。充分依托现有商贸企业渠道，加强宣传和培训，落实国家“家电下乡”和“以旧换新”政策。

二、关于2010年商务工作

（一）开拓创新保增长

1. 促消费。一是抓好促销工作。全市要集中举办1～2个具有国内外影响力的品牌促销活动，并借举办上海世博会的有利时机，拉动外来消费。各区（县）政府及相关企业要围绕自身特点，开展形式多样的促销活动。二是加大品牌引进力度，扩大时尚消费。引进国内外优秀品牌，是丰富首都市场、提高特色化经营水平的重要方面。今年将组织15期各省区市名特优商品来京销售，活跃区域消费市场。希望有条件的区（县）和商家共同携手，打造在国内乃至亚洲具有一定影响力的时尚消费区。三是进一步完善郊区现代流通网络，提升农村消费。在推进“家电下乡”和“以旧换新”工作的同时，进一步健全郊区现代流通网络，方便农民消费。大力开展“农超对接”，让京郊农民获得更多收益。四是大力发展电子消费、信贷消费等新型消费，促进消费升级、扩大消费规模。

2. 引外资。一是引进总部和高端经济。要继续完善和落实好鼓励跨国公司在京设立地区总部的政策，加强分税政策调整后总部经济发展研究，加大高端总部的引进力度。关注中央企业和上市企业的返程投资以及投资性公司的引进，加大力度促进大项目落地。二是做好后续服务。强化为增资企业的服务，重点对增资1亿美元以上的项目进行专人跟踪服务，切实做到外资“进得来、留得住、发展好”。三是持续开展小规模、专业化定向招商活动。相关区（县）和功能区要及时跟进。

3. 扩外贸。一是要抓住国际金融危机后的机遇，争取战略性资源和产能加速在京聚集。特别是各功能区要着重加强这方面工作。二是市、区（县）商务部门要依托中关村国家自主创新示范区和高端产业功能区，做好相关服务，提高“双自主”产品出口。三是要研究进口鼓励政策，保持进口的持续发展。

（二）积极谋划促升级

1. 推动商业服务业实现“四化”。一是规范化。包括生产安全、食品安全、消费者权益保护、零供关系改善、节能减排等内容。二是现代化。包括现代业态的引进、连锁水平的提高、电子商务的发展等。三是特色化。包括特色街区、特色企业等。希望各区（县）能够结合本地实际，做深、做精特色商业。四是国际化。包括主体构成、商品构成、服务水准等的国际化。主体构成中，国际著名零售品牌的比例是衡量市场国际化程度的指标；商品构成中，国际品牌占比是衡量市场丰富程度的重要指标；关于服务水准，外币兑换、刷卡、无障碍设施、退换货、服务人员外语水平等服务细节是重要影响因素。应立足国际商贸中心、世界城市的目标，找到差距，快速弥补，努力达到国际先进水平。

2. 促进外贸增长方式转变。一要关注对外贸易向国际贸易的转变。由鼓励单向的外贸出口向双向的国际贸易转变，由单纯追求量的增长向追求质的提升转变，着重研究“双自主”产品市场开拓问题。二要在发展货物贸易的同时注重发展服务贸易。要下决心办好中国服务贸易大会，加强服务贸易问题研究。三要进一步关注商品贸易和服务贸易的结合，推动生产性服务业发展。

（三）积极作为优效能

1. 进一步将服务机制长效化。要把服务奥运、服务新中国成立60周年庆祝活动以及应对国际金融危机过程中形成的好的工作机制和政策措施尽可能长效化。各相关部门、特别是涉外垂直管理部门，要从促进地方经济持续发展的角度尽可能地稳定政策，深入基层跟踪行业和领域发展的新情况和动态。各区（县）商务部门也要加大协调力度，共同为企业做好服务。

2. 更好地为功能区发展服务。相关区(县)政府和市商务部门共同配合，为全市六大高端产业功能区以及相关专业化园区做好服务。天竺综合保税区必须在6月份实现封关运营，并完成2亿美元吸引外资和240亿美元进出口任务。平谷马坊物流基地要在年初实现运行。商务部门要对全市6个物流园区进行评估，以鼓励其按照既定功能定位，实现错位发展。此外，还要启动电子商务园区建设的相关工作，加大6个服务外包示范区的支持力度，争取获批1～2个保税物流园区（B型），积极申请汽车整车进口口岸。

3. 努力建设学习型干部队伍。按照党

的十七届四中全会精神和建设世界城市的要求，加强学习，把学习成果转化为推动工作的思路和举措。关注和研究国际化大都市、国际商贸中心的发展规律和趋势。只有把握规律，找到差距，才能用创新精神弥补差距。

全力打造国际商贸中心，实现首都商务发展新跨越

——卢彦主任在2010年全市商务工作会议上的报告

（二○一○年二月八日）

同志们：

今天召开全市商务工作会议，总结2009年商务工作，提出2010年全市商务工作思路和目标，部署相关工作。

一、2009年商务工作回顾

2009年是进入新世纪以来商务发展最艰难的一年。在市委、市政府的坚强领导下，商务部门围绕全市工作大局，以前所未有的干劲，超常的工作措施，积极应对国际金融危机，扩消费、促引资、保出口，有力拉动了全市经济增长；围绕服务建国60周年庆典，保供应、保稳定、促民生，精心组织，圆满完成了各项任务。

（一）攻坚克难应对危机，创新提升力保增长

——社会消费品零售额再次位居全国各城市之首。

社会消费品零售额在高位基础上增长15.7%，突破五千亿大关，达5 309.9亿元。被《福布斯》列为世界第十五大“购物之都”、第八大“美食之都”。

政府出面，搭建平台，提振消费信心。提早下手，谋划全年促销活动，做到全年有安排、每季有策划、月月有活动。围绕节日、汽车、餐饮、农村四个重点领域，利用各种资源，开展主题促销活动。市、区商务部门直接组织购物季、点击消费、刷卡消费、特色街消费节、北京国际美食盛典等50余项大型促销活动，全力营造消费氛围，有力拉动全市消费增长。14个区（县）社会消费品零售额增幅达到或超过年初预定目标，其中昌平区增幅居全市之首，达26.3%。继朝阳区2008年成为首个超过千亿元的消费大区后，2009年海淀区也跨入千亿元行列。率先开展内外贸对接。全年举办“外贸大集”6期，超过350家外贸企业参加，接洽商家约1 500家次，80%的外贸企业找到国内商业合作伙伴，带动了周边商业、餐饮业的繁荣。商务部陈德铭部长称赞这是“统筹国内外两个市场的创新之举”。

聚焦品牌，强化特色，带动消费升级。引进国际知名品牌，丰富北京市场。在全年新引进零售外资店铺中，品牌专卖店占66.8%，达223家。2009年，在全球280家世界一流零售商中，已有101家入驻北京，零售业开放程度居内地之首。围绕前门

大栅栏等特色商业街、蓝色港湾等时尚商业区，推动商业与旅游、文化结合，重点拉动特色消费、外来消费。市、区联手，精心培育的商业特色街——南锣鼓巷，被《时代》周刊评选为2009年亚洲25处必去之地。首次组织北京“老字号”奥运城市巡展。开通“老字号”网店，99家品牌“老字号”实现网购。发行“京城老字号”信用卡，扩大影响，吸引年轻人消费。16家“老字号”新开连锁门店254家，超过历年累计门店的1/10。重点监测的20家“老字号”零售额增长16%，高于全市平均增幅。为期3个月的拍卖季成交额突破百亿，达104亿元，增长147.6%。三个区举办汽车消费节，丰台销售34亿元。宣武区菜百首饰销售达45亿元，位居全国单店第一。

率先启动，创新服务，落实消费政策。在全国推广的各省市中，北京第一家启动“家电下乡”，第一家启动现场补贴。平谷在国家补贴13%的基础上，对电脑加补7%。全市共设立“家电下乡”销售网点697个，销售17.3万台，发放补贴3 238.5万元，带动销售3.4亿元。家电“以旧换新”工作实现送新收旧一条龙服务，销售新家电42.1万台，销售额16.7亿元；回收旧家电49万台，收旧大于售新近7万台。

落实小排量汽车购置税优惠和“汽车下乡”等政策，拉动汽车消费。全市共销售机动车114.8万辆，增长30.8%。汽车、摩托车下乡销售额超过10亿元，其中顺义等四个区销售额均超过1亿元。

——利用外资逆势中保持“双增长”。

全年实际利用外资增长0.6%，达61.2亿美元；合同外资增长1.6%，达83.2亿美元，增速高于全国平均水平。

强化政策措施，凸显总部优势。及时修订鼓励跨国公司在京设立地区总部政策。全年新认定跨国公司地区总部22家，超过历年累计认定总量的1/3。朝阳区率先出台外资总部配套措施。26家在京企业进入世界500强后，北京跃居第三大500强全球总部之都。

提供个性化服务，实现引资突破。多方协调，外资参与土地转让实现突破，宜家成为全市首个通过招、拍、挂取得土地使用权的外国公司，促进了资本聚集；积极申报，外资生产经营资质实现突破，艾科泰公司获卫星电视接收设备生产资格、通用医疗公司获再制造资格，促进了产能聚集。

拓宽引资渠道，推进项目落地。与国际知名咨询公司等建立战略合作关系，借助其全球客户网络资源开展“以商招商”；市、区联动，组织大兴生物医药基地、CBD等，分别对美、日生物医药、跨国公司地区总部和节能产业，开展小规模、专业化、定向招商；将“出口推销、进口采购、招商选资”有机结合，组织工业园区和机构参加境外专业展会，德国商会在汉诺威信息及通信技术博览会与中关村电子城洽谈后，组织企业专程到园区考察投资；梳理外资大项目103个，设立“在批在谈大项目库”，对列入推进范围的大项目实行动态跟踪、全程服务，共有47个项目、28亿美元落地。

——对外贸易成功实现位次不退、份额不减。

全市进出口2147.6亿美元，在国际金融危机背景下，创历史第二高点，在各省市中继续保持第四位。自2009年6月起，月度出口环比连续正增长，全年出口483.6亿美元，占全国比重提高0.1个百分点。机电产品占全市出口比重提高5.2个百分点，达

63.7%。首都机场客运吞吐量6 534万人次，增长16.8%；货邮运量146万吨，增长7.2%。成为全球第3大航空港，比2008年排名跃升5位。对外承包工程带动出口占10.1%，成为力保国际市场份额的新支点。

多部门协作合力支持出口。市政府与海关总署、中国出口信用保险公司分别签署合作备忘录，共促出口。北京海关、北京出入境检验检疫局、北京外汇管理部分别推出10项、12项、15项措施，力保出口。北京市国税局进一步优化出口退税审核流程，出口退（免）税审核时限缩短10天。与保险、金融机构合作，出口信用保险支持出口48亿美元，增长75%；企业保单融资6 041万美元，增长近一倍。亦庄开发区强化服务，为区内企业出口提供多方便利。

不断拓展外贸发展空间。首次组织企业参加沙特建材展、贝宁商品展，开拓中东、非洲市场。参加国际专业展会数比上年增加54%，带动252家企业产品出口。举办第二届中国国际服务贸易大会，达成合作意向500余项，涉及金额15.4亿元。服务贸易结汇额首次超过货物贸易结汇额，凸显首都服务贸易优势。出台服务外包政策，支持企业扩大承接外包业务。全年服务外包协议额19.8亿美元，增长256%；执行额11.8亿美元，增长87.2%；离岸业务执行额10.5亿美元，增长93.5%。加快服务外包示范区建设。海淀区、昌平区率先出台示范区配套措施，北京天竺综合保税区一期围网通过了国家验收，“服务管理办法”起草工作顺利推进。

积极应对贸易壁垒。面对涉及我市贸易摩擦案件金额大幅上升态势，商务部门主动服务，帮助企业维护合法权益。应诉印度彩色显像管案首次获得市场经济地位待遇，有机硅反倾销申诉案终裁获胜。

——推动“走出去”快速发展。

修订境外投资管理办法，核准境外企业（机构）140家，增长36%，其中民营企业占七成以上。出台北京市防范和应急处置境外劳务事件办法，并在投资项目咨询、保函担保等方面，支持企业开展跨国经营。全年新签一千万美元以上承包工程项目34个。对外承包工程和劳务合作完成营业额突破22.7亿美元，派出各类劳务人员突破1万人，均创历史新高，“走出去”步伐进一步加快。

（二）统筹发展促进民生，服务国庆彰显成效

——首都市场实现安全稳定。

多措并举保障生活必需品市场稳定。加强市场监测，监测范围涵盖12大类71种生活必需品，提高市场调控的预警能力。增加应急储备，增加肉类、鸡蛋、小包装粮油等储备量，新增清真熟食等储备品种，试行储备蔬菜轮换机制，确保应急货源储备及时到位。密云等商务部门粮食清仓查库工作荣获北京市优秀组织奖。梳理投放渠道，完善城八区应急供应体系，确保236个应急投放网点企业责任到位。有效防止了雨雪低温等异常天气导致的市场波动，首都生活必需品市场供应总体稳定。

严防死守保持商务领域安全有序。认真落实安全、促销管理规定，规模以上零售和餐饮经营单位的安全生产、市场秩序执法检查达到100%。3 000平方米以上商场开业前的执法检查达100%。全年共出动商务执法检查人员2.5万人次，检查1.2万家次，整改问题和隐患8 000多起，工作力度超过奥运之年。国庆前后，市、区商务部门围绕安

全生产、假日促销等工作，展开拉网式检查，对重点地区、重点单位、重点环节严密盯防，确保了商务领域安全稳定。大兴区实现商业、餐饮业安全监管的网格化、全覆盖，区商务部门被评为北京市国庆安保工作先进集体。

加大力度强化肉、盐、酒类商品安全监管。规范生猪定点屠宰企业行为，对猪肉无害化处理过程实施远程监控，推进“放心肉”服务体系建设试点。换发食盐批发新版许可证，加大监管力度，确保合格碘盐供应。怀柔区碘盐覆盖率、碘盐合格率等指标居全市前列。酒类备案登记和随附单使用等行业管理工作进一步加强。宣武、东城等区加大宣传力度，创新工作方法，酒类流通管理工作取得明显成效。

——城乡商业实现协调发展。

农村流通网络和新城商业设施建设扎实推进。全年新建、改造郊区规范加盟店 330 家，累计达1 273家。企业统一配送能力进一步提高，全年配送额达 24.8 亿元。完成 25 家农贸市场地面硬化、交易厅棚的建设改造，填补“一乡一集市”空白点 15 个，目前，全市已累计改造建设集贸市场 127 家，具备条件的乡镇实现 100%覆盖。房山区、延庆县、门头沟区农村现代流通网络迅速发展。10 个新城启动5 000平方米以上大中型商业设施建设项目 20 个，通州物美生活广场等 11 家商场已开业。

加快推进便民工程。规范改造 41 家菜市场，新增面积 7.3 万平方米。组织 1.2 万余名家政服务员开展培训，提高从业人员服务水平。落实商务部“早餐示范工程”试点工作，建设主食加工中心和早餐网点。崇文、西城等区出台政策措施，促进便民早餐发展。支持清真餐饮副食定点企业发展，补充完善全市 199 个规范化清真副食网点，方便群众购买清真食品。完成商业配套停车场改造 33.8 万平方米，改造停车位8 000多个。全年完成 102 家大中型商场超市和餐饮经营单位无障碍设施改造，累计完成 273 家，改造率达 78%。促进刷卡消费，新增特约商户 2.8 万家、POS 机 4.9 万台。全市 POS 机刷卡交易额 4 889.3 亿元，增长 58%，创历史最高水平。刷卡消费占社会消费品零售额比例达到 51%。

——商务发展实现节能减排。

城八区新建 350 个再生资源回收站点，累计规范建设回收站点3 638个，社区覆盖率达 70%。完成 13 个分拣中心建设，完善从收购到再利用的配套链条。崇文区、石景山区再生资源回收产业化取得新进展。全市家电“以旧换新”实现资源再利用4 672吨。

组织企业更新改造开启式服装干洗机，城四区 112 家干洗店完成了调整、更新。配合淘汰黄标车，加快回收拆解工作。全市淘汰黄标车 10.6 万辆，回收拆解 4.3 万辆。

推动商场超市能源合同管理，实施节能改造。完成中央空调更新改造 14 项，电梯更新改造 125 部，年节电 906 万度。推进商场超市绿色照明工程，更换安装 7 万余只节能灯。执行“限塑令”，全市商场超市塑料购物袋销售量减少 80%。

——有效应对甲型 H_1N_1 流感。

认真落实市政府相关要求，成立商务领域防控专项工作组，建立日报、值守、应急处置等工作管理机制；认真做好北京市突发公共卫生事件应急指挥部物资保障组的牵头工作，协调有关供应企业，向患者定点观察饭店、入境监测组等单位及时调配 20 批次、

14种防控物资，其中消毒液1.9万瓶、消毒剂7.5吨、垃圾周转箱9 000个、行军床和床上用品630套；北京口岸现场排查1.1万人，转送1 993人，确诊168人，有效支持了全市的防控工作。

——积极帮助兄弟省市开拓北京市场。

发挥首都市场优势，积极为少数民族地区和灾区经济发展服务。与四川省什邡市政府签定农产品及特色产品进京销售合作框架协议，帮助什邡农副产品和特色产品在京销售；为奥运食品供应单位内蒙古武川县在京销售土豆1万吨，合计1.6亿元；响应商务部号召，拓展广西香蕉销售渠道，在京销售近2万吨；7月份启动新疆农产品在京促销工作，共销售新疆果品14万吨，销售额突破4亿元。2008年起连续两年为拉萨举办4期招商培训班，培训112人次。

——出色完成国庆阅兵等重大活动服务保障工作。

做好新中国成立60周年庆祝活动服务保障工作，是奥运后我们面临的又一项光荣而艰巨的重大政治任务。自2009年4月份阅兵村正式开村以来，为两个阅兵村、44个方队的2万余名受阅官兵，提供了粮、油、肉、蛋、菜等十大类商品，累计供应9 500余吨，产品合格率100%，供应量是奥运会的1.65倍。设立阅兵村自选超市，供应各类商品1 000余种，日均接待受阅官兵万余人，服务满意率100%。按时完成受阅女民兵服装设计组织工作，在阅兵方队中，女民兵方队成为一道靓丽的风景线，赢得国内外一致好评。

2009年，商务部门不断深化学习实践科学发展观，深入开展加强领导干部作风年建设，全面推进“一岗三责”廉政风险防范管理，严格执行领导干部廉洁从政的各项规定，全年新下放2项行政审批权限、减少3项行政办事工作环节，32项办事时限合计缩短177个工作日，努力提高办事效率，服务工作得到社会认可。商务系统在政府部门政风行风社情民意调查中排名第三，在政风行风网上问卷测评中排名第一。市商务委荣获国务院“民族团结进步先进集体”称号。

2009年，全市商务战线砥砺奋进，成绩来之不易。这离不开市委、市政府的正确领导，各部门的密切配合，区（县）商务部门的扎实工作，行业协会、各类商务企业的开拓进取，更是商务领域全体干部职工奋力拼搏、埋头苦干的结果。在此，我谨代表北京市商务委员会，向所有支持北京商务工作的各级领导、各单位和同志们表示衷心的感谢！

同志们，尽管过去一年的工作取得了令人瞩目的成绩，但也应该清醒地看到，北京商务与科学发展的要求相比，在统筹、协调、规范、安全发展上仍有不少需要完善的空间；与发达国家主要城市相比，在居民生活便利、商务服务配套、总部企业规模和国际影响能力上，仍然存在不同程度的差距，需要我们在今后的工作中，认真加以改进。

二、2010年商务工作总体安排

经过改革开放30年的发展历程，基于成功服务2008年奥运会和新中国成立60周年庆典中的提升和完善，及在应对国际金融危机冲击过程中呈现的逆势成长，北京商务工作取得了长足的进步：商业流通规模、服务贸易规模和进出口规模均居国内各城市前列，总部经济优势凸显，商务领域深度开放，综合实力不断增强。站在新的起点，面对新的考验，全力打造国际商贸中心，为北京实现世界城市战略目标而不懈努力，成为今后一个时期首都商务战线的历史使命。

建设国际商贸中心，要在坚持对外开放、统筹“两个市场、两种资源”的基础上，更加突出高端化、国际化；要在坚持满足多元需求、提升居民生活品质、城市运行质量的基础上，更加突出市场供应稳定性、商务服务配套性；要在坚持特色商务发展、巩固重点产品优势地位的基础上，更加突出高端组织聚集力、国际市场开拓力。

2010年是国际商贸中心建设的起步之年。全市商务系统要按照中央经济工作会、全国商务工作会、市委十届七次全会精神，以建设国际商贸中心为主线，全力提升现代化、规范化、特色化和国际化水平，推动首都商务科学发展再上新台阶。2010年全市商务工作的主要奋斗目标是：确保社会消费品零售额增长12%，力争16%；确保对外贸易不下降，力争好于全国平均水平；确保实际利用外资50亿美元，力争60亿美元；确保对外承包工程劳务合作营业额增长10%，力争20%。

（一）提高居民生活便利度

创建规范、安全、便利的消费环境，是提高居民生活品质的内在要求，是全面提高首都城市服务功能的重要基础，更是实现国际商贸中心建设目标的首要前提。

——以人为本，促进便利消费。

继续推进市级商业中心功能的完善提升，壮大购物消费的空间载体。合理规划新城商业设施，引进发展集购物、娱乐、休闲为一体的新型消费业态，满足多样化消费需求。

继续推动无障碍设施改造。大中型商场、超市无障碍设施改造率要达到80%；进一步提高二环以内大型商业设施停车引导系统的改造率，推动通州、顺义等新城大型商业设施停车引导系统改造。

完善社区便民商业服务网络。继续按照商务部“早餐示范工程”的要求，市、区（县）两级推动，在人口密集社区、商务办公区增设早餐服务网点；引导美容美发、家政服务等生活服务行业连锁经营、规范发展；以城市发展新区和新建小区为重点，新建、改造规范化菜市场30家。

推进郊区现代流通网络建设。引导大型零售企业向郊区连锁发展。支持京郊连锁企业联合采购，提高配送能力。完成6家以上大型连锁超市与京郊农产品生产基地的对接，为本地农产品进入超市创造条件。完成20家农村集贸市场改造，全市“一乡一集市”覆盖率达到75%；在面积较大、人口较多的乡镇，鼓励改造建设第二个集贸市场。

——创新方式，发展新型消费。

大力发展网上商城，打造首都网上零售品牌，促进网购消费。继续开展网上整体促销活动，网上零售额增长30%以上。以“老字号网店”、“京城老字号信用卡”为平台，组织开展优惠促销活动，扩大“老字号”商品和服务消费。

积极推进信用消费，适度发展商业赊销。加强商贸与金融服务互动发展，推进信贷消费，鼓励商家与商业银行扩大信用销售的合作范围和商品种类。以首批试点消费金融公司设立为契机，增加居民有效消费需求。

——营造氛围，促进居民消费。

落实国家关于小排量汽车购置税优惠和汽车“以旧换新”政策，引导汽车消费。继续办好春季和秋季汽车消费节，扩大汽车销售。鼓励汽车用品连锁化经营，扩展汽车文化等多重消费。朝阳、海淀、丰台等区（县）要发挥汽车销售企业聚集的优势，鼓励厂商推出更多新车型和优惠促销措施。

公开招标确定第二批家电“以旧换新”销售和回收企业，增加回收和销售一体化网点，提高“以旧换新”的便利性。

加大“家电下乡”政策宣传力度，支持企业开展“大篷车”下乡、“家电下乡赶大集”、“家电下乡到山村”等多种形式促销活动。引导企业在42个重点小城镇和网点空白地区增设一批家电销售和售后服务网点；重点做好即时兑付、即时补贴工作，方便农民购买。

整合市、区促销活动资源，打造更多市级整体促销活动。引导商家创新促销方式，鼓励文化促销、品牌促销；重点开展北京购物季、京城美食系列餐饮活动等大型促销活动，继续举办“快乐家装”、“新婚消费”等推广活动，加大对家居、音像制品、化妆品、金银珠宝等商品的促销力度，培育消费热点。鼓励加油站开设连锁便利店；以药品流通行业发展规划为抓手，规范药品销售渠道，提高消费便利性。

——强化监管，保障安全消费。

完善市场监测体系，及时、准确提供市场调控决策依据。尝试采用物联网技术，提高政府储备商品监控和管理水平，确保政府储备“储得住、管得好、调得出、用得上”；健全生活必需品应急投放网络，全市12个应急投放集散地、236个应急投放网点，在做到企业责任到位的基础上，进一步做到“责任到人、响应及时”；增强应急储备小包装商品供应能力；力保首都生活必需品市场供应不出现大的波动。

固化“平安奥运”、“平安国庆”行业安全保障成功经验，推动商务行业安全监管信息化、程序化和制度化。全面落实政府职能部门、企业、从业人员的三方责任，发挥行业安全志愿者作用，推广“邻里守望”、“网格化管理”、“双员制”等群防群治管理模式。规模以上商业零售和餐饮经营单位的行业安全生产监管和执法检查，要继续实现全覆盖，整改率要达到100%。创新安全监管工作，将安全生产监控体系向规模以下商业零售、餐饮经营单位延伸，借助基层综治队伍的力量加强行业安全监管工作。建立商业企业促销活动评价机制，探索促销秩序消费者监督制度。

做好“放心肉”体系建设试点工作，重点支持企业低温仓储、冷链配送等物流设施建设。支持试点企业以投资入股等方式建设生猪养殖基地和品牌连锁销售网络，力争品牌连锁销售达到试点企业屠宰量的90%。加强酒类流通执法，酒类备案登记新增1万户以上，使用机打随附单的试点批发企业新增30户。在巩固合格碘盐销售率的基础上，低钠碘盐在小包装食盐销售中占10%。

（二）提高市场品牌丰富度

丰富首都市场的商品和服务品牌，提升购物和消费服务功能，增强城市的吸引力。

——引进国际品牌，融入国际时尚。

依托中心商业区和多功能购物中心，引进国际知名品牌。年内引进6家以上国际知名品牌零售企业来京发展，力争顶级品牌在京入驻率达到40%。

组织“北京国际美食盛典”、“第六届北京西餐国际文化节”、“中国餐饮食品博览会”等系列活动，引进国外知名餐饮品牌落户北京。

吸引更多国际知名展会在京举办，拓展品牌引进渠道。汇集不同国家特色产品，组织“外国商品节”。鼓励进口更多一线品牌消费品，进一步繁荣首都消费市场。

——汇聚国内品牌，经营中国特色。

举办15期各地商品大集，加大国内品牌交流力度，为名特优商品进入首都市场搭建平台，集中展示全国商品和服务的最高水平。在购物季中打造“品牌消费节”，组织各地知名品牌商品，集中开展优惠促销。举办中华“老字号”博览会，促进全国“老字号”荟萃北京。

——发展自主品牌，引领北京创造。

支持有实力的在京商贸企业创立和经营自主品牌，倡导商家自有品牌开发、营销相关商品和服务，逐步建立目标消费群体的品牌认知度和品牌忠诚度。在海外市场保护、发展本市传统外贸品牌和“老字号”品牌。

推进“老字号”与文化创意产业相结合，创意制作“老字号”特色产品；将“老字号”商店和餐饮品牌企业纳入北京文化旅游线路；支持以传统手工技艺为核心，运用现代技术和装备，对服装、鞋帽等商品开展个性化定制服务，带动京味“老字号”品牌创新发展。

促进参展、办展方式的多样化，调整、优选国别，促进电子、医疗器械、汽车、新能源、软件等本市优势出口产业开拓国际市场。依托中关村自主创新示范区优势，支持“双自主”产品出口，推动“北京制造”向“北京创造”提升。

与侨务、投促、贸促部门联合举办侨商北京贸易洽谈会，依托华人华侨的境外资源，宣传北京品牌产品，把北京品牌推向世界。

继续组织好北京拍卖季活动，打造全国古玩艺术品交易中心，树立北京高端拍卖市场的品牌形象。

推进家政服务企业等级评定和评定体系建设，培育和宣传家政、美容美发等品牌企业，打造北京生活服务业品牌。

（三）提高特色企业集中度

打造特色商务平台，促进特色企业聚集，提升特色行业品质，扩大特色消费。

——加快特色街区改造提升，形成商业服务消费平台。

注重挖掘内涵，深化特色街改造，培育具有北京特色、享誉国内外的知名商业街和餐饮街，进一步引导特色企业聚集。2010年重点改造建设石景山北京台湾街、崇文鲜鱼口民俗特色街。各区(县)至少要选择一条初具规模的商业、餐饮街，进行规划和提升。

继续推动雅宝路外贸产品特色街区改造提升，引导企业和商户参加国内外知名展会。筹办“2010年雅宝路国际服装节”，展示服装自主品牌，吸引更多外商前来洽谈采购。

——加快电子商务园区建设，形成新型消费服务平台。

依托北京电子商务产业优势，与通州区合作，推动电子商务园区建设，吸引电子商务企业集群式发展；建设高效、快捷的电子交易、结算体系，推动第三方电子交易平台发展；鼓励传统企业采用电子商务交易方式，提高本市现代流通的集聚、辐射能力。

——加快特色产业园区建设，形成对外开放发展平台。

推进本市服务外包示范区建设。建立量化考评机制，引导示范区健康快速发展，巩固服务外包全国领军城市地位；充分利用生物技术大会、软件高峰会和中国（香港）服务贸易洽谈会等展会平台，支持本市企业承接跨国公司业务、引进国外高端客户，引导服务外包高端发展；推动服务外包人才培训中心建设，全年培训各类人才5 000人，增加外包人才供给。

探索我市与美国马萨诸塞州在生命科学、清洁能源等领域开展合作，构建政府牵头，多方参与，多层次、全方位合作的整体招商模式，推动本市新兴战略性产业发展。

——加快特色企业发展，强化商贸人才优势。

加大“老字号”企业再造力度。弘扬传统技艺与创新发展相结合，更加适应当代消费需求，增强“老字号”产品和服务对消费新生代的吸引力。

发挥我市建筑行业的竞争优势，支持龙头企业在承接更多大型工程的基础上，逐步拓展进入总包、设计等领域的能力。鼓励不同类型企业发挥各自优势，联合协作，提升“走出去”的整体实力。

推进商业、服务业、国际商务等领域人才队伍建设。开展一线员工培训、技艺能手选拔、顶级大师评审，年内继续选拔认定中华传统技艺技能大师20名，发挥传帮带的作用，构建行业发展梯次型人才队伍。

（四）提高总部经济聚集度

总部经济是城市产业高端化发展的重要标志，是提高城市影响力和市场辐射力的主要载体。

——吸引跨国公司地区总部入驻北京。

认真落实地区总部政策，重点促进跨国公司在京设立研发中心、运营中心、采购中心、结算中心，开展实体经营。全年力争新增跨国公司地区总部20家以上，继续扩大在全国的领先优势。

继续筹办市领导与在京跨国公司高管座谈会，听取企业意见、建议。主动服务总部企业，使在京跨国公司地区总部“进得来、留得住、发展好”。

——吸引国内大型商贸企业总部入驻北京。

发挥首都优势，依托国家部委和在京央企，设立、发展各类大宗商品市场企业总部和进出口企业总部，增强首都商务辐射国内外市场的能力。

充分利用各地商品大集等平台，搭载对接活动，促进国内百强商贸企业，特别是知名商业连锁企业与本市商业地产商对接，加快各地商贸企业地区总部入驻北京。

各区（县）也要采取有针对性的工作措施，加大力度吸引外地民营企业总部进京落户。

（五）提高商务服务完善度

商务服务、公共服务发展的完善程度，是实现企业总部和特色企业聚集的重要基础，是实现国际商贸中心服务功能的重要支撑。

——实施商务服务业产业振兴规划。

商务服务业是主要服务于商贸、商务活动的产业群。要大力吸引国际知名商务服务企业落户北京，扶持内资商务服务企业做大做强。全年新引进国际知名商务服务企业10家，在内地同行业居于领先地位的本市企业新增10家。打造主题示范楼宇，增强商务服务企业的楼宇集聚效应，重点培育主题楼宇15个。

——发挥功能区的政策优势。

协调相关部门落实各项配套措施，尽快

发挥北京天竺综合保税区政策功能。综保区要实现“封关、运营、效果”的三统一，全年力争引进外资2亿美元，实现进出口总额240亿美元，完成关税80亿元以上的目标。

加强口岸建设，继续推进朝阳口岸平移、西客站口岸开通和平谷国际陆港建设，营造“安全、高效、文明”的通关环境，提高贸易便利化程度。

完善物流基地基础设施和功能，吸引物流企业向基地聚集。建立物流基地发展评价机制，引导五大物流基地错位发展。引进国际知名和国内百强物流企业，发展物流总部经济，强化物流枢纽地位。推进保税物流中心（B型）的申报工作，为加快国际物流发展创造更好条件。

——改进工作方式，提高公共服务水平。

推进服务型政府建设，进一步精简外资、外经等领域行政审批事项和审批环节。落实执法责任制，规范执法行为，改进执法方式，提高依法行政的质量和效率。

继续坚持重点企业联系制度，深入企业调研，及时了解企业需求，在提供个性化服务的基础上，将共性问题上升到制度层面，帮助企业解决实际困难。

努力为企业争取公平贸易环境。完善产业损害预警机制，监测、分析异常情况；响应企业贸易救济诉求，维护企业合法权益；配合、支持企业应对国外“两反一保”案件。

加强应急机制建设，调动各方力量，增强处理境外劳务纠纷及突发事件能力，保障“走出去”工作平稳健康发展。

（六）提高国际排名美誉度

国际排名美誉度既是居民生活便利度、市场品牌丰富度、特色企业集中度、总部经济聚集度、商务服务完善度不断提高的必然结果，更是北京商贸国际影响力扩大和整体形象提升的综合反映。

——增强商务发展的话语权。

吸引商务领域顶级国际会议、高层次的商务展览活动在京举办；筹划国际组织、企业、机构来京活动，增强国际商务交往的影响力。

规范发展大宗商品交易市场。坚持积极、稳妥、有序的原则，引导棉花、化工、钢铁、木材等已有的大宗商品交易市场在北方地区甚至全国保持优势地位；相关部门联手加强监管、服务，推动千亿元规模大宗商品电子交易市场规范发展，提升在国内外市场的影响力。

整体策划，统筹安排，加大对外宣传力度，扩大北京国际商贸中心的全球影响力。

——赢得发展方式的主导权。

深化商务发展方式转变，坚持低碳发展道路，推动商务可持续发展。

推进再生资源产业化发展。进一步提高再生资源回收站点社区覆盖率，重点推进郊区（县）再生资源回收站点建设。全年新建300个再生资源回收站点，支持新建两个分拣中心，提高现有分拣中心的加工能力；全年组织12次“再生资源回收日”活动；组织“商业科技周”，传播绿色生活理念。

继续支持餐饮、零售业节能降耗。重点选择20家以上具备一定规模和条件的餐厅开展节能试点，为下一步的全面推广奠定基础。推进零售业节能工作，开展合同能源管理工作，推进零售业绿色照明工程。

全面推进服装干洗行业开启式干洗机专项治理工作；配合淘汰黄标车和汽车“以旧

换新”工作，重点支持两家报废汽车回收拆解企业进行升级改造。

——争创商务发展的主动权。

创新是商务发展的不竭源泉。2010年，四个重点业务领域要取得突破。引资项目新突破：争取外资进入中小企业担保公司；促进外商投资企业重组并购，创造条件，引导企业产能在本市集聚。引资方式新突破：与国际知名产业投资基金、私募基金对接，推进股权投资基金等利用外资新方式；利用中介和国际展会招商，扩大新的引资对象，实现以商招商。供应链金融服务新突破：支持金融企业和商业企业合作，做好供应链金融试点工作，年内推广至3家以上零售企业。引导有实力的商家尝试小规模买断经营，增强商业自身经营能力和商品保障能力。国际分拨业务新突破：吸引知名跨国公司在综保区发展国际分拨业务，设立国际分拨中心。

做好“十二五”规划编制工作，进一步谋划新的突破。按照科学发展观的要求，加强对首都商务发展全局性、前瞻性问题的研究，拓展国际视野，推动建立商务科学发展的长效机制，更加注重现代化、规范化、特色化和国际化，为国际商贸中心建设注入新的活力。

——全方位展示首都商务发展新形象。

打造国际商贸中心，要求我们以更高的标准、严谨的作风加强自身建设。商务部门要认真学习党的十七届四中全会和市委十届七次全会的精神，进一步转变政府职能，改进工作作风，推进政务公开和办事公开，提高工作透明度，提升公共服务水平，不断优化首都商务发展环境。深入开展廉政教育，深化业务、安全、廉政“一岗三责”风险防范管理工作，认真实行“三重一大”制度。运用廉洁奥运的成功经验，全面落实党风廉政建设责任制，深化源头治理，重在风险防范，切实推进党风廉政建设，为国际商贸中心建设保驾护航。

打造国际商贸中心，要求我们以全新的理念、开阔的视野审视商务发展。各级商务部门、行业协会、企业，都要注重国际横向比较，比照世界城市的标准以及本领域的国际最新进展和权威机构的有关排名，围绕商务发展的重点、热点，提高工作的针对性，为国际商贸中心建设增添新亮点。

打造国际商贸中心，要求我们以昂扬的斗志、过硬的本领提高工作水平。商务部门全体工作人员都要树立终身学习的观念，不断提高自身素质，把学习成果转化为谋划工作的思路、促进工作的措施。我们要大力推进“人才强商”工程，为建设国际商贸中心提供强有力的人才保障。

同志们，新春伊始，万象更新，站在新的起点，面对新的考验，首都商务发展新的航程即将开启！艰辛成就伟业，奋斗铸就光荣，我们要在市委、市政府的领导下，增强忧患意识，不断锐意进取，奋发有为，不辱使命，以国际商贸中心建设的优异成绩，为北京建设世界城市做出更大贡献！

第二部分

法规、文件选编

2009 年国家制修订的部分法律、法规目录

序　号	名　　称	文　号
1	中华人民共和国食品安全法	主席令第九号
2	中华人民共和国刑法修正案（七）	主席令第十号
3	中华人民共和国保险法	主席令第十一号
4	中华人民共和国邮政法	主席令第十二号
5	中华人民共和国统计法	主席令第十五号
6	全国人民代表大会常务委员会关于废止部分法律的决定	主席令第十六号
7	全国人民代表大会常务委员会关于修改部分法律的决定	主席令第十八号
8	中华人民共和国驻外外交人员法	主席令第十九号
9	中华人民共和国侵权责任法	主席令第二十一号
10	全国人民代表大会常务委员会关于修改《中华人民共和国可再生能源法》的决定	主席令第二十三号
11	国务院关于修改《国务院对确需保留的行政审批项目设定行政许可的决定》的决定	国务院令第 548 号
12	旅行社条例	国务院令第 550 号
13	废弃电器电子产品回收处理管理条例	国务院令第 551 号
14	民用机场管理条例	国务院令第 553 号
15	中华人民共和国食品安全法实施条例	国务院令第 557 号
16	放射性物品运输安全管理条例	国务院令第 562 号
17	农业机械安全监督管理条例	国务院令第 563 号
18	政府参事工作条例	国务院令第 565 号
19	广播电台电视台播放录音制品支付报酬暂行办法	国务院令第 566 号
20	外国企业或者个人在中国境内设立合伙企业管理办法	国务院令第 567 号

（供稿人：李　威）

2009年商务部规章、部分公告目录

序号	名称	文号
1	禁止进口限制进口技术管理办法	商务部令2009年第1号
2	禁止出口限制出口技术管理办法	商务部、科学技术部令2009年第2号
3	技术进出口合同登记管理办法	商务部令2009年第3号
4	外商投资商业领域管理办法补充规定（四）	商务部令2009年第4号
5	境外投资管理办法	商务部令2009年第5号
6	关于外国投资者并购境内企业的规定	商务部令2009年第6号
7	外国机构在中国境内提供金融信息服务管理规定	国务院新闻办公室、商务部、国家工商行政管理总局令第7号
8	两用物项和技术出口通用许可管理办法	商务部令2009年第8号
9	对外承包工程资格管理办法	商务部、住建部令2009年第9号
10	金融业经营者集中申报营业额计算办法	商务部、人民银行、银监会、证监会、保监会令2009年第10号
11	经营者集中申报办法	商务部令2009年第11号
12	经营者集中审查办法	商务部令2009年第12号
13	关于境内企业承接服务外包业务信息保护的若干规定	商务部、工信部令2009年第13号
14	关于《外商投资图书、报纸、期刊分销企业管理办法》的补充规定（二）	新闻出版总署、商务部令2009年第45号
15	关于《中外合作音像制品分销企业管理办法》的补充规定	新闻出版总署、商务部令2009年第46号
16	跨境贸易人民币结算试点管理办法	人民银行、财政部、商务部、海关总署、国家税务总局、银监会公告2009年第10号
17	《商业街管理技术规范》等15项国内贸易行业标准	商务部公告2009年第21号
18	关于调整《实行进口报告管理的大宗农产品目录》的公告	商务部公告2009年第50号
19	《二手设备流通技术规范通则》等10项国内贸易行业标准	商务部公告2009年第73号
20	2010年自动进口许可管理货物目录	商务部、海关总署公告2009年第109号公告
21	两用物项和技术进出口许可证管理目录	商务部、海关总署公告2009年第120号
22	2010年进口许可证管理货物目录	商务部、海关总署、国家质检总局公告2009年第119号
23	2010年出口许可证管理货物目录	商务部、海关总署公告2009年第125号

（供稿人：李　威）

2009年其他有关部门规章目录

序 号	名 称	文 号
1	中华人民共和国海关进出口货物减免税管理办法	海关总署令第179号
2	中华人民共和国海关进出口货物优惠原产地管理规定	海关总署令第181号
3	中华人民共和国海关计核违反海关监管规定案件货物、物品价值办法	海关总署令第182号
4	中华人民共和国海关关于《中华人民共和国知识产权海关保护条例》的实施办法	海关总署令第183号
5	中华人民共和国海关税收保全和强制措施暂行办法	海关总署令第184号
6	关于废止《构成整车特征的汽车零部件进口管理办法》的决定	海关总署令第185号
7	进出口玩具检验监督管理办法	质检总局令第111号
8	出口工业产品企业分类管理办法	质检总局令第113号
9	中华人民共和国非优惠原产地证书签证管理办法	质检总局令第114号
10	进口可用作原料的固体废物检验检疫监督管理办法	质检总局令第119号
11	股权出资登记管理办法	工商总局令第39号
12	工商行政管理机关制止滥用行政权力排除、限制竞争行为程序规定	工商总局令第41号
13	工商行政管理机关查处垄断协议、滥用市场支配地位案件程序规定	工商总局令第42号
14	流通环节食品安全监督管理办法	工商总局令第43号
15	食品流通许可证管理办法	工商总局令第44号
16	农业生产资料市场监督管理办法	工商总局令第45号
17	商标代理管理办法	工商总局令第46号
18	电信业务经营许可管理办法	工业和信息化部令第5号
19	软件产品管理办法	工业和信息化部令第9号
20	金融企业国有资产转让管理办法	财政部令第54号
21	快递业务经营许可管理办法	交通运输部令2009年第12号
22	关于废止《中外合资、合作广播电视节目制作经营企业管理暂行规定》的决定	广电总局令第59号
23	外国机构在中国境内提供金融信息服务管理规定	新闻办令第7号
24	非居民承包工程作业和提供劳务税收管理暂行办法	税务总局令第19号
25	《中外合资、合作医疗机构管理暂行办法》的补充规定二	卫生部令第61号
26	香港、澳门特别行政区医师在内地短期行医管理规定	卫生部令第62号
27	台湾地区医师在大陆短期行医管理规定	卫生部令第63号

（续）

序号	名称	文号
28	关于修改《取得内地法律职业资格的香港特别行政区和澳门特别行政区居民在内地从事律师职业管理办法》的决定	司法部令第117号
29	关于修改《香港特别行政区和澳门特别行政区律师事务所与内地律师事务所联营管理办法》的决定	司法部令第118号
30	生产安全事故信息报告和处置办法	安监总局令第21号

（供稿人：李　威）

2009年国务院、商务部等有关部委和北京市相关文件目录（部分）

序号	名称	文号
1	国务院办公厅关于转发发展改革委等部门促进扩大内需鼓励汽车家电以旧换新实施方案的通知	国办发〔2009〕44号
2	财政部、商务部关于做好支持搞活流通扩大消费有关资金管理的通知	财建〔2009〕16号
3	商务部、财政部、人民银行、银监会、保监会关于推动信用销售健康发展的意见	商秩发〔2009〕88号
4	关于完善农业生产资料流通体系的意见	商建发〔2009〕98号
5	商务部、财政部关于进一步加强城乡市场信息服务体系建设的通知	商运发〔2009〕140号
6	关于促进汽车消费的意见	商建发〔2009〕114号
7	商务部、财政部关于加快农产品流通网络建设推进“双百市场工程”的通知	商建发〔2009〕277号
8	商务部、财政部关于完善流通领域市场监管公共服务体系的通知	商秩发〔2009〕271号
9	关于印发《家电以旧换新实施办法》的通知	财建〔2009〕298号
10	关于印发《汽车以旧换新实施办法》的通知	财建〔2009〕333号
11	关于加强药品流通行业管理的通知	商秩发〔2009〕571号
12	商务部关于加快流通领域电子商务发展的意见	商商贸发〔2009〕540号
13	财政部、商务部关于调整汽车以旧换新补贴标准有关事项的通知	财建〔2009〕995号
14	财政部、国家税务总局关于提高部分机电产品出口退税率的通知	财税〔2008〕177号
15	国家外汇管理局关于改进出口收结汇联网核查管理有关问题的通知	汇发〔2009〕10号
16	财政部、国家税务总局关于提高纺织品服装出口退税率的通知	财税〔2009〕14号
17	财政部、国家税务总局关于提高轻纺、电子信息等商品出口退税率的通知	财税〔2009〕43号

（续）

序　号	名　　　　称	文　　号
18	商务部、海关总署、质检总局关于进一步简化旧机电设备进口手续的通知	商产发〔2009〕166号
19	财政部、国家税务总局关于进一步提高部分商品出口退税率的通知	财税〔2009〕88号
20	关于调整出口退税托管贷款额度的通知	银发〔2009〕190号
21	国务院关税税则委员会关于2009年下半年对CEPA项下部分货物实施零关税的通知	税委会〔2009〕5号
22	国务院关税税则委员会关于调整部分产品出口关税的通知	税委会〔2009〕6号
23	关于促进我国汽车产品出口持续健康发展的意见	商产发〔2009〕523号
24	关于鼓励技术出口的若干意见	商服贸发〔2009〕584号
25	关于印发《外资非正常撤离中国相关利益方跨国追究与诉讼工作指引》的通知	商资字〔2008〕323号
26	商务部、环境保护部关于加强外商投资节能环保统计工作的通知	商资函〔2008〕88号
27	商务部关于加强外商投资土地利用统计工作的通知	商资函〔2008〕89号
28	商务部关于省级商务主管部门和国家级经济技术开发区负责审核管理部分服务业外商投资企业审批事项的通知	商资函〔2009〕2号
29	商务部转发《国务院办公厅关于促进服务外包产业发展问题的复函》的通知	商资函〔2009〕4号
30	商务部关于省级商务主管部门和国家级经济技术开发区审核管理部分服务业外商投资企业相关事项的通知	商资函〔2009〕6号
31	商务部关于进一步改进外商投资审批工作的通知	商资函〔2009〕7号
32	商务部关于下放外商投资举办投资性公司审批权限的通知	商资函〔2009〕8号
33	商务部关于外商投资创业投资企业、创业投资管理企业审批事项的通知	商资函〔2009〕9号
34	商务部办公厅关于调整外商投资企业易制毒化学品进出口管理工作有关事项的通知	商办资函〔2009〕77号
35	商务部、国家统计局、国家外汇管理局关于印发《对外直接投资统计制度》的通知	商合发〔2008〕529号
36	商务部、国务院台湾事务办公室关于大陆企业赴台湾地区投资或设立非企业法人有关事项的通知	商合发〔2009〕219号
37	商务部外交部公安部监察部交通运输部国资委工商总局关于开展清理整顿外派劳务市场秩序专项行动的通知	商合发〔2009〕261号
38	关于印送《防范和处置境外劳务事件的规定》的通知	商合发〔2009〕303号
39	商务部外交部关于建立境外劳务群体性事件预警机制的通知	商合发〔2009〕392号
40	北京市人民政府关于印发北京市帮扶企业应对国际金融危机若干措施的通知	京政发〔2009〕5号
41	北京市人民政府关于实施稳定就业扩大就业六项措施的通知	京政发〔2009〕6号
42	北京市人民政府印发关于鼓励跨国公司在京设立地区总部若干规定的通知	京政发〔2009〕15号

（续）

序　号	名　　　称	文　　号
43	关于促进本市服务外包产业发展若干意见的通知	京政办发〔2009〕27号

（供稿人：李　威）

2009年北京市部分地方性法规、规章目录

序　号	名　　　称	文　　号
1	北京市城乡规划条例	北京市第十三届人民代表大会常务委员会第十一次会议通过
2	北京市道路运输条例	北京市第十三届人民代表大会常务委员会第十二次会议通过
3	北京市实施《中华人民共和国妇女权益保障法》办法	北京市人民代表大会常务委员会公告第6号
4	北京市实施《中华人民共和国农民专业合作社法》办法	北京市第十三届人民代表大会常务委员会第十四次会议通过
5	北京市绿化条例	北京市第十三届人民代表大会常务委员会第十四次会议通过
6	北京市人民政府关于修改《北京市城市房地产转让管理办法》的决定	北京市人民政府令第209号
7	北京市实施《中华人民共和国耕地占用税暂行条例》办法	北京市人民政府令第210号
8	北京市人民政府关于修改《北京市城市轨道交通安全运营管理办法》的决定	北京市人民政府令第213号
9	北京市生产安全事故报告和调查处理办法	北京市人民政府令第217号
10	北京天竺综合保税区管理办法	北京市人民政府令第218号

（供稿人：李　威）

2009年市商务委部分规范性文件目录

序　号	行政规范性文件名称	文　　号
1	关于对城四区服装干洗行业开启式干洗机开展专项治理的通告	京商务交字〔2009〕11号
2	关于印发《北京市服装干洗行业开启式干洗机更换改造工作实施方案》的通知	京商务交字〔2009〕12号

（续）

序 号	行政规范性文件名称	文 号
3	北京市商务局关于做好本市洗染业经营者备案的通知	京商交字〔2009〕52号
4	关于实施酒类流通管理的通告	京商务酒字〔2009〕1号
5	北京市境外投资管理暂行办法	京商务经字〔2009〕41号
6	关于落实北京市人民政府关于帮扶企业应对国际金融危机的若干措施的意见	京商务计财字〔2009〕10号
7	关于对北京地区企业短期信用险保险费进行支持的通知	京商务计财字〔2009〕11号
8	关于加大中小企业开拓国际市场支持力度的通知	京商务计财字〔2009〕12号
9	关于鼓励跨国公司在京设立地区总部的若干规定实施办法	京商务资字〔2009〕351号
10	关于印发《北京市家电下乡销售网点管理规范（试行）》的通知	京商务运行字〔2009〕9号
11	关于申报北京市服务外包人才实习实训基地和培训机构的通知	京商务服贸字〔2009〕11号
12	关于印发《北京市服务外包发展配套资金管理办法（暂行）》和《北京市服务外包发展配套资金管理办法（暂行）实施细则》的通知	京商务服贸字〔2009〕14号
13	关于印发《北京市商业服务业中华传统技艺高技能人才认定办法》的通知	京商务交字〔2009〕43号
14	关于印发《北京市“家政服务工程”实施细则》的通知	京商务交字〔2009〕99号
15	关于印发《北京市流通业发展分类指导目录（2009年）》的通知	京商务规字〔2009〕17号
16	关于北京市限制出口技术管理的通知	京商务服贸字〔2009〕23号
17	关于印发《北京市家电以旧换新实施细则》的通知	京商务交字〔2009〕164号
18	关于印发《北京市对外承包工程资格管理暂行办法》的通知	京商务经字〔2009〕275号
19	关于印发《北京市餐饮行业节能规范（试行）》的通知	京商务交字〔2009〕181号

（供稿人：李 威）

北京天竺综合保税区管理办法

北京市人民政府令第218号

《北京天竺综合保税区管理办法》已经2010年1月12日市人民政府第58次常务会议审议通过，现予公布，自2010年3月1日起施行。

市长　郭金龙

二〇一〇年二月一日

北京天竺综合保税区管理办法

第一条　为促进北京天竺综合保税区（以下简称天竺综保区）建设与发展，根据有关法律、法规和《国务院关于同意设立北京天竺综合保税区的批复》，制定本办法。

第二条　本办法适用于天竺综保区。

本办法所称的天竺综保区是指国务院批准的设立在北京首都国际机场航空港区，具有口岸、物流、加工等功能的海关特殊监管区域。

第三条　天竺综保区内企业应当遵守中华人民共和国法律，遵守社会公德、商业道德，诚实守信。

天竺综保区内企业的合法权益受法律保护，依法享受国家和本市有关优惠政策。

第四条　市人民政府设立北京天竺综合保税区管理委员会（以下简称管委会），统筹协调天竺综保区规划建设和产业发展，统一管理天竺综保区的日常事务。

第五条　管委会根据国家和本市的产业发展规划和区域规划，会同发展改革、规划、商务等有关部门组织编制天竺综保区产业发展规划和区域建设规划，经市人民政府批准后组织实施。天竺综保区的开发建设，应当符合天竺综保区区域建设规划。

第六条　管委会应当为区内企业提供高效、便捷服务，区内企业设立、登记和投资等活动所涉及的各项行政许可事项，应当在天竺综保区内集中办理。

第七条　管委会在天竺综保区内设立集中办理行政许可事项的场所，实行一个窗口受理、集中办理、限时办结、跟踪服务等制度。

管委会应当在集中办理行政许可事项的场所公布行政许可事项的依据、内容、条件、全部流程、期限，以及需要提交的全部材料目录、申请书示范文本等。

申请人要求对公示内容予以说明、解释的，有关工作人员应当说明、解释。

第八条　相关行政机关需要对天竺综保区进行执法检查的，由管委会统一组织协调。

管委会根据市人民政府的决定，在天竺

综保区内集中行使有关行政机关的行政处罚权。

第九条 建立口岸联合办公机制，为企业提供高效、优质通关服务。管委会组织海关、检验检疫、税务、外汇、商务、口岸、交通运输、民航、首都机场等单位建立联席会议制度，创新口岸监管制度，提高通关效率。

第十条 管委会设立联合查验中心，对需要查验的进出货物，由口岸监管部门根据需要进行联合查验。

第十一条 进出天竺综保区的人员和运输工具，应当凭专用证件在指定通道通行，并接受海关监管和检查。

管委会负责协调海关等有关单位，落实必要的监管措施，保证进出天竺综保区的人员和运输工具正常、有序通行。

第十二条 天竺综保区内企业聘用的专业技术和管理人才，符合本市有关规定，需要办理《北京市工作居住证》或者北京市常住户口的，管委会应当给予支持，协助办理相关手续。

第十三条 管委会应当及时受理企业的投诉，自接到投诉之日起10个工作日内提出处理意见；属于其他部门处理的应当及时移送，并书面告知投诉人。有关部门应当自接到移送投诉之日起10个工作日内提出处理意见，并书面告知投诉人和管委会。

第十四条 本办法自2010年3月1日起施行。

关于鼓励跨国公司在京设立地区总部的若干规定实施办法

为落实北京市《关于鼓励跨国公司在京设立地区总部的若干规定》(京政发〔2009〕15号，简称《若干规定》)，制定本实施办法。

一、地区总部的认定

(一) 符合下列条件之一，可申请认定为地区总部：

1. 经批准设立的外商投资性公司。

2. 具备以下条件的外商投资管理性公司

(1) 母公司的资产总额不低于4亿美元；

(2) 母公司在中国累计实缴注册资本总额不低于1 000万美元，且在中国境内外投资或者授权管理的企业不少于3个；或者在中国境内外投资或者授权管理的企业不少于6个；

(3) 管理性公司注册资本不低于200万美元；

(4) 是母公司在中国境内唯一的最高经营管理机构；

(5) 对国际知名跨国公司，可适当放宽条件。

投资性公司，是指跨国公司按照商务部发布的《关于外商投资举办投资性公司的规定》设立的从事直接投资的公司。

管理性公司，是指为母公司所投资的企业和关联企业提供管理、决策、研发、资金管理、物流、销售、策划、咨询、培训等相关服务的企业法人。

(二) 市商务委负责在京跨国公司地区总部的认定，应在企业提交的材料齐全有效之日起10个工作日内完成审查，做出准予或不予认定的决定，对准予认定的企业颁发确认证书。

(三) 申请认定地区总部，需向市商务委提交以下材料：

1. 承担地区总部职能的企业法定代表人签署的申请书；

2. 母公司法定代表人签署的设立地区总部及履行基本职能的授权文件；

3. 母公司法定代表人签署的对拟任地区总部法定代表人的授权文件和拟担任地区总部法定代表人的简历及相应的身份证明文件(身份证明文件为复印件)；

4. 母公司的资信证明文件、注册登记文件(复印件)及法定代表人证明文件(复印件)，依法审计的近3年的资产负债表；

5. 母公司在中国境内投资企业的批准证书、营业执照及验资报告(复印件)；

6. 承担地区总部职能的企业批准证书、营业执照及验资报告(复印件)；

7. 其他必要证明材料。

以上规定除注明为复印件外，其他材料应当提交文件的正本。

二、补助和奖励

（一）对2009年1月1日以后在京新注册设立或新迁入京的地区总部，给予一次性资金补助。对注册资本1亿元人民币（含1亿元人民币）至5亿元人民币的，补助500万元人民币；注册资本5亿元人民币（含5亿元人民币）至10亿元人民币的，补助800万元人民币；注册资本10亿元人民币（含10亿元人民币）以上的，补助1 000万元人民币。补助分三年按40%、30%、30%的比例发放。

对一次性增资达到规定档次的地区总部，按相应标准给予差额补助，累计补助金额不超过1 000万元人民币。

（二）经认定的地区总部，从2009年度起，对年营业收入首次达到1亿元人民币（含1亿元人民币）至5亿元人民币的，给予100万元人民币的一次性资金奖励；对年营业收入首次达到5亿元人民币（含5亿元人民币）至10亿元人民币的，给予500万元人民币的一次性资金奖励；对年营业收入首次达到10亿元人民币的（含10亿元人民币），给予1 000万元人民币的一次性资金奖励。奖励累计不超过1 000万元人民币，分三年按40%、30%、30%的比例发放。

（三）对2009年1月1日以后在京新注册设立或新迁入京的地区总部及其设立的研发中心自建或购买办公用房的，可享受一次性补助。对自用办公部分面积，一次性补贴标准为每平方米1 000元人民币，补助面积原则上不超过5 000平方米。享受补助的地区总部，5年内不得对外出售、出租办公用房或改变其用途。违反上述规定的，应当退还已获得的补助。

（四）自2009年1月1日起，对地区总部1位主要负责人以市政府名义给予奖励，奖励资金为该负责人在1个年度内对地方财政收入贡献的80%，且原则上不超过50万元人民币。该奖励政策自地区总部被认定次年起连续执行3年。

对在1个年度内实际缴纳的企业所得税地方留成部分增量名列我市前10名的地区总部，对其1位主要负责人以市政府名义给予50万元人民币奖励。

所得奖金按照国家有关规定免征个人所得税。

（五）对在京新注册设立或新迁入京的地区总部租用办公用房的，连续3年给予租金补助，第1年补助年度租金的30%，第2年补助年度租金的20%，第3年补助年度租金的10%，最高补助使用面积不超过3 000平方米。申请租房补助的地区总部，租用期应不少于3年；享受补助期间，不得将自用办公用房出租、转租或改变其用途；违反上述规定的，应当退还已获得的补助。本款在朝阳区试点，由朝阳区政府负责落实，其他区（县）可参照执行。

（六）本条涉及的补助和奖励1年兑现1次，由所在区（县）先予全额兑现。第一、二款所需资金由市区两级分别承担50%，市级应承担部分通过体制结算补助区（县）；第三款所需资金由市发改委从固定资产投资中安排；第四款由市财政通过体制结算补助区（县）；第五款所需资金由所在区（县）承担。

市商务委会同有关部门制定补助和奖励兑现审核办法，负责以上补助和奖励兑现的协调落实工作，并牵头负责实行一个窗口对外服务。

符合条件的企业于每年8月1日至9月30日向所在区（县）商务部门提出申请，

并提交有关资料。区（县）有关部门初审后，经区（县）政府批准，于每年10月31日前报市商务委。市商务委会同发展改革、财政、税务、统计等部门进行复审，报市政府批准后兑现。

三、人才引进和奖励

（一）地区总部及其研究开发机构聘用的高级管理人员，和引进本市急需紧缺的具有硕士及以上学位或具有本科及以上学历并取得高级专业技术职称且年龄在45周岁以下的人员，可向地区总部所在区（县）（包括北京经济技术开发区）人事部门申请办理人才引进；聘用具有学士及以上学位或取得中级及以上专业技术职称的人员，可向地区总部所在区(县)(包括北京经济技术开发区)人事部门申请办理《北京市工作居住证》。

（二）地区总部聘用外籍人员在本市就业的，可由地区总部向市人力资源和社会保障局申请一并办理外国人就业许可和《外国人就业证》。

（三）在地区总部连续两年以上担任副总经理以上职务或相当职务的人员，按照京政办发〔2005〕18号《北京市吸引高级人才奖励管理规定》及相关规定享受奖励政策。

四、人员流动

（一）地区总部外籍人员凭市商务委的确认函，持营业执照（副本）、临时住宿登记等有关证明，可享受多次出入境便利。地区总部的法定代表人、总经理、副总经理、财务总监等外籍高层管理和技术人员，可申请办理不超过5年多次入境有效的F字签证；部门经理等中层管理和技术人员，可申请办理不超过3年多次入境有效的F字签证；一般外籍员工可申请办理不超过1年多次入境有效的F字签证。上述外籍人员的外籍配偶及未成年子女，可以申请与上述人员相同期限的F字签证。

受聘于地区总部的持L、X字签证入境的外籍人员，可根据需要，按上述办理条件申请F字签证。

地区总部的外籍人员急需短期来华，如未及时在我驻外使领馆办理签证的，持邀请单位函件及有关证明，可在首都机场口岸申请签证，邀请单位应持市商务委颁发的确认证书事先在市公安局首都机场口岸签证处办理备案手续。

（二）地区总部外籍人员需在京常住的，凭市商务委的确认函，提供《外国人就业证》或《外国人专家证》等相关证明材料，可申请居留许可。地区总部的法定代表人、总经理、副总经理、财务总监等外籍高层管理和技术人员，可申请办理有效期5年的外国人居留许可；部门经理等中层管理和技术人员，可申请办理有效期4年的外国人居留许可；一般外籍员工可申请办理有效期3年的外国人居留许可。上述外籍人员的外籍配偶及未成年子女，可以申请与上述人员相同期限的外国人居留许可。以上居留许可期限不得超过其护照有效期。

地区总部的高级管理人员按有关规定可优先办理《外国人永久居留证》。

（三）对地区总部的中国籍内地员工因商务需要赴香港、澳门的，可申请办理《往来港澳通行证》和多次出入境有效的商务签注；对地区总部的中国籍内地员工因商务需要赴台湾的，如提供国务院台办批件和台湾地区旅行证，可优先办理《大陆居民往来台湾通行证》。

（四）市公安局负责受理以上人员出入

境签证、居留、赴台港澳通行证及签注相关申请。

五、《若干规定》中涉及的外汇管理、海关、检验检疫等部门及相关区（县）在各自职责范围内，做好对地区总部的管理服务工作。市商务委负责提供便利政策的协调落实工作。

六、《若干规定》执行过程中的具体问题由市商务委负责协调解决，重大问题上报市政府批准后实施。

北京市商务委员会关于印发《北京市家电下乡销售网点管理规范（试行）》的通知

京商务运行字〔2009〕9号

相关区（县）商务局、相关企业：

为贯彻落实财政部等11部委《关于印发〈家电下乡操作细则〉的通知》（财建〔2009〕155号）和市政府办公厅《关于做好本市家电下乡工作的通知》（京政办发〔2009〕5号）文件精神，做好我市家电下乡产品流通渠道的管理工作，现将《北京市家电下乡销售网点管理规范（试行）》印发给你们，请遵照执行。执行中有什么问题及时向市商务委反映。

附件：北京市家电下乡销售网点管理规范（试行）

北京市商务委员会

二○○九年七月十二日

附件：

北京市家电下乡销售网点管理规范（试行）

为进一步贯彻落实国家关于家电下乡工作精神，做好我市家电下乡销售工作，做到销售网点布局合理、行为规范，特制定《北京市家电下乡销售网点管理规范（试行）》（以下简称《规范》）。

一、完善销售网络

借助家电下乡政策，逐步完善农村家电流通网络，确保销售网点布局合理，以方便本区域农民就近购买为前提，力争做到销售、售后服务网点覆盖所有乡镇和有条件的行政村，服务能力覆盖所有农村地区和农户。各区（县）要重点考虑市政府确定的42个重点建设发展的小城镇，确保一个小城镇有一家备案销售网点。

二、实行销售备案

（一）具备家电下乡销售网点备案基本条件并申请承担家电下乡任务的销售网点，按照《北京市商务局关于做好家电下乡销售网点备案工作的通知》要求，携带相关材料，到网点所在区（县）商务局备案。区（县）商务局审核通过后，方可作为指定网点销售家电下乡产品。

（二）备案的销售网点接受家电下乡产品销售企业和所在区（县）商务局的双重管理，严格按照本规范开展业务。定期向管理部门报告家电下乡产品的销售、服务等情况。

（三）严格履行备案承诺。

三、加强展示销售

（一）确保家电下乡产品销售面积。家电专业连锁店家电下乡产品销售面积不得低于100平方米；百货商场家电经营专区家电下乡产品销售面积不得低于50平方米；家电专卖店和超市家电经营专区家电下乡产品销售面积不得低于30平方米；家电专营连锁店家电下乡产品销售面积不得少于2个标准专柜。

（二）确保家电下乡产品陈列合理规范。产品陈列清晰、规范、整洁，地台（展台）、灯箱、门头等运用清洁、规范、合理，看板、宣传画（册）摆放醒目、整洁、且便于顾客阅览，LOGO及标识使用规范，搭配合理。

（三）有条件的销售网点要对家电下乡产品进行集中展示销售。设立家电下乡产品专区（专柜）或在同类产品区域集中摆放，方便农民选购。专区（专柜）须由专人负责，严禁不带标识卡的产品进入专区范围。

四、统一规范宣传

（一）在店铺门口明显位置悬挂统一编码的“家电下乡指定店”标识牌，便于农民消费者识别。

（二）在店铺显著位置张贴“家电下乡产品告示”、“家电下乡产品购买须知”，引导和帮助农民消费者购买家电下乡产品。

（三）积极配合政府做好家电下乡的政策宣传工作，统一宣传内容和形式，不虚假宣传，不误导消费者。

五、确保货源质量

（一）加强与家电下乡销售企业的沟通和协作，保证家电下乡产品货源充足、品种齐全，杜绝脱销、断档等现象发生。

（二）严把货源渠道，保证所销家电下乡产品符合中标的规格和质量要求，杜绝假冒伪劣、以次充好的产品进入家电下乡流通网络。

六、规范经营行为

（一）严格执行国家家电下乡产品销售价格政策。家电下乡产品的销售价格不得高于其中标价格以及市场同期同类产品市场价格，但可以随成本下降和供求因素按低于中标价格销售。不搞市场垄断、相互压价等不正当竞争。

（二）组织大型促销活动，要严格遵守《北京市商业零售经营单位促销活动管理规定》。

（三）及时开具销售发票，并按要求在发票上注明购买者的姓名和身份证号码。

（四）在销售家电下乡产品后，3个工作日内将所售产品信息和购买者个人相关信息录入到家电下乡信息管理系统（www.jdxx.gov.cn）。对城镇居民购买家电下乡产品，销售网点也应当在系统中如实录入。

（五）严格对产品标识卡及销售发票的管理，防止骗取补贴。

七、强化服务管理

（一）主动提供家电下乡的政策咨询，指导农民消费者购买家电下乡产品和申请财政资金补贴。

（二）完善售后服务，落实送货到门、安装调试、使用辅导、上门维修等服务措施，并向用户详细讲解安全使用常识，使农民消费者买得方便、用得安心。

（三）对符合“三包”规定要求退货的，严格遵守国家关于家电产品的“三包”规定，应退尽退，并做好退换货处理和服务。

（四）建立家电下乡产品投诉的快速处理机制，切实保障农民消费者合法权益不受侵害。

八、建立查处和退出机制

区（县）商务局应会同区（县）财政、工商、质监、发展改革等部门对销售网点的经营行为进行联合检查，严厉查处违反家电下乡政策的行为，杜绝坑农害农事件发生。

销售网点出现下列第（一）项至第（三）项不良行为，区（县）商务主管部门应当立即责令限期改正；在规定限期内没有改正的，区（县）商务主管部门应当暂停其家电下乡销售网点资格。销售网点出现下列第（四）至第（八）项严重不良行为，或出现不良行为累计超过三次，区（县）商务主管部门应当立即取消其家电下乡销售网点资格：

（一）店内没有家电下乡产品公示栏和农民购买须知。

（二）未在规定时间内给购买农民开具发票，未将家电下乡产品销售信息及时录入家电下乡信息管理系统，造成农民申领补贴延迟或无法申领补贴。

（三）对农民的服务要求不能及时响应，以各种理由拖延，违反国家关于家电产品“三包”规定。

（四）抽取产品标识卡，将家电下乡产品作为非家电下乡产品销售。

（五）擅自更换家电下乡产品型号，或以家电下乡名义销售非家电下乡产品。

（六）在家电下乡产品销售过程中虚假宣传，误导或欺骗农民。

（七）未遵守家电下乡产品价格规定，终端销售价格高于中标价格。

（八）私自留用标识卡，留取或复印农民户口簿、身份证等领取补贴的有关资料，录入虚假购买信息等，骗取补贴。

九、本《规范》自发布之日起执行，北京市商务委员会负责解释。

关于印发《北京市服务外包发展配套资金管理办法（暂行）》和《北京市服务外包发展配套资金管理办法（暂行）实施细则》的通知

京商务服贸字〔2009〕14号

各区（县）（含经济技术开发区）政府，各区（县）（含经济技术开发区）商务局、财政局，北京市服务外包企业、相关院校及培训机构：

现将《北京市服务外包发展配套资金管理办法（暂行）》、《北京市服务外包发展配套资金管理办法（暂行）实施细则》印发给你们，请遵照执行。

请各示范区所在区（县）商务主管部门和财政部门依据本管理办法和实施细则牵头制定本区（县）相关资金管理办法并抓紧组织实施。

附件：

1. 北京市服务外包发展配套资金管理办法（暂行）
2. 北京市服务外包发展配套资金管理办法（暂行）实施细则

二〇〇九年八月十二日

附件1：

北京市服务外包发展配套资金管理办法（暂行）

第一章　总　　则

第一条　为进一步巩固我市服务外包领军城市地位，促进我市服务外包产业快速健康发展，提升我市承接国际服务外包的能力和水平，根据国务院办公厅“关于促进服务外包产业发展问题的复函”（国办函〔2009〕9号）、市政府办公厅转发市商务委关于促进本市服务外包产业发展若干意见的通知（京政办函〔2009〕27号）以及有关财政专项资金管理规定，特制定本办法。

第二条　北京市服务外包发展配套资金（以下简称“配套资金”）是市财政专项安排用于支持我市服务外包产业发展的资金。配套资金的管理和使用应遵守公开透明、定向使用、科学管理、加强监督的原则。

第三条 配套资金由市商务委员会和市财政局负责管理，各司其职。市商务委负责配套资金的业务管理，市财政局负责配套资金的预算和财务管理。

第二章 支持范围及支持标准

第四条 支持服务外包企业开拓国际市场。

（一）鼓励服务外包企业以承接国际服务外包业务为目的设立境外分支机构或办事机构。对服务外包企业设立的境外分支机构或办事机构，给予企业不超过30万元的市级资金支持。

（二）支持服务外包企业参加境内外国际性专业展会。对服务外包企业参加的由市商务部门牵头组织或其委托中介机构统一组织的服务外包专业国际市场开拓活动、展览展示活动给予市级资金支持。企业自行开展的国际市场拓展活动，按照《中小企业国际市场开拓资金管理办法》的相关规定予以市级资金支持。

（三）支持服务外包企业开展国际认证。对服务外包企业通过开发能力成熟度模型集成（CMMI）、人力资源成熟度模型（PC-MM）认证、信息安全管理标准（ISO27001/BS7799）认证、IT服务管理（ISO20000）认证、服务提供商环境安全（SAS70）认证等服务外包相关认证及认证维护费用，按照《中小企业国际市场开拓资金管理办法》的相关规定予以市级资金支持。

第五条 支持服务外包公共平台建设。

（一）支持服务外包示范区在技术服务、公共服务等方面的平台建设和运营维护。对经市商务委和市财政局审定的公共平台的设备购置费给予50%、累计不超过200万元的资金支持；对公共平台的运营维护费用，按照年度实际发生情况给予50%、最高不超过50万元的资金支持。公共平台的建设和运营维护费用由市、区政府按1∶1比例分级负担。

（二）鼓励服务外包示范区开展业务模式创新。对经市商务委和市财政局认定的示范性创新项目予以资金支持。支持总额由市、区财政按照一定比例分级负担。

（三）支持北京服务外包企业协会建设，充分发挥协会产业促进作用。重点在服务外包产业整体形象宣传、品牌推广、产业研究、知识产权保护等方面给予市级资金支持。

第六条 引导和鼓励服务外包企业做大做强。

（一）对骨干服务外包企业在租赁、自建或购买办公用房方面给予资金支持。对骨干服务外包企业开展离岸外包业务办公用房，给予企业不超过20元/每平方米/月的租房补贴，年最高补贴金额不超过300万元；自建或购买办公用房建筑面积超过15 000平方米的，按照实际贷款利息的50%予以贴息，贴息年限不超过三年，累计贴息金额不超过500万元的市级资金支持。

（二）对技术先进型服务外包企业的研究开发活动予以支持。对技术先进型服务外包企业为提升外包服务技术能力或交付水平而开展的研究开发项目，给予企业不超过项目研究开发总费用20%、最高不超过100万元的市级资金支持。

（三）对服务外包企业离岸业务予以奖励。对年离岸（出口）业务收入超过1 000万美元以上的服务外包企业的业务增量部分按照一定标准予以奖励。

第七条　鼓励多种形式服务外包人才培养。

（一）对已获得中央财政服务外包专项资金人才培训支持的服务外包企业的获支持的在京就业员工，给予企业每人不超过2 000元的配套支持，定向用于上述人员培训。

（二）对已获得中央财政服务外包专项资金人才培训支持的培训机构，获支持的在京就业人数超过100人的，给予培训机构一次性5万元奖励；超过200人的，给予培训机构一次性15万元奖励；500人以上的，给予培训机构一次性50万元奖励。

（三）鼓励服务外包企业与京内高校联合培养服务外包人才。对在经认定的实习实训基地内实习的在京高校学生，实习期在3个月以上，且由企业提供生活或实习补助的，由市级给予企业每人每月不超过500元的实习补贴，补贴期不超过6个月。

（四）各服务外包示范区主管部门根据区域产业发展实际情况，对未获得中央财政服务外包专项资金人才培训支持且符合一定条件的服务外包企业新录用服务外包从业人员，由区（县）政府给予企业每人不超过3 000元的资金支持，定向用于上述人员培训。

（五）鼓励中高级服务外包人才培养。对由北京服务外包企业协会统一组织的中高级服务外包人才培训活动予以支持。按项目方式申报，经市商务委和市财政局审定后实施。

第三章　申报、审核和资金拨付程序

第八条　申报及审核

（一）申报单位向所在区（县）（开发区，下同）商务部门提出申请并报送相关材料。各区（县）商务部门会同同级财政部门对申报材料审定后，联合上报市商务委和市财政局。

（二）市商务委和市财政局对申报项目审定。

第九条　资金拨付程序

市商务委和市财政局对上报的申请材料进行评审，确定年度专项资金支持项目和支持金额，由市财政局按有关管理规定拨付到项目单位。

第四章　监督与管理

第十条　获得专项资金支持的申报单位，须严格按照国家有关规定管理和使用资金。市商务委、市财政局应不定期对专项资金使用情况进行监督检查。

第十一条　对弄虚作假骗取专项资金的申报单位，由财政部门按照《财政违法行为处罚处分条例》（国务院令第427号）的规定全额收回已拨付的资金，并按照国家法律法规规定追究相关负责人的责任，同时取消以后年度专项资金的申请资格。

第十二条　各区（县）商务、财政部门应认真做好项目申报审查工作，对申请单位报送资料进行妥善保管，以备核查，并做好信息保密工作。

第十三条　各区（县）商务、财政部门要积极做好本辖区内专项资金的相关配套工作，并保证配套资金及时到位和合理使用。

第五章　附　　则

第十四条　本办法由市商务委和市财政局共同负责解释。

第十五条　本办法执行期为2009年1月1日至2013年12月31日。

附件 2：

北京市服务外包发展配套资金管理办法（暂行）实施细则

根据国务院办公厅“关于促进服务外包产业发展问题的复函”（国办函〔2009〕9号）、市政府办公厅转发市商务委“关于促进本市服务外包产业发展若干意见”的通知（京办政函〔2009〕27号）、《北京市服务外包发展配套资金管理办法（暂行）》，制订本实施细则。

一、申报对象

（一）服务外包企业

本办法所指服务外包企业应满足下述条件：

1. 在我市行政区域内依法登记注册、具有独立法人资格，且实际工作场所及相应外包业务发生地在我市；

2. 与境外或境内企业签订中长期外包服务合同，且向境外最终客户提供一项或多项信息技术外包、业务流程外包、知识流程外包等外包服务的企业，且年离岸外包业务100万美元以上；

服务外包业务的具体范围和类别参见附表1。

3. 企业在商务部“服务外包及软件出口信息管理系统”（http：//www.fwwb.gov.cn）内进行日常业务申报；

4. 企业管理规范，财务管理制度和会计核算体系健全，近二年在财务、税收、外汇、海关、统计管理等方面未受到过行政处罚。

（二）骨干服务外包企业

指符合上述服务外包企业基本条件，满足离岸服务外包业务位居全市前二十名，且年增长率在20%以上。

（三）技术先进型服务外包企业

指符合服务外包企业基本条件，且业经市科委等相关部门认定，取得《技术先进型服务企业认定证书》的企业。

（四）培训机构和实习实训基地

指经市商务委与市教委联合认定的北京服务外包培训机构和北京服务外包实习实训基地。

（五）服务外包示范区

指经市商务委认定的北京服务外包示范区。

二、申报要求及报送材料

（一）境外设点项目

1. 申报条件

（1）满足服务外包企业基本条件；

（2）有明确目标国际市场拓展计划；

（3）2009年1月1日以后在境外（含港澳台）设立合法分支机构或办事机构。

2. 支持标准

每个境外分支机构或办事机构支持30万元。采取分期拨付方式，首次申请拨付支持总额的50%，一年后上报运行情况报告，如经营正常拨付后续50%。

原则上一家企业申请境外分支机构或办事机构累计不超过三个。一家企业在同一国别或地区申请境外分支机构或办事机构累计不超过两个。

3. 报送材料

（1）境外设点补助申请表；

（2）投资主体法律地位文件（营业执照、涉外经营资质证明文件）；

（3）投资主体上年度审计报告；

（4）商务主管部门颁发的《中华人民共和国境外企业批准证书》或《中华人民共和国境外办事机构批准证书》复印件；按规定需进行境外投资联合年检的，需提供《中华人民共和国境外投资联合年检证书》；

（5）境外注册文件、境外企业房产证明或租房协议；

（6）外派人员护照、签证。

（二）技术服务、公共服务平台项目

1. 申报条件

（1）公共平台项目是指服务外包示范区为提升区域内服务外包产业发展水平，满足区域内服务外包企业发展共性需求而搭建和完善的技术服务、公共服务平台；

（2）项目实施主体为服务外包示范区认可的企事业单位；

（3）项目服务对象为示范区内的服务外包企业，且服务辐射全市；

（4）实施主体应具备平台运行必要的场所和专业工作人员；

（5）设备为正规途径购买，符合国家有关法律法规的要求；

（6）具有完整有效的项目可行性研究报告。

2. 支持标准

对2009年1月1日以后市商务委和市财政局审定备案的公共平台项目的设备购置费给予50%、累计不超过200万元的资金支持；对平台运营维护费用，按照年度实际发生情况给予50%、最高不超过50万元的资金支持。原则上运营维护费用的支持年限不超过三年。支持总额由市、区财政按照1∶1比例分级负担。

原则上同一类型平台项目每个示范区限报一个。

3. 报送材料

（1）示范区公共平台项目申请表；

（2）项目实施主体法律地位证明文件；

（3）项目实施主体上年度审计报告；

（4）项目立项报告或实施方案；

（5）项目可行性研究报告；

（6）专家评审报告；

（7）申请设备购置费补贴需提交平台设备购置清单及预算或付费凭证；申请平台运营维护费用需报送年度运营费用明细及相关费用凭证。

（三）示范性创新项目

1. 申报条件

（1）示范性创新项目指服务外包示范区围绕区域服务外包产业发展特点，为吸引行业买家或提升服务外包产业链向高端延伸而进行的创新性合作项目；

（2）项目为三家以上在京服务外包企业提供接包项目；

（3）项目主体为经示范区所在区（县）部门认可的北京市行政区域内具有独立法人资格的企事业单位；

（4）项目具有完整立项报告或实施方案；

（5）经过行业内专家评审。

2. 支持标准

依据项目实际情况，经市商务委和市财政局审定确定支持方向和支持额度。支持总额由市、区财政按照一定比例分级负担。

3. 报送材料

（1）示范性创新项目申请表；

（2）申报单位法律地位证明文件；

（3）申报单位上年度审计报告；

（4）项目立项报告或可行性研究报告；

（5）与多家北京服务外包企业签订的合作协议；

（6）专家评审报告。

（四）骨干服务外包企业租房、自建或购房补贴项目

1. 申报条件

满足前述“骨干服务外包企业”条件。

2. 支持标准

关于租房补贴。租房补贴面积按企业离岸业务年收入测算出的有效面积核定。有效面积测算基准为每人每年2万美元产值、每人办公用建筑面积10平方米。如测算面积大于企业实际租房建筑面积，以实际租房建筑面积为补贴面积。补贴标准为不超过20元/每平方米/月标准，每家企业年补贴金额不超过300万元。

关于建房购房补贴。对2009年1月1日以后自建或购买用于开展服务外包业务的办公用房，建筑面积超过15 000平方米的，按照实际贷款利息的50%予以贴息。贴息年限不超过三年，累计贴息金额不超过500万元。

3. 报送材料

（1）骨干企业租房、购房、自建房补贴政策申请表；

（2）企业法律地位证明文件；

（3）企业上年度审计报告；

（4）骨干服务外包企业认定材料；

（5）企业上年度国际服务外包业务执行情况清单及收入凭证；

（6）申请租房补贴需提供：办公租房租赁协议、房租支付凭证及房屋产权证明；

（7）申请购房贷款贴息需提供：购房合同、银行贷款协议、银行贷款付息凭证；

（8）申请建房贷款贴息需提供：土地出让金凭证、建房贷款合同、银行贷款付息凭证。

（五）技术先进型服务外包企业研发项目

1. 申报条件

（1）符合服务外包企业基本条件；

（2）经市科委等相关部门认定的技术先进型服务企业；

（3）研究开发项目主要为提升企业外包服务技术水平和交付能力，且预计在两年内实施完成。

2. 支持标准

对单个研发项目给予不超过项目研究开发总费用20%、最高不超过100万元。资金分期拨付，首次申请拨付60%，验收合格后拨付后续40%。

原则上一家企业每年获支持的项目不超过一项。已申请过本项资金支持的企业需项目验收合格后方可再次申请。

3. 报送材料

（1）研发项目申请表；

（2）申报单位法律地位证明文件；

（3）技术先进型服务外包企业认定证书；

（4）企业上年度审计报告；

（5）项目可行性研究报告；

（6）专家评审报告；

（7）项目绩效考评书。

（六）离岸业务奖励项目

1. 申报条件

（1）符合服务外包企业基本条件；

（2）企业离岸（出口）服务外包业务

1 000万美元以上，且较上年增长。

2. 支持标准

对离岸（出口）业务较上年增长超过100万美元的企业，一次性奖励10万元；增长超过300万美元的企业，一次性奖励45万元；增长超过500万美元的企业，一次性奖励100万元；增长超过1 000万美元的企业，一次性奖励300万元。

3. 报送材料

（1）离岸业务奖励申请表；

（2）企业法律地位证明文件；

（3）企业上年度审计报告；

（4）企业上年度离岸（出口）业务执行情况清单及相关凭证；

（5）企业本年度离岸（出口）业务执行情况清单及相关凭证。

（七）北京服务外包行业整体促进项目

1. 申报要求

北京服务外包企业协会牵头实施，以项目方式申报，经由市商务委和市财政局审定。

2. 报送材料

（1）年度项目计划和资金预算安排；

（2）申请项目可行性研究报告；

（3）专家评审报告。

（八）服务外包企业人才培训配套支持项目

1. 申报条件

获得中央财政服务外包发展专项资金人才培训支持的服务外包企业，具体名单以商务部资金批复文件为准。

2. 支持标准

对当年获得中央财政服务外包专项资金人才培训支持的服务外包企业获支持的在京从业人员，给予企业每人不超过2 000元的配套支持。

3. 报送材料

（1）服务外包企业人才培训配套资金支持申请表；

（2）企业法律地位证明文件；

（3）企业上年度审计报告；

（4）获中央财政资金支持人员（在京就业）名单及相关材料；

（5）获中央财政资金支持人员（在京就业）当地社保证明或工资支付凭证。

（九）培训机构人才培训配套支持项目

1. 申报条件

获得当年中央财政服务外包发展专项资金人才培训支持的培训机构，具体名单以商务部批复为准。

2. 支持标准

当年获支持在京就业人数超过100人的，给予培训机构一次性5万元的奖励；超过200人的，给予培训机构一次性15万元的奖励；500人以上的，给予培训机构一次性50万元的奖励。

3. 报送材料

（1）培训机构人才培训配套资金申请表；

（2）培训机构法律地位证明文件；

（3）培训机构相关资质证明；

（4）培训机构上年度审计报告；

（5）培训机构租房、购房等办公地点相关证明；

（6）培训课程设置及安排说明；

（7）培训师资证明；

（8）获中央财政资金支持人员（在京就业）名单（含身份证号）；

（9）培训人员劳动合同；

（10）在京缴纳社保证明或工资支付

凭证。

（十）实习生经济补贴项目

1. 申报条件

与京内高校签订共建北京服务外包实习实训基地协议的服务外包企业。

2. 支持标准

对在实习实训基地内实习的在京高校学生，实习期在3个月以上，且由企业提供生活或实习补助的，给予企业每人每月不超过500元的实习补贴，补贴期不超过6个月。

3. 报送材料

（1）实习生经济补贴项目申请表；

（2）企业法律地位证明文件；

（3）企业上年度审计报告；

（4）校企合作协议；

（5）企业和实习生的实习协议书；

（6）实习登记表；

（7）实习学生学历证明或在学证明；

（8）实习学生名单（含身份证号）；

（9）实习生津贴发放凭证。

三、申报流程

（一）申报单位向所在区（县）（开发区，下同）商务部门提出申请并报送相关材料。

（二）各区（县）商务部门会同同级财政部门对申报材料初审后，联合上报市商务委和市财政局。

（三）市商务委和市财政局对申报项目审定，确定年度支持项目和支持金额。

四、申报要求

（一）项目申报单位应保证申报资料完整、真实、有效。如出现伪造资料虚报冒领则取消当年配套资金申报资格。

（二）各项目审核单位对项目认真审核，保证上报质量，并确保配套资金按期全额拨付。

（三）本实施细则于发布之日起开始实施。

（四）本实施细则由市商务委和市财政局共同负责解释。

附件：服务外包业务分类表

服务外包业务范围

一、信息技术外包服务（ITO）

（一）软件研发及外包

类　别	适用范围
软件研发及开发服务	用于金融、政府、教育、制造业、零售、服务、能源、物流和交通、媒体、电信、公共事业和医疗卫生等行业，为用户的运营/生产/供应链/客户关系/人力资源和财务管理、计算机辅助设计/工程等业务进行软件开发，定制软件开发，嵌入式软件、套装软件开发，系统软件开发软件测试等
软件技术服务	软件咨询、维护、培训、测试等技术性服务

（二）信息技术研发服务外包

类　别	适用范围
集成电路设计	集成电路产品设计以及相关技术支持服务等
提供电子商务平台	为电子贸易服务提供信息平台等
测试平台	为软件和集成电路的开发运用提供测试平台

（三）信息系统运营维护外包

类　别	适用范围
信息系统运营和维护服务	客户内部信息系统集成、网络管理、桌面管理与维护服务；信息工程、地理信息系统、远程维护等信息系统应用服务
基础信息技术服务	基础信息技术管理平台整合等基础信息技术服务（IT 基础设施管理、数据中心、托管中心、安全服务、通讯服务等）

二、技术性业务流程外包服务（BPO）

类　别	适用范围
企业业务流程设计服务	为客户企业提供内部管理、业务运作等流程设计服务
企业内部管理数据库服务	为客户企业提供后台管理、人力资源管理、财务、审计与税务管理、金融支付服务、医疗数据及其他内部管理业务的数据分析、数据挖掘、数据管理、数据使用的服务；承接客户专业数据处理、分析和整合服务
企业运营数据库服务	为客户企业提供技术研发服务、为企业经营、销售、产品售后服务提供的应用客户分析、数据库管理等服务。主要包括金融服务业务、政务与教育业务、制造业务和生命科学、零售和批发与运输业务、卫生保健业务、通讯与公共事业业务、呼叫中心等
企业供应链管理数据库服务	为客户提供采购、物流的整体方案设计及数据库服务

三、技术性知识流程外包（KPO）

适用范围
知识产权研究、医药和生物技术研发和测试、产品技术研发、工业设计、分析学和数据挖掘、动漫及网游设计研发、教育课件研发、工程设计等领域

关于印发《北京市“家政服务工程”实施细则》的通知

京商务交字〔2009〕99号

各区（县）商务局、财政局、总工会，北京家政服务协会，有关单位：

为贯彻落实《国务院关于做好当前形势下就业工作的通知》（国发〔2009〕4号）精神，根据《商务部 财政部 全国总工会关于实施“家政服务工程”的通知》（商商贸发〔2009〕276号）和《北京市人民政府关于实施稳定就业扩大就业六项措施的通知》（京政发〔2009〕6号）要求，市商务委、市财政局、市总工会制定了《北京市“家政服务工程”实施细则》。现印发给你们，请认真执行。

附件：

1. 北京市“家政服务工程”实施细则
2. 家政服务培训备案登记表（略）
3. 区(县)家政服务培训情况汇总表(略)
4. 家政服务培训补助资金申请表（略）

北京市商务委员会

北京市财政局

北京市总工会

二〇〇九年九月四日

附件1：

北京市“家政服务工程”实施细则

第一章 总 则

第一条 为进一步促进就业，扩大家政服务消费，根据《商务部 财政部 全国总工会关于实施“家政服务工程”的通知》（商商贸发〔2009〕276号）和《北京市人民政府关于实施稳定就业扩大就业六项措施的通知》（京政发〔2009〕6号）要求，结合本市实际，制定本实施细则。

第二条 本实施细则所称的家政服务员培训，是指对男性年龄16周岁以上、55周岁以下，女性年龄16周岁以上、50周岁以下，身体健康，从事家政服务工作的城镇下岗人员、农民工提供免费的技能培训。

第三条 家政服务培训工作目标是，力争用3—5年时间，使本市家政服务员的整体岗位技能和服务水平有显著提高。2009年启动家政服务员培训工作，年内计划培训1万—1.2万人；之后，在总结经验的基础上逐步扩大培训规模，稳步推进本市家政服务员培训工作。

第四条　为了更好地推动家政服务员职业技能培训工作，建立由市商务委牵头，市财政局、市总工会等有关部门参加的本市“家政服务工程”联席会议制度。职责分工是：

商务部门负责自主培训家政企业人员培训的备案；会同工会审核确定自主培训的家政企业资质，组织培训验收；对自主培训企业申请的补助资金进行初审。

财政部门负责会同商务、工会部门制定培训经费补助标准，按需求进度及时拨付补贴资金；核实汇总本市年度补助资金使用情况和审核清算；监督补助资金的使用与管理；配合商务、工会验收培训情况。

工会部门负责不具备自主培训能力的企业人员培训备案；会同商务部门审核确定专业培训机构资质，组织验收培训情况；对专业培训机构申请的补助资金进行审核。

第二章　培训单位的资质要求与确定程序

第五条　专业培训机构的资质要求

（一）实力较强，信誉好，家政服务培训体系健全。

（二）有法定的办学资质，有1年以上的家政服务培训经验。

（三）有5名以上具有相关专业资格的教师，不少于1 000平方米的培训场地，年培训能力在1 000人次以上。

（四）有多媒体教学设备、自动化办公设备和家政培训所需的设备设施。

（五）能为学员建立培训档案，并能为家政服务员提供后续跟踪服务。

（六）具备安排学员食宿的条件。

第六条　自主培训家政企业的资质要求

（一）具有独立法人资格，能够自主招收员工。

（二）有实施培训的不少于3名相关专业的师资、500平方米以上的教室和实际操作模拟场地及相关的电化教学设备设施。

（三）培训体系健全，培训经验丰富，有不少于1 000人次的培训经验。

（四）能够为所培训人员安排就业，有全程跟踪家政服务员服务情况的能力。

（五）与家政服务员签订《家政服务合同》，建立培训就业档案。

（六）具备安排学员食宿的条件。

第七条　培训单位的确定程序

（一）2009年9月13日前，拟承担家政服务员培训的专业培训机构可向市总工会提出书面申请，拟开展自主培训的家政企业可向市商务委提出书面申请。

（二）按照公平、公正的原则，市总工会、市商务委分别对申请的培训机构和自主培训的家政企业资格进行审查，并分别牵头组织专家对申请的培训机构和自主培训的家政企业进行综合考核评审。

（三）将拟认定的培训机构和自主培训的家政企业在市总工会、市商务委网站上进行为期7天的公示。

（四）公示期结束后，市总工会、市商务委、市财政局将公示无异议的培训单位统一向社会发布，并授予“北京市实施‘家政服务工程’培训单位”证书。

第三章　培训与就业

第八条　依托专业培训机构进行培训。对不具备自主培训能力的家政企业，将《家政服务培训备案登记表》（附件2）报市总工会，并签订承诺安排就业的相关协议后，由符合条件的培训机构按《家政服务员培训大纲》组织培训。

第九条　支持基础较好、有培训能力的家政企业开展自主培训。家政企业按照市场需求自主招收员工，将《家政服务培训备案登记表》（附件2）报所在区（县）商务部门备案，并依托自身资源，按照《家政服务员培训大纲》组织培训。

第十条　培训方式与学时

采取集中培训与自学、统一考试相结合的培训方式，完成理论知识培训和专业技能培训，共150学时，其中理论知识培训24学时、专业技能培训56学时、实操（含自学）70学时。经考核合格的，颁发《"家政服务工程"培训合格证》。

第十一条　就业

专业培训机构所培训的家政服务员由家政企业按承诺协议安排就业；自主培训家政企业所培训的家政服务员由本企业安排就业。家政企业需与培训合格的学员签订至少1年期的《家政服务合同》。

第四章　资金补助标准

第十二条　中央财政对家政服务人员培训经费予以全额补助。

第十三条　补助经费的核定。根据培训合格率（以取得《"家政服务工程"培训合格证》为准）和就业率（以签订《家政服务合同》为准），确定补助经费数额。培训合格，按实际就业率给予补助。

第十四条　培训经费补助标准。按每培训一个学员补助培训经费标准1 500元计算。

具体补助项目是：

（一）教材费用：每人60元，包括教材、笔、笔记本、讲义。

（二）教师授课费：每人550元，包括理论课、专业技能课、实操课。

（三）场地使用费：每人100元。

（四）实操耗材：每人220元，包括煤气、水、电、原材料及设备折旧与维修费。

（五）考核费用：每人40元，包括理论试卷费、实操考核成本费、证书费。

（六）食宿费用：按每人每天30元（住宿15元、饭费15元），共16天计算，折合每人480元。

（七）办公与管理费：每人50元，包括管理人员、值班人员、医务人员工资和办公经费等。

第五章　检查验收

第十五条　专业培训机构的培训由市总工会组织检查验收；自主培训企业的培训由区（县）商务、财政部门组织检查验收，市商务委、市财政局、市总工会对区（县）检查验收情况进行抽查。

第十六条　检查验收的主要内容

依据《商务部、财政部、中华全国总工会办公厅关于"家政服务工程"有关培训验收工作的通知》要求进行检查验收，对验收合格的专业培训机构和自主培训企业，出具《家政服务培训验收意见书》（具体检查验收要求另行下发）。

第六章　资金的申报、拨付与监督管理

第十七条　补助资金的申报。专业培训机构应于每月10日前持有关材料到市总工会申报。自主培训家政企业应于每月10日前持有关材料到所在区（县）商务部门

申报。

申报材料包括：

（一）补助资金书面申请；

（二）培训资质证明；

（三）家政服务培训验收意见书；

（四）家政服务培训补助资金申请表（附件6）；

（五）开户银行名称、银行账户、开户名称等。

第十八条　补助资金的审核与拨付。市总工会将专业培训机构培训补助资金的审核情况报市财政局，市财政局将培训补助资金直接拨付到市总工会，由市总工会拨付给专业培训机构。区(县)商务部门对自主培训企业的补助资金申请按照资金补助标准进行初审后报送区(县)财政部门，区(县)财政部门复核后上报市财政局，市财政局审核后将资金拨到区(县)财政局，由区(县)财政局将培训补助资金拨付给自主培训的家政企业。

区（县）商务局每月15日前将上月培训情况、安排就业情况报市商务委（附件5）。

第十九条　对项目资金实行专款专用，任何单位不得以任何借口截留、挪用补助资金。

第二十条　使用本补助资金的培训机构和自主培训家政企业应接受财政、商务、工会组织的监督检查，并接受审计部门的审计检查。如出现采取虚报、冒领等手段骗取资金或出现截留、挤占资金违法行为的，根据《财政违法行为处罚处分条例》等相关法律法规进行处罚、处分。

第七章　附　则

第二十一条　本实施细则由市商务委、市财政局、市总工会按照各自职责分工解释。本实施细则自发布之日起实施。

附件：（略）

关于印发北京市流通业发展分类指导目录（2009年）的通知

京商务规字〔2009〕17号

有关单位：

近年来，全市商业服务业在筹办奥运过程中，努力践行科学发展观，取得了显著成效。特别是在奥运会、残奥会期间，商务发展成果得到了集中体现，经受住了实战检验，顺利完成了奥运各项任务，全市商业流通业水平得到了大幅度提高，全市商务发展站在了一个新的起点。

2009年全市商务领域全面深入贯彻科学发展观，落实中央经济工作精神和北京市宏观经济政策，按照“人文北京、科技北京、绿色北京”的战略目标和“特色商务、数字商务、生态商务”的总体要求，借鉴奥运经验，推广奥运标准，巩固奥运成果，继承奥运财富，强化抓促消费、抓特色发展、抓平台建设和标准化建设，提高首都商务科学发展水平，着力提升商务企业发展品质以及城乡居民生活品质。根据《北京城市总体规划（2004—2020年）》和《北京市“十一五”时期商业发展规划》、《北京市“十一五”时期物流业发展规划》，在认真分析本市流通业发展现状、趋势的基础上，特制定2009年度流通业发展指导目录。

2009年，北京市流通业重点鼓励发展符合国家产业政策、适应首都经济发展需要、推动新城和新农村建设以及符合有关城市规划和商业发展规划的行业、流通基础设施建设和先进技术应用项目等，在促进消费、提高商业安全便利程度、强化规范服务、规范商业促销行为、建设完善商业便民服务体系、发展郊区现代流通网络、加快现代流通方式发展、技术创新和新技术应用、构建特色商业、健全再生资源回收体系、推动商务企业提高标准化组织化和自主创新水平、强化节能管理、推广节能技术、促进节约发展等方面大力推进。

对于限制发展的项目，各部门、各区（县）应加大调控力度，严格遵守目录所规范内容。如确有发展必要，需经市、区（县）政府主管部门联席会议同意。

附件：

1.《鼓励发展目录》

2.《限制发展目录》

北京市商务委员会

北京市发展和改革委员会

北京市规划委员会

北京市工商行政管理局

二〇〇九年九月十五日

附件 1：

鼓励发展目录

一、支持发展特色商业

（一）保护和提升“老字号”品牌

（二）改造与提升特色商业街

（三）鼓励开展特色服务

二、鼓励发展数字商业

（一）搭建信息技术服务平台

（二）推进信息化、数字化进程

三、鼓励发展生态商业

（一）鼓励节能降耗

（二）加快发展商业循环经济

（三）鼓励绿色营销和节约型消费

四、促进消费增长

（一）加强市场营销，拓展消费空间

（二）促进供应保障

（三）鼓励发展便民、利民商业服务设施，营造良好消费环境

（四）鼓励发展现代流通经营方式和营销方式

（五）提升郊区流通业连锁水平

（六）提升流通服务行业专业化水平

（七）鼓励商业中心（商业街）建设和改造

（八）强化行业安全监管

五、加快物流配送体系建设

（一）鼓励公共物流区的建设

（二）鼓励物流配送体系运营水平提升

六、加强农产品流通体系建设

（一）鼓励农产品批发市场升级改造

（二）鼓励规范化菜市场建设，采取多种形式完善蔬菜零售网点

（三）鼓励农产品流通组织发展

总体目标：到 2009 年底，社会消费品零售额力争超过5 100亿元，增长 13%，紧紧围绕“特色商务、数字商务、生态商务”总体战略，重点从发展“特色商业、数字商业、生态商业”等三个方面着手，全面推动“人文北京、科技北京、绿色北京”建设。

一、支持发展特色商业

目标：鼓励特色商业在现有基础上，进一步强化特色、突出优势、增加亮点，提升特色商业的竞争力和凝聚力，以特色商业的发展，带动全市商业平稳较快发展，推进“人文北京”的建设进程。

（一）保护和提升“老字号”品牌

目标：通过研究基地建设、文化遗产申报、技艺展示、传承人培养等手段保护和提升北京“老字号”品牌，支持北京“老字号”企业提升品牌，强化特色优势，增强“老字号”企业的品牌知名度和品牌竞争力。

实施重点：

1. 鼓励建立“老字号”研究基地，为“老字号”企业提供交流、宣传、咨询等多种服务。

2. 鼓励“老字号”企业特殊技艺申报非物质文化遗产。

3. 鼓励企业参与“老字号”非物质文化遗产技艺展。

4. 鼓励若干家“老字号”建立非物质文化遗产传承人工作室，支持和培养传承人，保护、传承传统技艺。

5. 鼓励“老字号”企业利用广交会平

台开拓国际市场，支持“老字号”企业的品牌海外注册与保护，推进“老字号”企业与外商投资企业对接，利用各自品牌、服务、资金与渠道优势，实现共赢发展。

6. 鼓励“老字号”企业发展特色服务、连锁化经营。

7. 鼓励“老字号”企业发挥品牌、产品、文化优势，实现连锁化发展，扩展京郊农村市场，开拓国内、国际市场。

（二）改造与提升特色商业街

目标：鼓励北京原有特色商业街的改造与提升，突出特色商业街的特色优势，增强特色商业街的品牌凝聚力，培育形成北京商业特色。

实施重点：

1. 引导特色企业和品牌向特色商业街聚集，增强特色商业街的品牌特色和吸引力。

2. 完善特色街区产业配套，适当增加就餐、休闲、娱乐、休息的空间规模。

3. 加强已改造升级的特色商业街软环境建设。

4. 鼓励发展具有餐饮、休闲功能的特色商业街。

5. 启动对护国寺传统小吃街、大栅栏西街和高碑店古典家具街等特色街的改造与提升。

（三）鼓励开展特色服务

目标：通过发展特色商业服务，培育发展北京商业的特色魅力，促进北京特色企业、特色产业在结构调整、产业升级中不断发展。

实施重点：

1. 鼓励发展特色风味餐厅、清真特色餐厅。

2. 鼓励企业发展具有自身特色的店铺。

3. 鼓励企业设计、开发、营销具有北京特色、企业特色的旅游纪念品和自有品牌商品。

二、鼓励发展数字商业

目标：鼓励发展数字商业，以数字商业的发展，推动商务企业提高经营效率，提升标准化、组织化水平，提高服务能力，从而带动全市商务科学发展水平的提升。

（一）搭建信息技术服务平台

目标：转变商务发展管理和促进方式，着力提升商务信息化、数字化水平。搭建市场监测、商务信息服务、郊区流通网络、特种行业服务、展会活动五大平台，为企业自主创新、开拓市场服务，提升管理效率和服务能力。

实施重点：

1. 完善市场监测平台。

（1）加强“两个黄金周、五个小长假”以及各类特色节庆的消费品市场监测。

（2）定期发布消费品市场运行分析报告。

2. 打造商务信息服务平台。

（1）支持行业协会和专业机构建立产业信息、行业信息服务平台。

（2）鼓励第三方电子商务平台建设，为中小企业提供服务。

3. 健全郊区流通网络平台。

（1）分类指导农产品批发市场改造提升，完善安全监控设施，改善交易环境。

（2）搭建地产农副产品与商业流通对接平台。鼓励大型商业企业与郊区生产基地对接，使农副产品直接进入超市；鼓励大型零售企业到郊区发展。

（3）鼓励郊区连锁企业信息管理系统与

联合采购平台进行对接。

4. 启动特种行业服务平台。

(1) 鼓励典当业规范发展，拓宽中小企业和个人融资渠道。

(2) 鼓励租赁业发展设备租赁，降低企业经营成本。

（二）推进信息化、数字化进程

目标：促进电子商务、电子结算方式的发展，提升商务企业经营效率和标准化、组织化水平。

实施重点：

1. 鼓励发展电子商务。

(1) 支持物流配送、“老字号”、农资连锁、郊区连锁、再生资源回收等行业信息化、数字化水平的提升。

(2) 鼓励中小企业应用 B2B、B2C 等电子商务模式。

(3) 鼓励网上支付及现代物流配送的发展，降低中小企业在系统研发、技术保障等方面的成本。

2. 鼓励发展网上零售业。

(1) 鼓励已有信息化管理基础的大型百货店、专卖店、专业店、大型批发市场、连锁超市等企业开展网上零售业务，建立网上商城，在实体店经营基础上，增加经营品种，延伸产品线，构建网络营销渠道。

(2) 鼓励成熟的零售网站为中小商贸企业提供开展网上专业店服务，为网上零售业务发展提供平台支持。

(3) 鼓励各类企业利用第三方技术服务平台开展网上零售业务。

(4) 鼓励网上零售企业使用成熟的电子支付系统，采用线上、线下结算方式及多种支付网关，增强网络交易安全。鼓励第三方电子支付服务平台借助现有金融服务体系，建立信用保障机制。

3. 鼓励发展电子结算方式。

鼓励商户使用 POS 终端，提升电子结算水平，扩大刷卡消费服务覆盖面，创造更加便捷的支付环境。

4. 鼓励企业应用信息技术。

(1) 鼓励企业采用综合管理信息系统（POS/MIS/ERP）、客户关系管理系统（CRM）、企业流通信息管理系统、RFID、BI 商业智能管理等高科技手段，提升企业经营效率和数字化、信息化水平。

(2) 鼓励餐饮、百货、洗浴、美容美发、酒店住宿、家政服务、洗衣、摄影等行业和企业积极参与使用各类消费电子咨询平台。

5. 鼓励重点市场、专业化经营店铺、商业街开展商品流通、价格指数、景气指数等信息服务。

三、鼓励发展生态商业

目标：鼓励发展生态商业，以生态商业的发展，实现商务全面协调可持续发展，推进“绿色北京”的建设进程。

（一）鼓励节能降耗

目标：在商务领域树立节能降耗意识、强化节能管理、推广节能技术，使节能降耗意识和应用措施在商务领域全面覆盖。

实施重点：

1. 鼓励合同能源管理和节能改造重点商业企业使用新的节能技术，改造老化设备。

2. 鼓励支持企业合理调整商场和餐饮经营场所温度、亮度。

(1) 鼓励商场和餐饮经营场所严控室内温度，夏季最低不低于 26 度，冬季最高不高于 20 度。

（2）鼓励全市商场超市实施绿色照明工程。

3. 鼓励企业能源分类计量。

4. 鼓励商场超市推广使用空调通风系统智能控制、变频调速等节能技术与产品。

5. 鼓励支持餐饮业节能改造。

6. 鼓励支持洗染行业干洗机更新改造。

7. 鼓励新建项目应用节能设施。鼓励新建商业项目环保节能建设。整合应用多种节能、节水、节材、室内环境控制技术，采用地源热泵、雨水收集利用系统、再生水回用系统等新型节能环保技术。

8. 鼓励节能服务公司采用合同能源管理机制参与节能改造。

（二）加快发展商业循环经济

目标：淘汰落后产能，加快再生资源回收，打造经济的绿色循环链，发展环境友好型商业经济。

实施重点：

1. 推进再生资源回收体系产业化发展。

（1）完善再生资源回收站点、分拣中心的建设和服务标准，推进再生资源回收体系产业化。

（2）鼓励再生资源回收企业按照“规范站点、物流配送、专业分拣、厂商直挂”的产业化发展原则，在社区建立规范、便民、多形式的再生资源回收站点，发展“回收站点——专业物流公司——再生资源分拣中心——再利用企业”的流通模式。

2. 鼓励商业企业加快淘汰黄标车。

3. 鼓励报废汽车回收拆解企业按照《国家报废汽车回收拆解技术规范》、《北京市报废汽车回收拆解企业技术条件》、《北京市报废汽车回收拆解操作规程》加快企业基础设施、设备的改造。

（三）鼓励绿色营销和节约型消费

目标：在产品营销、流通方式和消费观念、消费方式等方面倡导绿色营销和节约型消费，减少环境污染，促进可持续发展。

实施重点：

1. 鼓励绿色营销和绿色流通方式。

（1）鼓励高效节能的办公设备、电器、照明产品的经营。

（2）鼓励企业多引进、采购未被污染或有助于公众健康的绿色产品、有机食品。

（3）鼓励和支持商业企业注重垃圾的规范化处置。支持在餐饮企业相对集中街区开展餐厨垃圾资源化处理试点。

（4）提倡“绿色包装”，抵制过度包装。

（5）鼓励生鲜食品连锁企业建立绿色流通渠道，建立企业生鲜采购平台和基地，建立企业中央厨房和生鲜配送中心，保障生鲜和即食食品质量和安全。

（6）鼓励绿色市场建设。

2. 倡导节约型消费观念和消费方式。

（1）鼓励企业加大宣传力度，倡导消费者消费绿色产品。

（2）鼓励企业和消费者减少使用一次性用品。

3. 鼓励服装干洗行业企业加强污染治理。鼓励使用开启式干洗机的企业和单位，更新为全封闭式干洗机或进行改造，实现达标排放。

四、促进消费增长

目标：营造消费亮点，保持供应稳定，引导企业提供安全、规范、便利的消费环境，满足多方面、多层次的消费需求，促进消费增长。

（一）加强市场营销，拓展消费空间

目标：推进商旅结合、农商结合，多部

门内外贸联动，为企业提供发展商机，满足百姓生活需求，提高居民生活品质。

实施重点：

1. 研究和制定促进消费、开拓市场的各项措施，促进消费增长。

（1）促进汽车、耐用消费品、健康休闲用品、金银珠宝等重点商品市场销售稳定增长。

（2）鼓励支持新城商业发展，营造新的消费增长点。

2. 抓住消费热点，营造繁荣活跃的市场氛围。

（1）扩大节日消费。支持商务部门和企业充分利用国庆、中秋等节假日商机，烘托节日气氛，创新促销方式，加大促销力度，巩固、放大和培育消费热点。

（2）集中力量精心打造消费品牌—北京购物季。丰富活动内容，创新活动方式，提升影响力，使之尽快成为与北京国际城市地位相称的知名消费品牌，进一步发挥繁荣活跃市场、拉动消费的作用。

（3）大力开展促销活动。支持开展对促进社会消费品零售额增长影响大、见效快的全市性的餐饮、消夏、旅游、新婚消费等系列大型促销活动。支持在京举办外地名特优新产品集中展卖活动，扩大居民消费，繁荣活跃市场。

3. 支持企业创新营销模式，促进消费升级。

（1）促进刷卡消费。鼓励商业服务企业与金融部门合作，促进银行卡使用，方便刷卡消费。

（2）鼓励开展信用销售。

（3）鼓励零售企业及时支付供应商货款。

（4）鼓励开展网上消费，培育新的消费增长点。

4. 积极推进家电、汽车以旧换新工作。

（1）鼓励企业做好家电以旧换新工作。

（2）鼓励报废汽车回收拆解企业升级改造。

5. 支持农村流通网络建设，促进农村消费。

（1）积极推进家电、汽车下乡工作。

（2）举办本市农产品推介会，搭建大型超市与农产品生产经营组织的对接平台，扩大超市企业经营本市农产品的比重。

6. 规范商业服务和提高服务水平。

（1）规范化促销。

零售企业应认真贯彻落实《北京市商业零售经营单位安全生产规定》和《北京市商业零售经营单位促销活动管理规定》，严格执行大型商业促销活动事先报告制度。制定促销活动的应急预案和处置措施，防止因促销活动造成公共场所的秩序混乱、疾病传播、人身伤害和财产损失。

（2）提高服务水平。

鼓励商业零售、餐饮、美容美发、摄影、洗染等行业企业员工职业道德、岗位技能、服务规范与礼仪、外语等培训。鼓励大中型商场提供外语、手语服务。

（3）商业领域知识产权保护。

鼓励经营具有知识产权的商品和服务。

（4）商业经营信息服务。

鼓励重点市场、专业化经营店铺、商业街开展商品流通、价格指数、市场活跃指数等信息服务。

（二）促进供应保障

目标：通过保障和丰富市场供给，满足人们基本需要并刺激新的消费需求。

实施重点：

1. 完善监测和储备，保障基本生活必需品供应。

(1) 调整和增加商业、餐饮、粮油、成品油等信息监测网点，加强信息监测工作。

(2) 建立电子监控平台，从数量、质量、进货、出货等方面对生活必需品储备进行全方位监控。

2. 挖掘各种渠道，保障和丰富货源。

(1) 鼓励奥运食品供应企业和农产品基地中适销对路产品与本市进行产销对接，建立日常供应渠道。

(2) 鼓励建立本市与主产区长期稳定的产销合作关系，提供货源保障。

(3) 鼓励外贸企业把具有比较优势的外贸特色产品在北京市场推广。

(4) 鼓励商业店铺配置充足的商品存储区域或空间，重点鼓励建设食品冷藏（冷冻）设施。

(5) 鼓励文化创意产品流通。

(6) 鼓励古玩、艺术品、旧货等艺术品拍卖、交易。

(三) 鼓励发展便民、利民商业服务设施，营造良好消费环境

目标：通过提升商业配套设施、完善网点布局、促进农村和社区商业现代化，为城乡居民提供便捷、舒适的商业服务。

实施重点：

1. 提高商业设施配套水平。

银行卡特约商户覆盖率在80%的基础上，继续扩大刷卡支付范围。

2. 推动大型商业设施停车引导系统改造，以王府井、西单等商业街区及长安街沿线、二环路以内为重点。

3. 鼓励农村集贸市场改造建设，特别要鼓励特色农村农产品市场建设和旅游景区市场建设，改善农民交易农产品、生活日用品市场环境。着重于尚未启动城市化或城市化水平不高的乡镇，重点向山区乡镇倾斜。在完成“一乡一集市”工程的郊区（县），鼓励和支持在面积较大、人口较多的乡镇建设、改造第二个集贸市场。

4. 完善清真饮副食网点设置，进一步满足有清真饮食习惯群众的基本生活需求。

5. 鼓励社区综合商业建设与社区活动中心等公共服务设施配套安排，集中分布并与住宅适当分离，做到便民不扰民。

6. 鼓励示范社区不断丰富和完善便民服务功能。鼓励连锁企业与社区服务组织合作，创新社区商业服务功能，增加便民服务项目，建立消费便捷的社区商业服务业体系。

7. 鼓励商业企业无障碍设施建设。

鼓励大中型商场超市专卖店实施坡道、厕所、电梯、标识、室内通道、低位服务台、低位收款台（超市为无障碍结算通道）、专用停车位等无障碍设施系统化改造。

鼓励国家级酒家和500平方米以上的餐饮经营单位实施坡道、厕所、电梯、标识、室内通道等无障碍设施改造。

8. 经营场所内部环境标准化建设。

(1) 鼓励全市商场努力改善经营环境。在商场公共场所语言文字和标志、引导标识、广播及背景音乐、室内空气质量监控、基本照明、重点照明和装饰照明、安全生产设备设施等方面改造和改进。

(2) 鼓励建设完备的配套服务设施，在总服务台、顾客卫生间、顾客休息区、试衣间、附属服务设施、吸烟区等方面按照个性化、人性化、舒适化、规范化要求给予建

设，并进行保洁、消毒和维护。

(3) 配置完备的规范化经营设备。企业应根据营业面积、商品类别区域、顾客流量等实际情况，配置完备的收银台与结算出口、食品冷藏、冷冻等基本经营设备以及橱窗等经营设备，鼓励有条件的企业安装客流量计数装置。

9. 经营场所外部环境和配套设施建设。

(1) 鼓励大型商场超市新建或改造规范的停车场和引导系统。在停车位配置、远端引导、入口、坡道、场内车行引导、场内人行引导、场内交通规则、场内安全措施、场内照明、残疾人设施、停车场出口、停车场环境、智能化管理系统、管理服务等方面进行改造和建设。设置规范的自行车停放区。

(2) 科学设计人行、车行交通组织。按照人车分离、各畅其流、各安其便的原则，依据人们的行走规律，科学规划交通流线，最大限度实现人车分流，保证顺畅、便捷，减少拥堵。

(3) 鼓励大型商场超市配套建设与企业经营规模、业态、经营方式相匹配的卸货区。

(4) 鼓励店铺配置充足的商品存储区域或空间。

(5) 鼓励企业设置系统、清晰、规范、美观的顾客外部引导标识。

(四) 鼓励发展现代流通经营方式和营销方式

目标：通过鼓励发展现代流通经营方式和营销方式，推动本市流通现代化进程，提升整体竞争力。

实施重点：

1. 连锁。

(1) 鼓励扩大连锁经营、物流配送等现代流通方式的市场份额。

(2) 鼓励发展规范化的特许经营。

(3) 鼓励餐饮、洗染、洗浴、摄影、美容美发、家政、修理等7个生活服务行业发展品牌化、连锁化经营，扩大企业规模，规范企业行为，提升行业水平。

2. 其他现代流通方式。

(1) 鼓励发展无店铺销售。规范化发展电视购物、邮购、网上商店、自动售货机(亭)等。

(2) 鼓励开办和参加服装服饰、汽车、古玩、文化、茶叶、体育等行业博览会。

(3) 鼓励开展国际、国内著名品牌代理。

(五) 提升郊区流通业连锁水平

目标：通过较大幅度地提升郊区商业连锁化水平，提高商品和服务的水平和质量。

实施重点：

1. 鼓励郊区连锁商业企业进一步提高联合采购能力，提高食品特别是生鲜食品统一配送的比重。

2. 鼓励郊区连锁企业加强规范化管理，提高店铺商品质量和经营水平。

3. 完善郊区家电流通网络，拉动农村消费。多部门联动，组织适销家电下乡产品货源，完善网点布局，加强对销售企业和销售网点的日常考核。

4. 倡导生活服务业连锁化、品牌化发展，提高居民消费便利程度，提升社区居民消费品质。

5. 鼓励发展农业生产资料连锁经营，扩大门店数量和覆盖率。

(六) 提升流通服务行业专业化水平

目标：通过专业的规划、服务和引入专业中介机构，提高流通业的专业水平和效率。

实施重点：

1. 加强商业设施专业规划设计。

培育发展专业化商业设施规划设计机构；鼓励新增商业设施进行专业化规划、设计。

2. 鼓励发展商业经营管理专业化机构。

3. 鼓励“定单商业地产”开发模式，实现需求和供应有效对接。

（七）鼓励商业中心（商业街）建设和改造

目标：通过推动商业中心（商业街）建设和改造，改善商业整体布局，提升商业中心的整体水平，打造新的城市亮点。

实施重点：

1. 鼓励和支持中心城传统商业中心（街区）调整改造。在整治整体风貌、优化商业经营、完善公共服务设施、建立完善的街区管理服务机构和管理机制等方面着力推进。

2. 鼓励和支持新城商业中心的建设和升级改造。在整体规划、功能配套、系统布局、业态升级等方面重点推进，原则上要与交通节点，特别是轨道节点相结合。

3. 要着重推进商务中心区、北京经济技术开发区、丽泽商务区等重点功能区商业配套建设。

（八）强化行业安全监管

目标：通过强化企业安全生产监管，严格促销活动管理和食品安全保障，为消费者提供安全的消费环境，保证消费安全。

实施重点：

1. 认真贯彻落实北京市商业零售经营单位安全生产规定和商业零售企业促销管理规定，规范企业安全经营行为，严格执行大型商业促销活动事先报告制度。推进行业安全监管的制度化、规范化、程序化和信息化建设，加强企业自律，落实企业安全生产主体责任，推广邻里守望、群防群治管理方式，强化安全生产工作基础。

2. 加大流通领域食品安全监管力度。

（1）鼓励生猪定点屠宰场病害猪无害化处理。

（2）鼓励食盐经营企业经营符合标准的合格碘盐。

（3）支持酒类经营企业使用机打酒类流通随附单。

（4）鼓励食品安全体系建设（追溯系统、检验检疫系统等）。在生鲜食品经营场所建立和推行进货台账登记制度、索票索证制度、可追溯制度和不安全食品下架及市场退出制度。

五、加快物流配送体系建设

目标：通过加快现代物流业发展，提升物流系统的规模和运营水平，提高行业整体流通效率。

（一）鼓励公共物流区的建设

实施重点：

1. 鼓励公共物流园区基础设施建设。

2. 鼓励物流配送企业入驻公共物流园区和物流配送中心。

3. 鼓励物流设施、装备、冷链物流体系建设和改造。

4. 鼓励在北京设立跨国、跨区域采购中心。

（二）鼓励物流配送体系运营水平提升

实施重点：

1. 鼓励物流园区信息化建设。

2. 鼓励物流企业应用供应链管理系统（SCM）。

3. 鼓励第三方物流企业加快物流流程再造、运营模式优化，应用现代物流技术、整合物流资源、拓展增值服务、提高配送效率和加强从业人员培训。

4. 鼓励冷链物流、农产品物流有序发展。

5. 鼓励建设具有交易、展示、酒文化宣传、营销培训等功能的酒类商品大型综合物流集散中心。

六、加强农产品流通体系建设

目标：建立与首都多元化消费需求相适应的农产品物流体系，建设现代化农产品流通枢纽和流通渠道，提升农产品流通效率，确保食品安全。

（一）鼓励农产品批发市场升级改造

实施重点：

1. 鼓励农产品冷链物流环节和体系建设。

2. 鼓励各交易品类的电子交易结算中心建设，实现农产品流通的可追溯。

3. 鼓励建设升级检验检测中心，鼓励中心与具备检测资质的机构合作，具备产品认证能力。

4. 鼓励新建废弃物和废水处理中心，实现垃圾的减量化和污水的处理回用，减少市场对周围环境的负面影响，保护环境。

5. 加强仓储、流通、信息等基础设施建设，改善农民进城销售农产品的市场环境。

（二）鼓励规范化菜市场建设，采取多种形式完善蔬菜零售网点

实施重点：

1. 鼓励连锁超市发展生鲜经营。

2. 以新建居住社区为重点，按照合理布局、符合标准的要求，鼓励建设规范化菜市场。

3. 支持各区（县）根据实际需求，结合场地条件，多种形式加密设置蔬菜零售网点。

（三）鼓励农产品流通组织发展

实施重点：

1. 鼓励发展专业化农产品经销公司、农产品流通专业合作社。

2. 鼓励发展城市农产品流通组织。

3. 鼓励发展物流配送中心、农产品加工中心。

4. 鼓励大型商业企业在郊区以建生产基地的方式扩大农副产品流通，实现农超对接，降低批发市场经由率。

5. 鼓励支持和组织引导农民与市场对接。

附件2：

限制发展目录

<table>
<tr><th>序号</th><th colspan="2">项　目</th><th>限制区域</th><th>备　注</th></tr>
<tr><td>1</td><td colspan="2">新增营业面积6 000平方米以上的大型超市、仓储式会员店、建材家居商店</td><td>二环路以内地区</td><td>商品交易市场业态提升项目除外</td></tr>
<tr><td>2</td><td colspan="2">新建、改建、扩建建筑面积在1万平方米以上的大型批发、零售商业设施</td><td>三环路以内地区</td><td>商品交易市场业态提升项目和王府井、西单商业街区、前三门大街及其延长线以南地区的商业项目除外</td></tr>
<tr><td>3</td><td colspan="2">新建、改建、扩建建筑面积在5万平方米以上的大型商业设施</td><td>东、西、北五环、南四环以内地区</td><td></td></tr>
<tr><td>4</td><td rowspan="6">商品交易市场</td><td>新建、扩建和新开办各类商品零售、批发交易市场</td><td>东、西、北四环路和南三环路以内地区</td><td>符合《社区菜市场（农贸市场）设置与管理规范》的社区菜市场、符合《商品交易市场设置与管理规范》的文化创意商品市场除外</td></tr>
<tr><td>5</td><td>家居建材市场</td><td>五环路以内地区</td><td></td></tr>
<tr><td>6</td><td>未列入相关专项规划的各类汽车交易市场</td><td rowspan="4">全市范围内</td><td rowspan="4"></td></tr>
<tr><td>7</td><td>汽车配件市场、新增汽车品牌四位一体专营（专卖）店（4S店）项目</td></tr>
<tr><td>8</td><td>未列入规划的农副产品批发市场</td></tr>
<tr><td>9</td><td>再生资源集散市场</td></tr>
<tr><td>10</td><td colspan="2">未列入相关规划的大型购物中心（shopping mall/shopping center）</td><td rowspan="5">全市范围内</td><td rowspan="5"></td></tr>
<tr><td>11</td><td colspan="2">未列入相关专项规划的生猪屠宰厂</td></tr>
<tr><td>12</td><td colspan="2">未列入相关专项规划的汽车拆解场所</td></tr>
<tr><td>13</td><td colspan="2">未列入相关专项规划的成品油加油站</td></tr>
<tr><td>14</td><td colspan="2">未列入相关专项规划的建筑面积在10 000平方米（含）以上的物流仓储设施</td></tr>
<tr><td>15</td><td colspan="2">影响居民生活的餐馆等商业服务业设施</td><td></td><td></td></tr>
</table>

住宅底层说明：新增是指包括新建商业设施和利用已有设施（含商业设施和其他用途的建筑设施）新开办商业店铺；

新建是指新申请建设商业设施；

改建是指改造其他用途的建筑设施用于商业零售、批发经营；

扩建是指在现有商业设施基础上扩大商业用房建设规模；

新开办是指利用现有商业设施或其他用途的建筑设施新设立商业店铺或市场。

关于印发《北京市对外承包工程资格管理暂行办法》的通知

京商务经字〔2009〕275号

各有关单位：

北京市商务委员会会同北京市住房和城乡建设委员会制订了《北京市对外承包工程资格管理暂行办法》，现予印发，请遵照执行。

特此通知。

二〇〇九年十二月二十二日

北京市对外承包工程资格管理暂行办法

第一章 总 则

第一条 为规范和加强对外承包工程管理，促进对外承包工程健康发展，根据《中华人民共和国对外贸易法》、《对外承包工程管理条例》和《对外承包工程资格管理办法》，制定本办法。

第二条 本市行政区域内依法设立的企业或者其他单位（以下简称单位）的对外承包工程资格管理适用本办法，中央企业和中央管理的其他单位（以下简称中央单位）除外。本办法所称对外承包工程，是指单位承包境外建设工程项目，包括咨询、勘察、设计、监理、招标、造价、采购、施工、安装、调试、运营、管理等活动。

第三条 对外承包工程的单位依据本办法取得对外承包工程资格，领取《中华人民共和国对外承包工程资格证书》（以下简称《资格证书》）后，方可在许可范围内从事对外承包工程。

第二章 资格条件

第四条 对外承包工程的单位分为工程建设类和非工程建设类。

其中，工程建设类单位指从事国内工程勘察、设计、咨询、监理、施工、安装等活动，且取得住房和城乡建设主管部门或其他有关部门颁发的相关资质的单位。

第五条 对外承包工程的单位应当具备下列条件：

（一）有法人资格；工程建设类单位应具有与其资质要求相适应的注册资本（本办法所称注册资本包括开办资金）；非工程建设类单位的注册资本不低于2 000万元人民币。

（二）具有相应的资质或者业绩：工程建设类单位应当依法取得住房和城乡建设主管部门或其他有关部门颁发的特级或者一级

(甲级）资质证书；国家对于有关专业的资质不分等级的，应取得该资质证书。

非工程建设类单位上一年度机电产品出口额达到5 000万美元，或自行设计、生产（含组织生产）、出口的成套设备或大型单机设备出口额达到1 000万美元，或对外承包工程营业额达到1 000万美元且近3年中成功实施过3个单项合同额在500万美元以上的项目。

（三）有与开展对外承包工程相适应的专业技术人员，管理人员中至少2人具有2年以上从事对外承包工程的经历。

（四）有与开展对外承包工程相适应的安全防范能力，成立由本单位主要负责人负责的境外安全防范领导小组，常设人员不得少于2人，有相应的境外安全防范机制和应急处理预案。

（五）有保障工程质量和安全生产的管理体系，最近2年内没有发生重大工程质量问题和较大事故以上的生产安全事故，建筑施工企业还需取得住房和城乡建设主管部门颁发的安全生产许可证。

（六）有良好的商业信誉，最近3年内没有重大违约行为和重大违法经营记录。为外商投资企业的，最近3年应连续通过外商投资企业联合年检。

第六条 对外承包工程的单位应承包与其实力、规模、业绩相适应的项目。

第三章 资格申请

第七条 申请对外承包工程资格，中央单位应当向商务部提出申请，中央单位以外的在北京市注册的单位向北京市商务委员会提出申请。

第八条 申请对外承包工程资格，需提交如下书面申请材料一式两份：

（一）对外承包工程资格申请书；

（二）中华人民共和国组织机构代码证（复印件）；

（三）企业法人营业执照或事业单位法人证书（复印件），外商投资企业应提交外商投资企业批准证书；

（四）工程建设类单位需提供住房和城乡建设主管部门或者其他有关部门颁发的资质证书（复印件），建筑施工企业还需提供住房和城乡建设主管部门颁发的安全生产许可证（复印件）；非工程建设类单位需提供海关出具的出口额证明或商务部出具的相应业务统计证明；

（五）与对外承包工程相关的专业技术人员和管理人员的情况说明及相关证明材料；

（六）申请单位境外安全防范领导小组及常设人员状况的说明及境外安全防范机制和应急处理预案；

（七）申请单位工程质量和安全生产的管理体系文件；

（八）最近3年内没有重大违约行为和重大违法经营记录的证明材料；外商投资企业需提交最近3年应连续通过外商投资企业联合年检的证明材料；

（九）北京市商务委员会要求提交的证明符合第五条规定条件的其他材料。

第九条 申请对外承包工程资格，材料齐全、符合法定形式，且属于本部门职权范围的，北京市商务委员会应当受理。

申请材料不齐全或者不符合法定形式的，北京市商务委员会应当于收到材料后5个工作日内一次性告知申请人需要补正的全部内容；逾期不告知的，自收到申请材料之日起即为受理。

第十条 工程建设类单位申请对外承包工程资格的，北京市商务委员会自受理之日起5个工作日内，将申请材料转北京市住房和城乡建设委员会；北京市住房和城乡建设委员会自收到申请材料之日起15个工作日内提出审查意见并转交北京市商务委员会；北京市商务委员会自收到北京市住房和城乡建设委员会审查意见之日起10个工作日内做出批准或者不予批准的决定。

非工程建设类单位申请对外承包工程资格的，北京市商务委员会自受理之日起30个工作日内进行审查，做出批准或者不予批准的决定。

北京市商务委员会应当将审批结果及承揽对外承包工程等其他相关统计信息告知北京市住房和城乡建设委员会。

第十一条 批准对外承包工程资格申请的，对外承包工程的单位到北京市商务委员会领取《资格证书》，并缴纳劳务合作备用金。北京市商务委员会应同时通过对外承包工程资格网上管理系统将其颁发《资格证书》的情况报商务部备案。

不予批准对外承包工程资格申请的，由北京市商务委员会书面通知申请单位并说明理由。

第十二条 具有对外承包工程资格的单位与其他单位合并，原具有对外承包工程资格的单位终止的，合并后的单位符合本办法规定的相应条件的，可以依照第七条的规定向北京市商务委员会申请换领《资格证书》。北京市商务委员会应在受理申请之日起15个工作日内作出决定。

具有对外承包工程资格的单位分立的，分立后的单位符合相应条件的，可按照本办法重新申请对外承包工程资格。

第四章 《资格证书》管理

第十三条 《资格证书》须妥善保管，不得涂改、倒卖、出租、出借或者以其他形式非法转让。

《资格证书》遗失的，应及时向北京市商务委员会报告，并在全国性商业报纸或杂志上声明作废后方可向北京市商务委员会申请补发。

第十四条 对外承包工程的单位名称、地址、法定代表人、单位类型、注册资本等发生变更时，应在变更之日起30个工作日内向北京市商务委员会办理《资格证书》变更手续并换领新的《资格证书》。

对外承包工程的单位依法终止的，北京市商务委员会应当注销其对外承包工程资格及其《资格证书》。

第五章 监督管理

第十五条 北京市商务委员会负责本市行政区域内对外承包工程资格的监督检查，并会同北京市住房和城乡建设委员会对工程建设类单位的对外承包工程资格进行监督检查。

北京市商务委员会在监督检查中，发现对外承包工程的单位不再具备本办法规定条件的，应当责令其限期整改；逾期仍达不到的，吊销其《资格证书》，并书面告知北京市住房和城乡建设委员会。

第十六条 北京市商务委员会会同北京市住房和城乡建设委员会等有关部门建立对外承包工程联席会议制度，加强与对外承包工程单位的沟通和联系，组织经验交流和开展相关业务培训，做好对外承包工程的指导、服务和协调工作。

第十七条 北京市商务委员会会同北京市住房和城乡建设委员会等有关部门建立对外承包工程单位和人员信用管理制度。

第十八条 有关对外承包工程的协会、商会应依法发挥行业自律作用，根据对外承包工程资格的监督管理情况，依据行业规范提出行业意见和建议。

第六章 附 则

第十九条 有关法律责任按照《对外承包工程管理条例》和《对外承包工程资格管理办法》的相关规定执行。

第二十条 本办法实施前已获得对外承包工程资格的单位，可于2010年4月30日前按照本办法关于资格申请的规定向北京市商务委员会申请换领《资格证书》。

前款所称单位在申请时达不到本办法规定的相应条件的，北京市商务委员会应责令其在本办法施行之日起3年内整改，并在其《资格证书》上注明有效期为3年。

北京市商务委员会应当将《资格证书》换证和变更信息告知北京市住房和城乡建设委员会。

第二十一条 本办法调整范围不包括机电产品及大型机械和成套设备出口。

第二十二条 本办法由北京市商务委员会会同北京市住房和城乡建设委员会负责解释。

第二十三条 本办法自2010年2月1日起施行。

附件：

1. 对外承包工程经营资格证书申请表（略）

2. 北京市商务委员会行政许可事项申请书（略）

3. 办理行政许可事项授权委托书（略）

北京市商务委员会关于印发《北京市餐饮经营单位节能规范（试行）》的通知

京商务交字〔2009〕181号

各区（县）商务委（局），相关行业协会，各相关单位：

为贯彻落实党中央、国务院关于建设节约型社会的重大决策，按照市委、市政府的要求，市商务委在广泛征求各有关部门、专家意见和论证的基础上，制定了《北京市餐饮经营单位节能规范（试行）》。现印发给你们，请结合本地区的实际情况，认真组织实施，及时将工作进展情况和出现的问题报市商务委。

附件：北京市餐饮经营单位节能规范（试行）

二〇〇九年十二月二十三日

附件：

北京市餐饮经营单位节能规范（试行）

第一章　总　则

第一条　为建设资源节约型社会，加强餐饮业节能技术改造，提高餐饮业能源利用效率，根据《中华人民共和国节约能源法》等有关法律法规、政策和标准，结合本市实际情况，制定本规范。

第二条　本规范适用于本市行政区域内建筑面积在500平方米以上的餐饮经营单位。

第二章　基本要求

第三条　餐饮经营单位应严格遵守《中华人民共和国节约能源法》等法律法规，认真贯彻《国务院关于加强节能工作的决定》（国发〔2006〕28号）精神，加强对员工的节能教育，认真开展餐饮业节能工作，为建设节约型社会做出积极贡献。

第四条　餐饮经营单位应具有完善的各岗位的能耗指标、能源使用操作规范、能源成本核算、能源监测和能源管理等制度以及具体的节能奖励和浪费处罚办法等措施。

第五条　餐饮经营单位所使用的各种用能设施、设备应符合国家节能减排有关规定和相关能效标准；应采购并使用节能、节约型设施设备；要对原有不符合节能标准和要求的用能设备、设施进行改造，使之符合节能减排的要求，并达到国家相关能效标准。能源计量器应按照国家能源计量器具配备和管理要求配备。

第六条 餐饮经营单位通过节能技术改造和设备升级，达到国家“十一五”节能减排标准。

第三章 用能设备的节能减排要求

第七条 燃气用具

（一）餐饮经营单位使用的各种燃气灶具、燃气开水炉及独立供暖设备，应采购节能型燃气用具。未做节能技术改造的燃气用具，应安装使用低噪音、低污染、高效节能的燃烧器，燃气用具热效率应达到20%以上。

（二）餐饮经营单位应制定燃气使用制度，要求厨师适度用火，合理用气，锅离火灭，工作结束关闭燃气用具的阀门和气源管线总气阀门。

（三）餐饮经营单位应建立燃气设备定期检测、维护制度，避免由于燃气设备部件损坏造成安全隐患，杜绝跑、漏浪费和低效使用现象。

第八条 排油烟设备

（一）餐饮经营单位应按照环保相关法规要求，加装油烟净化装置，定时维护保养和清洗，保证其正常运行。

（二）餐饮经营单位应采用烟感式变频型、高密运水分油烟型等节能、环保型排油烟设备。

（三）油烟排放应符合GB 18483—2001《饮食业油烟排放标准（试行）》的规定。

（四）合理设计送风和排风的比例，并采用感应式变频电机，下班或无工作状态时及时关闭所有送风、排风系统的电源。

第九条 冷藏设备

（一）餐饮经营单位在冷库、冰柜、冰箱等冷藏设备的供电线路上应加装智能型节电控制装置或采取其他节电措施，降低冷藏设备的启动频率，以降低电耗。

（二）安装和使用冷库、冰柜和冰箱等冷藏设备时，应采取减震降噪措施，设备运行中产生的噪声应符合GB22337—2008《社会生活环境噪声排放标准》，并不得干扰周边居民正常生活。

（三）更新冷藏设备时，应采购或选用变频式冷藏设备。鼓励一次性出库，减少冷藏设备的开闭次数，减少能量损失。

（四）冷库应加强保温，并在库门增设门帘、门挡，减少冷热桥现象。

第十条 空调

（一）餐饮经营单位使用的中央空调应采用通风系统智能控制、变频调速等节能技术。分体空调应加装独立的智能型节电器及其他节能技术，控制空调频繁启动。

（二）设备更新时应采购或选用智能化变频式空调设备。

（三）除特殊用途外，室内温度夏季应不低于26摄氏度，冬季不高于20摄氏度。

第十一条 照明及室外霓虹灯

（一）餐饮经营单位的营业场所、厨房及办公区域应全部使用节能型照明灯具，照明具有分区域控制系统。

（二）电路安装智能型照明节电装置。

（三）不过早开启室外霓虹灯，开启时间应以路灯开启时间为准。晚餐就餐高峰过后应及时关闭室外霓虹灯。

第十二条 用水设备

（一）餐饮经营单位的用水设备应使用节水龙头。包括灶台在内，不得出现水龙头长流水现象。卫生间洗手龙头应采用感应式水龙头并采用节水式抽水马桶。

（二）餐饮经营单位应加强用水设备的定期检查和及时维修，杜绝用水设备因部件损坏造成水资源浪费。

第十三条　排污

（一）餐饮经营单位废水排放管线末端应设置隔油装置，禁止油水混排，并定期清掏废油。

（二）灶具排水管线上应设置油水分离器，做到油水分离，废油回收。

（三）厨余垃圾收集、存放和处理应符合国家和北京市政府的相关规定。

第四章　能耗诊断与用能、排放监测要求

第十四条　餐饮经营单位应对用能系统进行全面的能耗诊断，制定企业的整体节能减排计划。

第十五条　鼓励餐饮经营单位建立信息化智能型能源管理平台，对每个用能点和连锁店的用能状况进行监控。

第十六条　餐饮经营单位应定期委托环保部门对油烟和污水排放、餐厨垃圾处理进行监测，以保证达到排放标准。

第五章　附　则

第十七条　区（县）商务部门和行业协会要积极引导辖区内餐饮经营单位，推动本规范的贯彻落实，并协调政府有关职能部门加强监督和指导。

第十八条　餐饮经营单位应根据有关法律法规、标准的规定，按照本规范要求，结合本单位节能目标和节能责任的实际情况，制定具体落实措施。

第十九条　本规范由北京市商务委员会负责解释。

第二十条　本规范自2010年1月25日起施行。

第三部分

主　要　业　务

一、依法行政

商务法制概述

2009年，在市委市政府的领导下，市商务委积极应对国际金融危机，扩消费、促引资、保出口，有力拉动了全市经济增长。围绕服务建国60周年庆典，保供应、保稳定、促民生，圆满完成了各项任务。同时，紧密围绕商务中心工作和重点工作，在如何做好法制工作上全面创新，切实提高行政执行力，在商务立法、执法、法制宣传、复议诉讼等领域开展了一系列积极的工作。

一、领导班子高度重视依法行政工作

市商务委领导班子高度重视推进依法行政工作。2009年，结合商务工作实际，制定了《北京市商务委员会2009年度依法行政工作要点》，把依法行政工作作为推动政府职能转变、加强基础建设的重要工作。以创建法制型、服务型、效能型机关为目标，明确由一把手负总责，重大事项由主任办公会研究决定，不断加强组织领导，建立健全决策机制，完善各项规章制度，加强法制宣传和培训，将推进依法行政工作贯穿于全委各项工作之中，取得了积极成效。2009年，因在依法行政方面成绩突出，市商务委在商务部召开的第三次全国商务法律工作会上作典型发言。

二、建立健全科学民主的行政决策机制

一是畅通公众参与渠道。坚持在制定商务领域法规草案过程中，通过网上征求意见、召开座谈会、论证会等形式广泛征求社会各界意见。二是完善重要决策法律分析和论证制度。坚持在重要决策出台前，召开法律分析论证会，请法律专家和顾问对决策实施进行必要性、可行性和合法性分析、论证。三是认真执行重大决策集体讨论制度。坚持各项重大决策由委领导集体讨论决定；涉及商务事业发展全局的重大事项，广泛征求被管理对象及相关部门意见，及时公示、听证。四是充分发挥内外部监督制约机制。自觉接受人大监督和政协的民主监督，认真接受新闻舆论监督，遇新闻媒体反映问题、建议，立即研究解决。

三、深入推进行政执法责任制，加强执法队伍建设

研究制定了市商务委2009年行政执法责任制工作计划，制定落实执法责任制六项配套制度，及时补充、完善行政执法依据和职权。经梳理，市商务委目前所执行的执法依据近90部，具体行政执法职权130余项。经过近年来的努力，初步建立起一支专业的商务执法队伍，截至2009年底，市和区（县）两级商务主管部门取得行政处罚执法资格的执法人员320余名，其中市执法办40名，区（县）执法人员280余名。

四、围绕首都商务工作重点，积极开展地方商务立法工作

年内，市商务委完成了《北京天竺综合保税区管理办法》的立法起草工作，市政府于2010年2月1日以北京市人民政府第218号令的形式颁布了《北京天竺综合保税区管理办法》。同时，为更好地弘扬传统文化，保护和传承“老字号”非物质文化遗产，积极开展北京市“老字号”立法调研工作。认真落实《北京市关于法规规章实施准备和评估报告工作的若干规定》，对《北京市商业零售经营单位促销活动管理规定》的实施情况进行评估，分析存在问题，提出完善意见，并正式报告市政府。认真做好法律法规征求意见工作，全年共办理近30件法律、法规、规章及其他文件的征求意见工作。

五、加强规范性文件管理，确保行政行为合法有效

严把规范性文件的审核关。按照《北京市行政规范性文件备案监督办法》和《北京市商务局规范性文件管理办法（试行）》的有关规定，充分发挥法律顾问机构的积极作用，认真做好全委规范性文件的审核和备案工作。年内，共办理规范性文件备案20件。继续深入开展规范性文件清理工作，共涉及168件，保留了89件，废止、失效79件，并及时向社会公布。同时，积极开展涉奥规范性文件清理工作，清理涉及市商务委规范性文件13件。

六、贯彻落实“五五”普法规划，开展法制宣传培训活动

认真贯彻落实“五五”普法规划。制定年度领导干部学法计划、机关公务员依法行政培训计划，明确年度学习目标、内容和方式。坚持委党组中心组集体学法制度，积极开展依法行政专题培训和商务系统执法人员专题培训。组织邀请商务部、市政府法制办、法院以及法律专家开展法律知识和案例讲解，切实增强全体公务员的法律意识，不断提高其依法行政的能力和水平。制定年度法制宣传工作计划，通过利用媒体资源、利用机关内电子显示屏、张贴法制宣传画和设置法制宣传栏等形式，开展普法宣传活动。

（雷　堃）

【完成综合保税区地方政府规章起草】按照《2009年市政府立法工作计划》，市商务委负责《天竺综合保税区管理办法》立法起草工作，并将之作为年度法制工作的重中之重，成立了立法工作领导小组和起草小组，确保了立法工作高质量、有序推进。通过座谈会、征求意见会及书面征求意见等形式，广泛吸收各方面意见和建议，并赴上海、苏州、天津等地进行立法调研，对立法草案进行了10余次较大修改，形成了《北京天竺综合保税区管理办法（征求意见稿）》，正式上报市法制办。市政府于2010年2月1日以北京市人民政府第218号令的形式颁布了《北京天竺综合保税区管理办法》。

（李　威）

【积极开展“老字号”立法调研工作】为更好地弘扬传统文化，保护和传承“老字号”非物质文化遗产，市商务委会同市法制办积极开展北京市“老字号”立法调研工作。先后召开了东城区、西城区、崇文区和宣武区商务委（局）、行业协会及“老字号”企业立法调研座谈会，就“老字号”地方立法的必要性、可行性等问题进行了深入研究。

（李　威）

【完善行政执法责任制配套制度建设】为贯彻落实《北京市人民政府关于印发行政执法责任制配套制度的通知》（京政发〔2007〕17号）精神，进一步加强本市商务执法责任制工作，切实提高商务执法质量和水平，结合本市商务执法工作实际，市商务委在充分总结商务领域落实执法责任制工作经验的基础上，制定了行政执法协调、执法资格管理、行政处罚案卷评查、自由裁量权、执法责任追究、法规规章实施准备和评估报告管理办法等六项执法责任配套制度，并在零售和餐饮两个行业安全生产管理方面积极探索规范行政处罚自由裁量权工作。

（佟广军）

【组织全市商务系统行政处罚执法资格考试】 2009年，为贯彻落实《北京市行政处罚执法资格管理办法》和《北京市商务委员会行政处罚执法资格管理办法》，加强全市商务系统行政处罚工作人员执法资格管理工作，确保从事商务行政处罚工作人员持证上岗，市商务委组织了第二次全市商务系统行政处罚执法资格考试。市商务执法监察大队和有关区（县）商务委执法人员共50余人参加了考试，成绩均合格。同时，及时将区（县）商务委专业考试成绩通报各区（县）政府法制办，并组织做好市商务执法大队执法证件的申领、核发和监督管理工作。

（佟广军）

【首次开展行政许可案卷评查】 2009年，为进一步规范市商务委行政许可案卷制作，提高行政许可事项的办理质量和水平，依据《北京市商务委员会行政许可案卷评查标准（试行）》和《北京市商务委员会行政许可案卷评查办法（试行）》，市商务委首次对本机关9个行政许可案卷进行了评查，专门成立了由法制主管领导为组长，相关处室为成员的案卷评查小组。本次评查按照处室自查、听取许可情况介绍、查阅案卷、小组成员会商和业务处室座谈的程序开展。评查结果表明，市商务委行政许可的办理能够满足行政许可法有关要求。

（佟广军）

【精心组织全市商务系统行政处罚案卷评查】 根据《北京市行政处罚案卷评查办法》和《北京市商务委员会行政处罚案卷评查办法》要求，市商务委组织了全市商务系统行政处罚案卷评查工作，并采取自查和重点抽查相结合的方式进行。市商务执法监察大队和各区（县）商务委分别对行政处罚案卷制作和管理工作进行了自查，并提交了2008年7月1日至2009年6月30日办理并已结案的一般程序行政处罚案卷目录。市商务委案卷评查小组结合各单位自查情况以及案件办理情况，选取了5家单位进行重点抽查。此次案卷评查总体情况较好，均符合行政处罚法及商务法律法规相关规定，优秀案卷率达80％以上，未发现主体资格、事实证据、适用法律和履行程序等基本标准方面的问题。

（李　威）

【不断加大依法行政培训力度】 为贯彻落实《北京市商务委员会2009年度依法行政工作要点》，市商务委研究制定了《2009年度领导干部学法计划》和《2009年度机关公务员依法行政培训计划》，明确了年度学习目标、内容和方式。坚持委党组中心组集体学法制度，专门邀请中国政法大学教授进行专题法制讲座。结合年度公务员培训，分别邀请市政府法制办和市二中院领导讲解依法行政绩效考核及行政诉讼案例等内容，对全委机关干部和各直属单位主要负责人进行了依法行政专题培训。

（佟广军）

【注重对商务领域相关法律问题研究】 2009年，针对商务部部分规章在执行中遇到的有关法律问题，市商务委加大了对商务领域相关法律问题研究力度。在充分征求意见的基础上，拟定了《关于进一步做好商务法律工作的建议》以及《关于2007年以来商务法律工作总结和下一阶段工作思路》。因内容翔实、反映问题客观受到商务部好评，并在全国商务法律工作会作典型发言。

（佟广军）

【积极开展商务领域知识产权保护】 2009年，按照《实施首都知识产权战略任务分工》要求，市商务委扎实开展“老字号”保护、支持“双自主”产品出口、境外展会知识产权保护和美国337案件应对等有关商务领域知识产权保护工作，积极参加首都知识产权战略工作联席会，并配合市知识产权局出台了《北京市大型商业零售经营单位知识产权保护指导规范》。

（佟广军）

【不断深化商务行政审批制度改革】 2009年初，市商务委对现行行政审批事项再次进行了全面梳理，对行政执法主体、行政执法依据和行政执法职权进行了梳理，并将具体梳理结果在委公共网站采取统一格式（办理依据、申请材料、办理环节、办理时限、责任处室等信息）予以公布，大大提高了行政审批的透明度，方便了当事人。同时，市商务委还进一步精简审批事项，简化审批程序，下放审批权限，切实提高行政效率：分别请示市政府和商务部下放了2项外资审批事项；减少3项行政办事事项工作环节；缩短了涉及32项、177个工作日的办事时限。

（李　威）

【健全完善行政复议工作机制】 为进一步完善行政复议工作机制，年内，市商务委专门设立了行政复议接待室，制定了具体接待工作规程，并向社会公布。在委办公大厅设置了行政复议公告牌，把行政复议权利及时告知给行政相对人，不断拓宽行政复议受理渠道。在市商务委门户网站首页开辟行政复议专栏，逐步推行网上受理行政复议案件，方便公民、法人和其他组织提出申请，不断提高行政复议的质量和效率。

（梅　焱）

【配合商务部做好经营者集中案件调查】 2009年，市商务委按照商务部有关要求，配合开展了汇源果汁等经营者集中案件调查工作。采取召开座谈会、走访、发放调查问卷等多种形式，认真征求市政府相关主管部门、行业协会及有关企业意见，并将各方意见进行分析、汇总后上报商务部反垄断局，为其做出最终审查决定提供参考。

（李　威）

商业执法概述

一、认真履行法律、法规和规章赋予的法定职责

2009年，北京市商务执法监察大队按照北京市商务委员会的统一安排，深入贯彻落实科学发展观重要思想，以国庆60周年商务安全保障工作为中心，以扩内需、保增长、保稳定为重点，认真抓好商务领域安全生产、食品安全和商务法律、法规行政执法全覆盖的贯彻落实，圆满完成了工作任务，实现了预定目标。

2009年，北京市商务执法监察大队共开展行政执法检查6 115人次；检查单位5 105个；实施简易处罚703件、一般程序处罚11件；共没收非法盐产品137 081公斤；查处违法生猪及制品183头；罚款总额105 636.01元。有力打击了违法行为，维护了市场秩序。

（一）全力做好建国60周年商务安全保障工作

1. 就建国60周年商务安全保障工作进

行了全面部署。先后结合元旦、春节、“两会”安全保障工作，对全市重点街区、重点部位的商业零售企业、餐饮企业进行了全面的安全检查。累计出动执法人员2 043人次，检查企业892家次，查处隐患861处，罚款2.5万元，平均每天检查8.3家企业。

2. 全力做好国庆商务安全保障工作。从7月份开始，执法大队全体取消休假，并将管理科室的工作人员充实到执法检查工作中，领导同志分别带队对长安街、天安门地区、大栅栏、前三门、东单、西单和王府井等地区进行检查，做到了反复查、查反复、无缝隙、全覆盖。对检查出的问题和隐患，发现一处消除一处，不留死角和隐患，确保国庆活动期间不出问题。

3. 以重点节假日规范促销行为重点，全力做好商务安全生产工作。

（二）全面落实商务安全生产检查工作

为了全面搞好商务安全生产检查工作，北京市商务执法监察大队通过抓龙头企业，提高执法检查的效率和工作成果。

2009年开展了对专业连锁集团的执法检查工作。先后出动执法人员563人次，检查了家乐福、物美、美廉美、京客隆、沃尔玛、易初莲花、超市发、统杰法宝、顺天府、首航国力、华普超市、天客隆、顺峰等12家大型连锁专业集团所属的192家单位，将检查出的问题和隐患进行汇总，及时将检查情况反馈至北京市商务委员会安监处，有力配合了安全监管工作的开展。

（三）食品安全常抓不懈

在商务安全生产执法检查工作任务十分繁重的情况下，坚持加强对食盐、生猪屠宰和酒类流通等食品安全方面的执法检查工作。

1. 开展食盐专项执法检查活动。2009年度，进行了两次食盐专营的专项执法检查活动。对私盐较为集中的批发市场进行拉网式检查。集中力量检查了社区菜市场，共出动398人次、检查112个市场，处理违法食盐经营商户385家，共查处私盐窝点9个，没收私盐45.38吨，经过专项整治，净化了食盐市场，使食盐市场管理更加规范。

2. 依法开展生猪屠宰执法检查。督促屠宰厂完善生猪入厂（场）验收、屠宰操作规程、肉品品质检验、无害化处理、不合格肉品召回及重大疫情预防应急预案等制度。在对生猪定点屠宰厂进行重点监控的同时，配合区（县）严厉打击私屠滥宰行为，全年累计取缔生猪私屠滥宰窝点19个，并没收了违法的生猪产品及屠宰工具71把。

3. 配合北京市商务委员会业务处室开展了全市酒类流通专项整治活动，对18区（县）246家酒类经营的商户及餐饮企业进行了检查，全年共走访酒类经销单位595家，发放告知单和标志牌340余份，发放“不向未成年人售酒”的标志牌170余份，促进了《酒类安全管理规定》的贯彻落实。

（四）配合北京市商务委员会中心工作，全面履行商务执法职能。

一是全力参与配合市商务委举办的外贸大集活动。累计出动执法人员65组次，264人次，加强对活动现场的检查指导，保证了商务委为“扩内需、保增长”所开展的活动圆满成功。

二是配合市商务委举办的通州拍卖季、朝阳购物季、奥运村美食节、王府井非物质文化遗产，大栅栏天街等大型活动安全保卫工作，为促进首都经济发展保增长、保稳定、保安全做出了一定的贡献。

二、全力做好商务综合执法试点工作

2009年，北京市商务执法监察大队被商务部定为商务综合执法试点单位，2009年2月开始，先后对北京市昌平区、通州区、大兴区、房山区、平谷区、怀柔区、密云县、崇文区、海淀区商务局进行了调研。对全市商务执法队伍建设情况有了一个较为全面的了解，对区（县）执法部门存在的问题有了较为深刻的认识。在此基础上，撰写了《关于我市部分区（县）商务局综合行政执法队伍建设情况》的调研报告。

起草了北京市商务综合执法试点工作安排、试点工作方案，正式向商务部申报。

经商务部批准，北京市商务委员会被列为第一批全国商务综合执法试点单位，北京市昌平区商务委员会和通州区商务委员会被列为第二批全国商务综合执法试点单位。

为做好商务综合执法试点工作，北京市商务执法监察大队重点做了以下工作。

一是强化行政处罚案卷制作的管理。注重从事实清楚、证据充分、程序合法、适用法律正确四个环节入手，严把案件查处和案卷制作质量。通过内部互评互查，使行政处罚和案卷制作水平有了一定的提高。在2009年全市行政执法机构行政处罚案卷评查中，北京市商务委员会送审的三个案卷中有一个得了100分，两个得了99.5分，取得了总成绩优秀。

二是完善、修订了部分执法文书。针对商务安全执法中出现的新情况、新问题，对33部执法文书进行了补充修改，并对部分执法文书的格式和书写要求进行了规范。制定了安全生产执法检查和行政处罚的范本，为规范商务执法和行政处罚行为打下了基础。

三是统一了执法证件和执法标识。

按照市政府法制办的要求，在去年组织全市商务执法人员参加统一考试的基础上，统一换发了行政执法证件。同时指导区（县）商务执法部门进行了新版执法证件的印发工作。

为了进一步规范行政执法工作，展示严肃、规范、文明的商务执法形象，便于社会监督，促进商务执法工作的开展，设计了商务执法标识。为全市28辆执法车喷涂执法标识。

三、着手12312举报投诉体系建设工作

按照北京市商务委员会领导12312举报投诉体系建设分两步走的要求，北京市商务执法监察大队积极配合有关业务处室就12312平台建设工作进行调研，与委信息中心、委财务部门及市财政、商务部等部门进行沟通，提出了商务综合执法试点及全市12312举报电话设立的方案。

（赵树泉、陈孝晋）

二、商业流通规划与发展

商业流通规划概述

2009年是新中国成立60周年，也是面对世界金融危机挑战之年。按照市委市政府“保增长、保民生、保稳定”的统一部署，在市商务委发展“特色商务、数字商务、生态商务”理念指导下，紧紧围绕中心工作，努力践行科学发展观，突出重点，狠抓落实，各项工作取得一定成效。

——加强政策和规划引导，推动全市新增商业设施合理布局、科学发展。一是发布了《北京市流通业发展分类指导目录（2009年）》。在鼓励部分更加明确，项目更加有针对性。对部分类别项目、部分地区继续加以限制，引导社会的投资方向。二是继续执行部门协调互动机制，加强沟通与合作，限制新增属于限制类项目。三是加大对大型商业项目在规划层面的规划指导，对于新建的大型商业项目加强在布局、规模、定位等方面的引导，避免盲目投资；引导零售外资企业在新城开设店铺。四是继续鼓励区（县）发挥商品交易市场联席会议机制，限制新增各类商品交易市场。

——加快发展特色商务，特色商业街建设改造取得新进展。2009年紧紧围绕“人文北京”和“特色商务”理念，继续推动北京特色商业街的培育和发展。在广泛征求区（县）特色街项目的基础上，通过认真遴选，专家论证，把护国寺小吃街、大栅栏西街、高碑店古典家具特色街等升级改造作为工作重点，在街区整体风貌、功能配套、业态调整、特色经营、提升服务等方面进行重点推进。目前，全市已重点改造了17条特色商业街，基本构成了北京特色商业街的框架。

——稳步推进大中型商业设施建设和开业。2009年初市商务委内成立了项目推进组，职责是做好各类商业、物流、外资项目的开业、投产促进工作。流通规划处负责5 000平方米以上的大型商业设施的建设、开业促进工作和营业面积1 000平方米以上零售外资店铺的开业促进工作。后期负责项目推进组的协调和汇总工作。为做好这项工作，提出了“强化跟踪服务，协调解决困难，促进项目进展”的总体工作思路。对全市商业项目进行了摸底调查，会同各区（县）对项目的手续办理情况以及投资、建设、招商情况、开业时间、存在的具体问题等进行详细了解。通过建立市、区（县）商务部门和企业共同参与的工作机制，安排专门人员加强项目进展情况信息采集，主动上门服务，加大跟踪和分析，积极协调项目建设、招商、开业过程中出现的问题，确保项目落户开业。年内累计推动40个大中型商业设施和36个千米以上零售外资店铺开业。

——推动商业固定资产投资工作。按照全市统一部署要求，市商务委承担全市商业固定资产投资70亿元的促进任务。为落实和完成此项工作任务，一方面，流通规划处积极与市发改委、市统计局、市建委等有关部门建立联系制度，定期沟通项目立项和投资情况。另一方面，及时召集委内相关处室和18个区（县）、经济开发区商务部门负责人召开商业固定资产投资工作专题会，分析研究全市商业固定资产投资工作中存在的问题，确定工作思路及措施。向各区（县）商务委员会提供了有可能增加固定资产投资的已核准、在建项目和将要开业的商业项目以及部分商业节能改造项目等，请区（县）商务委员会会同统计部门核准纳入统计范围，要求商业固定资产投资“应报尽报”，并及时跟踪，了解项目进展情况，协调解决相关问题。通过努力，2009年全市267个商业固定资产投资项目投资额达到72.01亿元，超额完成全年任务。

——大型商场停车引导系统建设继续推进，重点地区大型商场停车条件得到改善。2009年以王府井、西单等商业街区、长安街沿线以及二环路以内大型商业设施停车引导系统改造为重点，继续对本市大型商场停车引导系统进行改造。开展了服务、技能、礼仪等提升综合服务水平的培训工作等。改造后的大型商场停车场，在增加停车空间、环境美化、引导科学性、服务人性化、管理规范化、安全等方面有了重大改变，改善了购物停车条件，缓解了局部交通。到2009年底，二环路以内地区具备改造条件的30家商场已改造24家，改造率达到了80%。完成停车场改造面积33.8万平方米，改造停车位8 079个，其中新增1 137个。

——完成市政府为民办实事工程，商业设施无障碍改造率进一步提高。2009年，推动30家大中型商业设施无障碍改造被列为市政府直接关系群众生活方面拟办重要实事，也是派驻纪检组效能监察项目。2009年初印发了《2009年各区（县）商业无障碍设施改造任务书》，明确了大中型商场超市和餐饮企业无障碍设施改造的标准、原则、改造内容和完成时限。2009年5月，为进一步推进本市商业无障碍设施改造工作，市财政局、市商务委员会共同修定了《北京市商业无障碍设施改造财政补助资金管理办法》，明确了无障碍设施改造资金的支持范围、支持方式、支持标准以及资金的申请、审核和拨付程序等。2009年，全市102家大中型商场超市和餐饮经营单位进行了无障碍设施改造，并通过了市区商务、规划、残联等相关部门的联合验收。到2009年底，全市349家具备无障碍设施改造条件的大中型商场超市，已经改造了273家，商场超市的无障碍设施改造率达到了78%。

——方便居民生活，规范化菜市场稳步推进。2009年，继续以市民反映买菜不方便问题集中的社区、旧城改造地区、新城新建社区为重点，按照标准，改造建设规范化菜市场，方便居民购买，改善消费环境。积极争取商务部标准化菜市场示范工程扶持政策，将全国标准化菜市场示范工程与本市规范化菜市场建设改造工作相结合，进一步扩大规范化菜市场覆盖范围，增强社区服务功能，改善菜市场购物环境，加强菜市场秩序服务。2009年全市14个区（县）及北京经济技术开发区共有41家菜市场进行了规范化改造建设，并通过了验收，其中25家菜市场位于郊区（县），超额完成商务部下达的35家菜市场建设任务。新增菜市场建筑面积达7.28万平方米，营业面积4.98万平方米，售菜面积2.15万平方米，部分缓解了百姓买菜难的问题，方便了居民生活。

——改善农村流通设施环境，深入推进“一乡一集市”工程。“提高郊区一乡一集市的覆盖面”列入2009年市政府折子工程。目前，已完成25家农村集贸市场改造工程，硬化市场地面超过22.51万平方米，建设交易厅棚和商业用房近9.38万平方米。填补“一乡一集市”空白的项目15个，全市“一乡一集市”覆盖率提高9个百分点，达到72%，超额完成“市政府折子工程”任务覆盖面70%指标的2个百分点。2007年至2009年，全市已累计改造建设集贸市场127家，硬化市场地面99.17万平方米，建设交易厅棚和商业用房43.25万平方米。10个郊区（县）152个乡镇的“一乡一集市”总体覆盖率已达到72%。

——继续完善农产品批发市场功能，促进软硬件整体水平提高。2009年重点推动符合布局规划的大型综合农产品批发市场和产地农产品批发市场改造提升。年内，新发地农产品批发市场、北城回龙观农产品批发市场、八里桥农产品批发市场等6家大型综合农产品批发市场，岳各庄农产品批发市场、大兴西沙窝农副产品批发市场、延庆八达岭农批市场等5家区域型和产地型农批市场，累计14个改造建设项目完成了改造建设。通过改造，进一步提升了农批市场交易设施的水平和环境，提高了市场交易承载能力，扩宽了农产品交易电子化的范围，强化了食品质量可追溯性，提升了农批市场的管理水平。同时，也为促进产地农产品流通、拓宽本地农产品销售渠道、扩大销售规模、促进农民增收起到了积极的作用。批发市场改造项目带动企业直接投入1.16亿元。实施改造后的市场预计增加交易额35.5亿元、交易量57.9万吨，降低了成本，增加了收入，同时也带动就业2 000人。据不完全调查统计，2009年全市主要农批市场年交易量超过2 700万吨，交易额超过1 000亿元，增幅双双突破25%。

——紧密结合国际商贸中心建设，加强前期调研工作。一是按照国际商贸中心建设水准和要求，开展“商业街发展思路研究和商业街标准制订”的前期调研工作，该项成果将作为今后几年北京商业街发展总的依据。二是为加强本市商品交易市场的规范化发展，配合法规处启动了《商品交易市场设置与管理规范》立法调研工作。三是对全市列入《财富》500强的零售企业、全球零售商250强、世界奢侈品100强在京的入驻发展情况进行了调研，起草了《北京市国际零售品牌发展现状及对策分析》，明确了今后几年北京引进国际品牌的方向、目标和重点。

——积极推动零售外资店铺在京发展。2009年为应对世界金融危机对零售外资带来的不利影响，积极采取了简化内部审核程序、实行委内并联审批、加强处室联动、搭建平台协助招商、加大对企业服务力度等有效措施，推动了零售外资店铺在京发展。2009年批准零售外资店铺374家，新增建筑面积83.7万平方米，营业面积59.2万平方米。同比店铺数(529家)下降29.3%，建筑面积(50.8万平方米)和营业面积(35.5万平方米)分别增长64.8%和66.7%。

（王德奇）

【大中型商业设施快速发展】全市商业企业抓住机遇，开店速度明显加快。2009年累计新开业建筑面积在5 000平方米以上的商业零售店铺和设施38家，共新增建筑面积112万平方米，营业面积65.5万平方米，与2008年同期开业29家相比，店铺数增加了9家。这38个商业设施中百货店7家，专业店5家，购物中心8家，大型超市13家，超市3家，综合性商业中心2家。

（王德奇）

【新城商业发展迅速】 2009年，全市共启动了11个新城20多个建筑面积在5 000平方米以上大中型商业设施建设。截至2009年底，通州物美生活广场、国泰百货平谷店等10家商场已开业，新增建筑面积13.6万平方米，营业面积9.7万平方米，完成全年工作指标。大型商业店铺郊区化发展态势明显。大中型店铺开店数量占全市新开店铺数量的29%。

（王德奇）

【研究起草了《关于落实国务院物流业调整和振兴规划的实施意见》】 为落实国务院《物流业调整和振兴规划》，加快出台本市意见，流通规划处组织力量对《物流业调整和振兴规划》进行了研究，委托北京市物流协会组织了“应对危机，振兴物流”的专家研讨。物流专家就“金融危机中物流产业的危与机”及“物流企业如何应对金融危机”等问题进行了交流和讨论，召开了专家和企业座谈会。根据专家和企业的建议，结合《北京市十一五时期物流发展规划》，初步拟订了本市《关于落实国务院物流业调整和振兴规划的实施意见》，提出了北京市物流业发展的思路、重要任务、政策措施和近期主要工作等初步意见，为北京市物流业调整和振兴方案的编制工作打下了良好基础。

（王德奇）

【实施商场轮椅服务计划】 2009年，北京市启动商场轮椅服务计划。印发了《关于改善商场无障碍服务在大中型商场提供轮椅等服务》的通知，公布了北京商场轮椅服务计划，倡导全市具备条件的大中型商场分阶段在2010年底前全部配上轮椅，2009年底前配备轮椅商场要达到200家。年内全市225家大中型商场配备了轮椅，提前实现2009年配备轮椅的目标。通过实施商业无障碍设施改造和轮椅服务计划的实施，为行动不便、乘座轮椅的顾客到商场购物消费提供了便利和更加人性化的服务。

（李家旭）

【举办“2009北京市特色商业街消夏节”】 2009年7月份举办了以“体验特色、休闲消夏”为主题的“2009北京市特色商业街消夏节”活动。此次活动采取“一城多点、全市互动”的形式，历时30天。全市15个区（县）32条特色商业街、商业中心内的商业企业参加了活动。据不完全统计，活动期间仅东城、宣武、朝阳、海淀、丰台、大兴、怀柔、密云等8个区（县）18条商业街内商业企业实现销售收入2.3亿元。东城区的王府井、南锣鼓巷、南新仓和簋街消夏节活动累计实现客流量514万人次，销售额4 983万元，较平时增长15%以上。朝阳区各消夏节活动共实现销售额2 647万元，累计客流总量达到145.8万人次。此次活动起到了提振信心、扩大内需、拉动消费、促进经济增长的目的。不仅营造了繁荣市场的氛围，对消费起到了拉动作用，而且一些知名品牌、“老字号”企业品牌效应得到放大，企业业绩得到了提升。

（王德奇）

【建立重点企业联系制度】 按照统一部署，为帮助企业积极应对经济危机，流通规划处配合主管领导与北京翠微大厦股份有限公司、北京八里桥农产品中心批发市场有限公司、北京百安居装饰建材有限公司、松下电器（中国）有限公司、华联新光百货（北京）有限公司、北京索爱普天移动通信有限公司、北京城建集团有限责任公司等8家企业建立了工作联系制度。组织到新光天地、翠微大厦等重点联系企业调研，召开联系企业负责人现场会，听取企业经营情况及需政府协助解决的问题。协助主管领导帮助翠微大厦、城建集团协调解决招商问题，协调解决新光天地的新品牌入驻问题，指导八里桥农批市场升级改造问题，争取商务部“双百市场工程”资金支持，帮助百安居协调经营问题，积极参与松下电器（中国）有限公司在华发展活动等，有力地推动了企业的在华发展经营。

（王德奇）

【加强规范引导】一是会同安全监督、流通秩序等处室加强对新开业大型商场开业前辅导，在无障碍设施、停车引导系统、标志标识、服务设施和环境、安全生产、规范促销等方面给予提前辅导和提出要求。分别对华联百货、华糖洋华堂、家乐福、沃尔玛、物美、乐天玛特等多家连锁企业进行了辅导。二是鼓励区（县）和企业推动商品交易市场升级改造。特别是西城区在贯彻《商品交易市场设置与管理规范》地方标准方面进行了探索，摸索了一定经验。

（徐萍、王德奇）

【推动对什邡地震灾区援建】推动什邡地震灾区援建工作取得初步成效。按照市领导要求，为进一步加大援建力度，创新援建新模式，进一步加强京什两地在商务领域的合作，建立长效机制，北京市商务委员会和什邡市人民政府签定了《什邡市农产品及特色产品进京销售合作框架协议》，加大什邡市农产品和地方特色产品在北京市场的销售力度，促进什邡灾区尽快恢复生产，促进什邡经济造血功能的重建，帮助灾区群众增收。截至年底，物美10家门店、家乐福14家店销售10个系列、50多个品种的什邡农副产品和地方特色产品达40多万元。新发地和回龙观两家大型批发市场积极组织经销商采购销售四川什邡市的蔬菜、水果和菜籽油等当地特色农副产品。截至11月底，两市场共销售什邡农产品2 000吨，交易金额725万元，累计销售什邡农副产品和特色产品765万元。此外还积极参加了援建什邡特色商业街的选址和方案确定工作。

（王德奇）

【积极帮助新疆解决农产品“卖难”问题】“7·5”事件后，为解决新疆当地农产品“卖难”问题，市商务委紧急组织新发地、石门市场等主要领导率领相关经销商赶往新疆参加农产品对接会，采购新疆农产品。支持采取减免进场费、免摊位费、免管理费等优惠政策，吸引新疆产品来京销售。新发地批发市场积极响应政府号召，在市场内建设新疆产品专卖大厅，顺鑫石门市场在市场内免费提供门店、保鲜库为新疆“皇家瓜园”分销公司打开新疆农副产品销路。截至11月底，两市场共销售新疆农产品13.7万吨，销售额达5亿元。

（杨 烨）

【国际知名品牌来京发展】品牌专卖店成为北京零售外资的主力军。2009年新批品牌专卖店223家，占全年零售外资店铺总数的66.8%。如世界顶级服装品牌乔治阿玛尼在京开设了其全球最大的旗舰店；世界顶级量身定制男装意大利品牌Kiton在京开设了其在中国的旗舰店；世界三大成衣品牌之一瑞典H&M于2009年首次进入北京市场，在前门大街等开设了5家店铺；丹麦水晶品牌

House of Amber、日本化妆品ORBIS、瑞士体育用品OZARK、意大利服装ASOBIO、新加坡眼镜SPECTACLEHUT等品牌首次进入北京并在京开设了旗舰店。同时，北京赛特奥特莱斯购物中心首次将欧洲郊外奥特莱斯引入北京。韩国乐天玛特通过并购北京万客隆后在北京开始了首家标准的乐天大型超市，将韩国特色的商品和服务引入北京。已进入北京的国际知名零售企业加速在京发展的步伐，沃尔玛、家乐福、欧尚、华堂、7—11、迪亚天天等纷纷增加投资、增开新店。

（徐　萍）

现代商业流通发展概述

2009年，现代流通发展工作按照全市商务工作的总体部署，坚决落实“扩内需、保增长、促稳定”的各项政策，以建设“特色商务、数字商务、生态商务”为目标，以“强基础、抓落实、重实效”为抓手，团结一致、务实创新，较好地完成了各项任务：在积极促销“保增长”的同时，实现了连锁经营稳步发展、电子商务逐步壮大、农超对接顺利推进、农资连锁规范发展、“老字号”企业实力增强、刷卡环境不断改善、社区商业更加便利，在金融危机的背景下，2009年本市现代流通业呈现良好发展态势。

——六大促销活动“扩内需、保增长”。为实现“扩内需、保增长”目标，六大促销活动贯穿全年流通发展工作：“2009北京春茶节”增强了消费者健康饮茶意识，促进了商家扩大茶叶销售；“让生态商务走进市民生活”主题活动，提高了消费者科学消费认识，提升了居民生活的品位和质量；“点击消费、放心实惠”活动创新了销售模式，扩大了销售业绩；“2009北京购物季之节日阖家欢—享受假日消费的愉悦”活动营造了欢愉的中秋佳节消费氛围，让市民乐购其中；“2009年北京老字号奥运城市巡展”活动宣传了北京“老字号”特色文化，有力地开拓了外地市场；“激情刷卡消费，享受时尚生活”活动促进了顾客刷卡消费，提升了首都消费支付水平。

——连锁经营稳步发展。首都连锁经营呈现稳步的发展态势。据市统计局数据显示，2009年，全市连锁经营实现零售额1 355.3亿元，同比增长4.6%，占全市社会消费品零售总额的比重达到25.5%。截至2009年底，连锁企业门店数达到8 923个，其中零售业连锁门店6 926个，占全部门店数77.6%。零售业连锁门店中百货商店64个、超级市场1 889个、专业店1 997个、专卖店1 214个、加油站669个、便利店915个、仓储会员店7个、其他171个。

——电子商务发展迅速。近年来，在市委市政府建设“人文北京、科技北京、绿色北京”发展目标指引下，在政府相关部门的大力推动下，本市B2C企业呈现出发展速度快、服务质量优、品牌知名度和影响力逐渐提高的良好态势。据市工商局数据显示，截至2009年底，北京市电子商务企业网站达到8.4万个，同比增长39.9%，其中，B2C企业网站4 067家，占4.8%。本市实现网上销售额164.7亿元，同比增长42.9%。据市统计局数据，2009年27家限额以上B2C企业实现零售额58.9亿元，同比增长79.3%。

——“老字号”企业实力增强。全市“老字号”企业在金融危机背景下，保持了快速发展势头，呈现逆势上扬的态势，为完成促消费、保增长任务做出了积极贡献。一是增长步伐不减。2009年，20家重点“老字号”企业与去年同期相比，销售额增长16%、利润额增长17%、缴税额增长25%。二是发展水平提高。利税增长速度快于销售增长速度，利润额、缴税额同比增幅分别超过销售额4个百分点和11个百分点。产品附加值和品牌价值有所增加。三是市场开拓迅速。16家“老字号”连锁企业新开门店246家，其中位于外埠的135家，占总数的55%。

——农超对接顺利推进。认真贯彻落实国务院《关于加强农业基础建设，进一步促进农业发展农民增收的若干意见》(中发〔2008〕1号）和十七届三中全会精神，积极发展农产品现代流通方式，推进鲜活农产品“超市+基地”的供应链模式，保障城乡居民食品安全，促进农民持续稳定增收，2009年市商务委与市农委积极引导大型连锁超市直接与鲜活农产品产地的农民专业合作社对接：一是巩固奥运期间形成的商农密切合作成果；二是积极搭建京郊农超对接平台，组织了2次农超对接洽谈会；三是组织农超对接信息发布会，加强信息沟通，密切了商农合作关系，扎实推进了北京“农超对接”工作。

——农资连锁规范发展。进一步推动和规范农资流通网络体系的升级改造，开展农资连锁网络服务，加大农资产品的配送和个性化服务力度，为农民提供优质、低价的农资商品和科技培训服务，保证农民增产增收，推动社会主义新农村建设。2009年，全市11家主要农资连锁企业拥有门店1 097个，销售化肥33万多吨、农药3 150多吨、农膜2 430多吨、种子4 630多吨，各项指标比上年均有不同程度的提高。

——社区商业更加便利。落实商务部办公厅《关于进一步做好2009年社区商业工作的通知》要求，继续开展“便利消费进社区，便民服务进家庭”工程，对社区连锁超市、便利店、便民菜店等社区商业服务企业进行扶持，促进其加快发展，满足社区居民的日常生活需要；继续开展2009年社区商业示范社区评选及推荐工作，向商务部推荐4个社区为国家级商业示范社区。

(李薇薇)

【举办“2009北京春茶节”活动】 4月21日，“2009北京春茶节”正式开幕。春茶节以“保质量促消费·茶香暖人心”为主题，历时15天，期间市茶业协会向50家茶叶企业颁发了证书，近60家茶叶企业开展免费品尝、买赠促销、返券优惠等多种形式的促销活动。活动增强了消费者健康饮茶意识，刺激了茶叶消费需求，各茶叶商家购销两旺。

(张盛军)

【策划实施“点击消费、放心实惠”促销活动】 搭建电子商务促销平台，2009年6月至8月，启动“点击消费、放心实惠”大型网上促销活动，参与网站达到37家。活动期间参与企业销售额突破22亿元，同比增长136%，超过2009年二季度全国B2C行业增长率45个百分点。活动期间，网上零售不断刷新销售纪录，当当冠名周日处理订单超过10万张，京东商城日销售额突破3 000万元，凡客诚品日服装销售量达2.5万件，平均1分钟销售18件。2009年12月22日至2010年2月10日，开展岁末年初“点击消费放心实惠”北京电子商务企业携手迎虎年活动。本市26家网站开展主题促销活动，活动期间26家网站累计实现销售额超过18.6亿元，同比去年增长了88.66%；新增注册人数超过200万，同比去年增长了125.01%；网页浏览量同比去年增长355%；各参与网站为配合此次活动累计投放733个主题促销活动。其中京东商城销售额达到9.84亿，当当网单日发送包裹超过15万个。

（赵旗舟）

【举办“2009北京购物季之节日阖家欢”】 2009年国庆中秋“双节”期间，10家连锁企业与20家“老字号”企业联手开展“月圆人团圆”中秋“老字号”月饼热卖会，举办中秋美食、美酒、海鲜一条街。“老字号”中秋商品和新品扎堆促销的方式得到市民热捧，月饼、蔬果、海鲜、茶叶等节日商品销售火爆，9月份参与活动企业的销售环比呈现两位数增长，其中6家连锁企业增幅超过20%。

（张盛军）

【举办“2009北京老字号奥运城市巡展”系列活动】 2009年8月上旬至9月下旬，市商务委相继在天津、香港、杭州和上海4个城市，举办以“重温奥运辉煌、共享百年名品”为主题的“北京老字号奥运城市巡展”系列活动。活动采取政府搭台、企业唱戏的方式，利用舆论宣传、产品展卖、图片展览、技艺表演、项目推介、交流洽谈等多种推介形式，展示北京“老字号”参与北京奥运会供应保障和服务接待工作的成绩，展现北京“老字号”传承和蕴含的独有人文特质。共有30余个“老字号”品牌参加，接待观众数十万人次，销售超百万元，有力促进了“老字号”企业开拓外地市场。

（张盛军）

【组织刷卡促销活动】 6月至12月，北京银联及20多家商业银行共同联手在全市范围内开展“激情刷卡消费，享受时尚生活”刷卡促销活动，收到很好效果。全市累计发展银行卡特约商户16.1万户，新增2.9万户；累计布放POS机具24.8万台，新增4.9万台；实现刷卡消费额4 889.3亿元，同比增长58.2%，剔除房地产和批发交易，刷卡消费额占社会消费品零售总额的比例达到51%。

（赵旗舟）

【引导本市电子商务B2C行业的发展】 2009年4月印发《关于促进网上零售业发展的意见》，在全国同行业率先确立了加快网上零售业发展的指导思想和基本原则。从16个方面对促进本市网上零售业健康、快速发展提出了指导意见，包括：鼓励商业服务业企业开展网上零售业务；鼓励企业创新交易模式，满足消费者多样化需求；发挥骨干企业示范引导作用，研究制定网上零售业的行业标准和规范；整合优势资源，创造首都网上零售品牌；鼓励各类企业利用第三方技术服务平台开展网上零售业务；提高网上支付服务水平；提高网上零售业物流配送服务质量；积极维护诚信经营环境，保护消费者权益；面向社会公众加强宣传引导；充分发挥中介组织的作用等。

（赵旗舟）

【推进供应链金融服务试点工作】 为促零供双方携手保增长，市商务委指导并协调北京市商业百货零售企业、第三方信息服务商和商业银行以创新供应链金融服务的方式，以商业领域流动资金的加速周转，缩短商业资金对工业资金的占压时间，提高工业再生产效率，提高了资金在产业链中的使用效率。

供应链金融服务方案在国内尚属首创，并拟在全市零售企业中推广。

（赵旗舟）

【开通全国首个“老字号网店”】 2009年5月31日，“老字号网店”正式上线运营，开辟了“老字号”特色商品销售新渠道。网店首日点击量突破500万次。截至目前，百余个“老字号”品牌、3 000多类商品入驻网店，订单覆盖除港澳台外所有的省区市。

（张盛军）

【发行国内首张“老字号”信用卡】 2009年3月底，北京老字号协会与招商银行联合发行“京城老字号”主题信用卡，近百家“老字号”门店成为信用卡签约商户。目前，发卡量超过1万张，月均刷卡总交易额达500多万元，为“老字号”吸引了大量年轻顾客群。

（张盛军）

【加大北京“老字号”宣传工作】 支持天福号、内联升、张一元等6个非物质文化遗产传承人工作室建设，开辟手工传统技艺的动态展示窗口，为传统技艺传承发展提供了保证。组织申报第三批市级名录，9项“老字号”传统技艺新入选市级“非遗”名录。启动“老字号非物质文化遗产进校园”活动和在王府井步行街展示活动，通过图片展览、技艺表演和产品展销等形式，展示文化遗产保护成果。

（张盛军）

【积极推进农超对接】 2009年5月，市商务委、市农委在顺义区顺鑫集团创新食品分公司举行了“农商联手，共促消费”活动，组织5家供应北京2008年奥运会的即食即用蔬菜切配企业与物美集团、京客隆股份公司、沃尔玛公司等20余家重点连锁超市企业进行了对接、洽谈，当场有5家连锁超市与蔬菜切配企业初步达成供货意向。在5月大兴西瓜节、10月平谷区大集进京城展会上组织物美集团、京客隆、家乐福、沃尔玛等19家超市与农民合作组织进行对接洽谈。8月，市商务委、市农委共同组织农超对接信息发布会，本市大型连锁企业向京郊农产品生产合作组织介绍消费市场农产品的需求情况，进入超市销售的规模、标准和流程等；区（县）农委和农产品生产合作组织介绍了京郊农产品特色和进入超市销售的愿望等。

（张　爽）

【13家北京企业入围中国连锁百强】 根据中国连锁经营协会发布的2009年全国连锁企业100强排名，北京连锁企业有13家企业入围。前50强中有6家，分别是国美电器、物美控股集团、王府井百货、京客隆、新燕莎集团和迪信通，排名分别为第2、10、28、36、48和49名。13家企业2009年实现销售额1 969亿元，拥有门店5 525个。

（张盛军）

【为中小商贸企业提供融资服务】 利用国家对中小企业的融资担保政策，支持中小企业融资担保工作。全市主要开展中小商贸企业融资贷款担保业务的9家担保公司为近2 000家中小商贸企业提供了大约50亿元的融资贷款，满足了中小企业的融资需求。

（张　爽）

【第十四届北京商业科技周】 以“让生态商务走进市民生活”为主题活动，5月16日，举办第十四届商业科技周，与全市“扩内需、促消费”相结合，营造科普消费热点。全市13家专卖店（近500个门店）、12家百货商场、7家大型连锁超市（400多家门店）通过科普柜台、科普橱窗、节能环保商品营销等多种形式，开展科普促销活动，让生态商务走进市民生活。据统计，本次科技周活动受益总人数15万人次。

（赵旗舟）

物流概述

2009年是进入新世纪以来物流业发展最艰难的一年。北京物流发展工作紧紧围绕贯彻落实国家物流业调整和振兴规划，帮助物流企业积极应对国际金融危机，推进物流基础设施建设，促进冷链物流、第三方物流和专业物流发展，本市物流业呈现平稳较快发展态势。

——成立物流发展处。在2009年的机构改革中，市商务委成立了物流发展处。其职责是会同有关部门组织编制本市物流配送重点设施布局规划，拟订相关政策措施并组织实施；负责国际货运代理经营资格备案；协调物流园区的规划和建设，收集、整理本市物流相关信息，促进第三方物流、专业物流和连锁企业物流配送的发展。

——研究制定《北京市物流业调整和振兴实施方案》。为落实国家物流业调整和振兴规划，促进本市物流业平稳较快发展，会同市发改委共同编制了《北京市物流业调整和振兴实施方案》。该方案已通过市政府常务会和市委常委会审议，并向社会发布实施。

——开展食品冷链物流专项调查，掌握本市冷链物流现状。为落实刘淇书记和程红副市长在《科技工作者建议》第7期“关于开展食品冷链物流调研的建议”上的批示，与北京物流协会对本市食品冷链物流进行了调查，完成了《北京市食品冷链物流专项调查报告》，并上报市政府。

——鼓励物流基地增强服务功能，支持物流企业提升技术水平和服务能力。支持通州马驹桥、平谷马坊等物流基地进行基础设施建设，增强公共服务功能；支持第三方物流企业开展仓储和信息系统建设，提升企业技术水平，优化物流流程；支持冷链物流，新建、扩建及改建冷库18万立方米、购置冷藏车80余辆，拓展了冷链企业的仓储能力和配送能力。

——支持企业积极拓展外埠市场。按照刘淇书记在围绕“保增长、促发展”主题到朝阳区进行专题调研时，要求研究解决推进北京朝批商贸有限公司物流配送中心向环渤海地区辐射的问题，市商务委提出了以建设现代化物流配送中心为依托，批发物流为先导，零售业务跟进发展，零售、批发、物流互为依托，向环渤海区域辐射的发展思路。

——物流基地建设成效显著，对当地就业和税收贡献较大。2009年，顺义空港、通州马驹桥和大兴京南三大物流基地的仓库面积占全市限额以上物流企业自有仓库面积的17%，三大物流基地吸纳就业4.8万人，占全市限额以上专业物流企业从业人员的13.6%，实际入库税款19.3亿元。其中顺义空港从业人员达到3.87万人，实际入库税款16.1亿元。

（朱忠文）

【完成京津冀区域物流一体化发展调研】为办理民盟北京市委在北京市政协第十一届委员会第二次会议上提出的第2006号党派团体提案《关于进一步加强京津冀区域物流发展的提案》，与北京物流协会合作，完成了《京津冀区域物流发展现状与发展思路》调研报告，掌握了京津冀区域物流发展现状，提出了区域物流一体化发展的基本思路。

（朱忠文）

【申报流通领域现代物流示范城市】根据《商务部关于开展流通领域现代物流示范工作的通知》（商商贸发〔2009〕434号）精神，2009年8月底成立了由市商务委和物流协会牵头，市发改委、市交通委、北京交通大学、北京物资学院以及各区（县）商务委等部门参加的示范工作领导小组和办公室，办公室设在市商务委物流发展处。通过实地调研和数据搜集，基本摸清了包括本市城市物流发展的区位条件、软硬件环境和商贸物流运行等17个方面共57组指标数据，提出了北京市流通领域现代物流战略方向和优先发展的主题，编写了申报材料，并向商务部申报。

（朱忠文）

【组织开展物流业关键技术需求研究】为鼓励开展物流业关键技术的研发，推广应用绿色物流技术，推动以现代物流共性技术支撑体系为核心的组织管理和服务模式创新，全面提升首都物流管理水平，组织开展《北京市物流业关键技术需求研究》。该课题通过对现有物流技术的科学分类，研究北京市物流产业、物流基地、物流中心、配送中心和冷链、农产品、医药等专业物流对物流技术的需求特性，构建适合北京物流发展特点的物流业关键技术体系。2009年12月3日，市科委组织专家对该课题进行了立项论证，专家组认为课题研究目标明确，内容合理，研究方法及技术路线可行，对北京依靠科技创新发展现代物流业具有现实意义，一致同意立项支持。

（朱忠文）

【新增国际货运代理企业87家】2009年共完成国际货运代理经营资格备案89个，变更111个。其中，新备案的内资法人企业69个、外商投资法人企业5个、内资分支机构8个、外商投资分支机构7个；办理变更的内资法人企业87个、外商投资法人企业9个、内资分支机构11个、外商投资分支机构4个。另外，办理国际货代经营资格注销2个。

（朱忠文）

【举办五项国家标准宣传贯彻大会】为贯彻国家商务部《关于做好国际货运代理作业规范等五项标准宣传贯彻工作的通知》精神，帮助企业有针对性地组织实施，市商务委物流发展处和北京国际货代协会于2009年10月22日共同举办了五项标准宣传贯彻大会。会上，市商务委物流发展处负责人宣讲五项国际标准出台的意义、目的，特聘请货代行业资深专家和海事法院律师解读《五项国际标准》之一的《国际货代通用交易条件》。北京地区部分国际货运代理企业的负责人或法律部门的负责人共120多人参加了会议。

（朱忠文）

【建成华北地区单体最大库房】2009年12月8日，首农集团东郊物流工程举行竣工仪式。该工程项目占地约13公顷，规划建筑面积73 539.88平方米，此次交付使用的建筑面积有66 147平方米，包括53 240平方米的常温库和6 600平方米的冷库。作为华北地区单体最大型库房工程，该项目施工要求和难度较高，攻克了多项工程施工难题，采用了多项专利技术。此项目力争打造成一个现代化和信息自动化水平高，与供应商实现VMSI(库存一体化)、具有行业引领力、科技创新力、品牌竞争力的现代物流配送中心。

（朱忠文）

【14家企业入围中国物流百强】 2009年10月24日，中国交通运输协会组织的“2009年度中国物流百强企业”评选正式揭晓。北京市有14家企业入围，其中前4名均设在北京，分别为中远物流、中铁快运、中邮物流、中铁集装箱运输，前50名中有12家设在北京。

（朱忠文）

【新增10家A级物流企业】 中国物流与采购联合会分别于2009年6月3日和12月23日公布了全国第八批和第九批A级物流企业名单。在这两批名单中，北京市新增10家A级物流企业。其中，4A级企业4家，3A级企业4家，2A级企业2家。截至2009年底，北京市共有A级以上企业23家，包括5A级7家、4A级9家、3A级5家、2A级2家。

（朱忠文）

三、市场运行与管理

消费品市场概述

消费品市场保持平稳较快增长。2009年，按照中央“保增长、扩内需、调结构”的要求和商务部、市委、市政府“保增长、保稳定、保民生”的工作部署，北京市各级商务部门、各相关协会、广大商业服务业企业克服金融危机带来的种种不利影响，团结一致，迎难而上，认真贯彻落实《国务院办公厅关于搞活流通扩大消费的意见》（国办发〔2008〕134号），采取有效措施，稳市场、保供应，努力扩大城市消费，保持了北京消费品市场平稳较快增长。《福布斯》杂志将北京列为世界第十五大购物之都、第八大美食之城。

2009年，全市累计实现社会消费品零售额5 309.9亿元，继续列全国城市第一，比上年增长15.7%；扣除价格因素后，实际增长18.3%。其中，12月当月实现社会消费品零售额516.2亿元，比上年同期增长20.4%，单月销售规模首次突破500亿元，为历史最高水平。按商品用途分，吃类商品实现零售额1 251.5亿元，增长9.9%；穿类商品实现零售额496.6亿元，增长15.3%；用类商品实现零售额3 202亿元，增长20.4%；烧类商品实现零售额359.8亿元，增长0.1%。按行业分，批发、零售贸易业实现零售额4 686.3亿元，增长15.9%；餐饮业实现零售额477.7亿元，增长16.2%；住宿业实现零售额102.8亿元，增长9.6%；其他行业实现零售额43.1亿元，增长8.4%。

全年销售机动车114.8万辆，增长30.8%，增幅比上年提高20.8个百分点。其中，新车70.2万辆，增长42.4%；旧车44.6万辆，增长15.9%，增幅分别比上年提高31.1个和7.6个百分点。其中12月份销售机动车12.3万辆，再创销售新高。

“购物季”繁荣活跃了市场，有效拉动了消费。8月28日至11月底举办的“2009北京购物季”对北京市消费市场的带动作用主要表现在以下三个方面。

提振了消费信心。2009年，提前一个月启动了购物季，强化淡季造节，拉动节庆消费。针对北京市场的消费热点分别开展了“美好的祝福——献给新婚伴侣的礼物”、“节日阖家欢——享受假日消费的愉悦”、“快乐家装——让我们的生活更美好”、“畅行天下——绿色环保伴我驾车出行”、“京城美食享受——餐饮系列促销”五项大型主题促销活动。活动主题新颖，环环相扣，形成了一波未平一波又起的促销态势和市场亮点，繁荣活跃了首都消费市场，提振了广大市民和在京旅游者的消费信心。

整合了商业资源。一是注重处室联手。市商务委流通发展处、市场运行处、服务交易处等业务处室加大促消费力度，在购物季期间集中开展了“节日阖家欢”、“快乐家装”、“京城美食享受”活动，丰富了活动的内涵。二是注重市、区(县)联动。分别与汽车消费集中的海淀区商务委、丰台区商务委联合开展了“海淀汽车消费节”和“丰台汽车文化消费节”活动。还对8个区（县）组织的20余项大型促销活动进行了统一宣传。三是注重行业联合。以婚庆消费为主题，组织全市黄金珠宝、家用电器、汽车、婚纱摄影等7个行业的龙头企业推出了“美好的祝福”新婚消费推广活动，参与企业总数达到80余家，店铺1 000多个。多行业组合一条龙式的活动，方便了消费者，促进了婚庆商品的消费，有效拉动了相关商品的消费。

拉动了城市消费。据市统计局统计数据显示，购物季举办期间的9、10、11月份，全市社会消费品零售额增幅均超过14%，分别为20.6%、14.9%和16.9%。据北京商业信息咨询中心监测数据显示，超市发、菜百公司、物美、翠微大厦等参加购物季活动的商业企业，9—11月销售额增幅均超过20%，分别为42.1%、31.5%、28.3%和27.6%。在“美好的祝福”活动中，参加活动的工美大厦、眉州东坡酒楼、苏宁电器销售额增幅均超过50%，分别为84.6%、60%和54.3%。在“节日阖家欢”活动中，参加活动的企业当月实现零售额近30亿元，环比增长16%。在“快乐家装”活动中，参加活动的企业整体销售额同比增长均超过20%。在“畅行天下”活动中，海淀区24家4S店、专业市场销售新车3 380台，汽车及配件实现销售额11.9亿元，同比增长87.6%；丰台区汽车文化节期间，汽车类商品实现零售额34.2亿元，同比增长70.4%，销售新车1.4万辆。

郊区现代流通网络规范化水平获得提升。在郊区连锁商业网络“覆盖乡镇，覆盖千人以上大村”的基础上，市商务委推出新的发展目标，即“再用三年左右的时间，引导郊区连锁企业提升规范化水平，提高整体分销能力；提升统一采购规模，提高商品配送能力”。2009年，通过紧紧围绕两个“全面提升”，郊区现代流通网络的质量得到逐步提高，联合采购和统一配送能力进一步增强。

第一，新建或改造直营店和规范加盟店，提高连锁网络质量。2009年，按照市商务委关于北京郊区现代流通网络建设要从“两个全面覆盖”走向“两个全面提升”的总体部署，在财政政策的引导下，10个远郊区(县)的网络建设进入全面提升通道。10家企业投资近千万元对330家店铺进行规范化改造，添置冷冻或冷藏设备，进行连锁企业和加盟店信息管理系统的升级，淘汰了一批经营水平和配送量都不高的“双低”店铺。

第二，组织联合采购，提高企业商品经

营能力和统一配送能力。2009年，联合采购又有新进展。完成联合采购系统的开发，为连锁店铺配备电脑、扫描枪等设备1 100多套，完成店铺联合采购系统应用实施，完成系统培训工作。从2009年4月1日至12月31日，郊区联合采购平台系统注册的店铺已有3 089家，已要货店铺1 742家，网络定单19 221张，电话定单8 879张，网上采购总金额1.6亿元，加上网上补单，总定货量超过5亿元。

自1月23日北京市提前启动家电下乡工作以来，截至12月31日，全市共销售家电下乡产品17.3台，销售额达到3.4亿元；已发放补贴产品12.2台，补贴金额共计3 238.5万元；13个区（县）共备案销售网点697个。全市家电下乡各项工作进展顺利：家电下乡产品陆续上市，销售情况越来越好；财政补贴资金准备充足、发放及时；备案销售网点基本覆盖13个区（县）的城区和大部分乡镇；家电下乡政策宣传得力，市场秩序整体良好。

2009年，全市家电下乡工作主要从以下五个方面着手：一是提前试销，稳步推进销售网络建设；二是通过组织商务、财政、销售企业等培训工作、多渠道多层次宣传家电下乡政策，让政策深入人心；三是简化家电下乡补贴资金兑付流程，方便农民；四是组织多种形式家电下乡促销活动；五是加强对销售企业和销售网点的督查管理，规范运作。

通过实施家电下乡工作，一方面促进了农村地区消费，另一方面发挥了惠农强农的作用，同时，对于完善农村地区耐用消费品流通网络起到积极促进作用。

（万薇薇、刘健、殷亮）

【市场运行监测机制逐步完善】2009年，市场监测工作旨在完善市场运行监测机制，及时掌握分析消费品市场运行动态，主要从以下几方面开展工作：第一，调整样本企业结构，建立了汽车监测分中心，首次对10家汽车专卖店销售的前三位品牌汽车销售情况进行了月监测。第二，按月发布市场监测报告。从2009年4月份开始，每月发布《北京消费品市场运行监测月报》，向样本企业、各级商务主管部门等发放，为政府决策及企业经营提供依据。第三，开展专项调研。认真研究分析金融危机对消费品市场的影响，时时关注国家出台的一系列扩大内需、拉动消费的政策，广泛收集行业、企业信息，对热点商品开展专门的调研分析和趋势预测。第四，坚持做好节假日市场监测工作。重点做好“两个黄金周、五个小长假”的监测，加强对“三八节”、“父亲节”、“母亲节”等特色节庆的重点监测。

（万薇薇）

【区域商务合作成果扩大】2009年，区域商务合作先后接待兄弟省市来客20多人次；办理各种来函30多件；组织参加兄弟省（市）和周边城市的招商引资和贸易促进活动15次。其中包括出口产品转内销山东专场对接洽谈会、中国·天津第十六届投资贸易洽谈会、2009中国青海投资贸易洽谈会、山西省品牌产品出口转内销对接会、第九届中国（承德）国际旅游文化投资贸易洽谈会暨京承区域合作推介会、中国·廊坊国际经济贸易洽谈会、第四届跨国零售集团采购会、北京石家庄业务合作洽谈活动、内蒙古民族商品交易会、宁夏清真食品国际投资贸易洽谈会、京冀商务合作签署仪式暨农产品产销对接会、第二届四川采购商大会、首届香港品牌展销会内外配对会、第106届广交会首次内外贸对接洽谈会、2009中国绿色食品博览会。共达成深度合作意向近20亿元。

（张永祥）

【商业“绿色车队”组建】按照《北京市人民政府办公厅关于印发进一步加快淘汰黄标车工作实施方案的通知》（京政办发〔2009〕4号）及北京市交通委等6部门联合下发《关于印发〈北京市保障城市货运组建“绿色车队”服务窗口工作（试行）〉的通知》（京交行发〔2009〕23号）文件要求，2009年3月1日商业“绿色车队”服务窗口正式启动并对外办公。本市有29家商业企业639辆绿标车参加了本市商业“绿色车队”。

（张永祥）

【国庆期间商业货运保障平稳】为贯彻落实2009年国庆期间临时道路交通管制措施，做好国庆期间本市商业货运保障工作，按照市政府《关于国庆期间对本市机动车和外省区市进京机动车采取临时交通管理措施的通告》和《关于设立国庆期间道路货物运输保障公共服务窗口的通告》的要求，9月7日正式启动了本市商业货运保障公共服务窗口并对外办公，时间为2009年9月7日至10月8日，平均每日接待电话及现场咨询40余人次，受理了包括市粮食局、市二商集团、物美集团、超市发、沃尔玛、东都中兴再生资源回收公司等29家申请单位的外地进京货运车辆通行需求，及时审批外地进京货运车辆812辆，为国庆期间本市商业的正常运行提供了有力保障。

（张永祥）

规范流通秩序概述

2009年，流通秩序工作围绕建设“人文北京、科技北京、绿色北京”的目标，努力践行科学发展观，巩固奥运成果，以国庆60周年庆典为契机，开展本市商业服务业提升员工岗位服务技能系列活动，提高广大员工服务技能；深入开展“迎国庆讲文明树新风”活动，推动行业文明服务诚信经营；强化节能管理，推广节能技术，扎实推进零售业节能行动；认真落实商业零售企业促销管理规定，加强促销活动管理，推进依法、安全、诚信、文明的促销活动；各项工作取得较好成效。

——开展本市商业服务业提升员工岗位服务技能系列活动。为积极引导企业为消费者提供安全、规范、便利的消费环境，制定了《北京市商业服务业开展提升员工岗位服务技能系列活动实施方案》，采取了岗位技能练兵、专业知识学习、服务特色展示、特殊技艺表演、标兵能手评比、职业资格认证、座谈交流观摩、明星巡回演讲等方式，开展商业服务业提升员工岗位服务技能系列活动。系列活动分为筹备启动、岗位练兵、展示复审、评选决赛、汇演总结五个阶段施行，对获全市商业服务业岗位技能汇演大赛前茅者，或参与服务技能系列活动取得优异成绩者，符合有关规定资质条件的，分别推荐申报为“首都劳动奖章”、“北京市三八红旗奖章”、“北京市经济技术创新标兵”等荣誉称号和相应的职业技能职称。通过开展活动，调动了广大员工爱岗敬业、提升服务技能的积极性，在企业内部形成了“比技术、学技能”的浓厚氛围，系列活动在全市商务领域产生了积极影响，提升了本市商业服务业服务品质和服务质量。

——推动行业文明服务诚信经营活动。根据首都文明委《关于印发〈首都深入开展

"迎国庆讲文明树新风"活动实施方案〉的通知》精神，印发了《北京市商业服务业深入开展"迎国庆讲文明树新风"活动实施意见》，积极开展"迎国庆讲文明树新风"活动。根据全市统一部署，在全市商业零售企业中开展了"请跟我排"排队推动日活动，进一步提高了市民秩序排队、文明礼让意识。

——推进零售业节能行动。为加快推进本市商场超市节能改造工作，引导企业强化节能管理，推广节能技术，召开了"北京市商场超市节能改造工作推进会"。发布了《商业服务业节能改造指导目录》，开展了商场超市节能改造工作。2009 年，19 家商场超市的 24 家门店开展节能改造工作，根据节能量验收测算，改造项目年节电总量 906.63 万度，平均节电率达到 24.3%。积极推广商场超市绿色照明工程工作，全市商场超市共更换安装 15 万余支（套）高效照明产品。开展控制商场超市室内温度工作，对规模以上商场超市实施在线温度监测试点，会同节能监察部门，加大对商场超市的监督检查。积极开展零售场所塑料购物袋有偿使用工作，进行了"限塑令"实施一周年专项检查，据实地调查，"限塑令"实施一年来，商场超市塑料购物袋销售量大幅度递减，一般在 70%～80%之间。消费者购物自带购物袋的比例大幅增加，消费者环保意识增强，自觉不用或少用塑料袋的消费习惯正逐步形成。开展的一系列工作，取得了明显的效果，根据北京市统计局《北京市第三产业能源消费现状和节能效果分析》（统计报告〔2009〕124 号），北京市批发和零售业 2008 年比 2005 年直接节能 40.22 万吨标煤，万元增加值能耗由 2005 年的 0.241 吨标煤降至 2008 年的 0.200 吨标煤，2008 年比 2005 年万元增加值能耗降低 17.01%，年均降低 6.054%。直接节能效果位居北京市第三产业第 1 名。

——加大流通秩序管理力度，推进依法、安全、诚信、文明的促销活动。开展清查特殊商品工作，有效地维护了首都社会安全稳定。配合有关部门，积极开展严格限制管制刀具销售工作，确保建国 60 周年大庆平安稳定。加强与相关部门的协作，积极规范和发展本市大宗商品交易市场。认真贯彻落实《北京市商业零售经营单位促销活动管理规定》，加强大型连锁超市企业和重点人员的培训工作，落实促销活动报告制度，细化了监督检查内容，建立了重大活动、重要会议、国家法定年节期间的执法检查机制。根据行业特点，把重点商业街区、大型商场超市，以及企业开张开展的促销活动作为日常监管重点，对检查发现的问题或隐患，采取责令整改、与企业负责人约谈等方式，督促企业按期整改，对违反《促销活动管理规定》有关条款的，予以行政处罚。通过开展各项工作，促进了企业经营行为进一步规范，维护了首都良好的市场秩序。

——开展商务领域甲型 H_1N_1 流感防控督查工作。按照《北京市人民政府关于进一步明确责任突出重点加强甲型 H_1N_1 流感预防控制工作的通知》，成立了市商务领域（甲型 H_1N_1 流感）防控督查工作组，制定了《关于认真做好商务领域甲型 H_1N_1 流感预防控制和督查工作的实施意见》，认真落实属地、部门、单位、个人"四方责任"，重点抓好"四个环节"（抓好监测环节，发现病例及时报告，抓好日常防控环节，做好公共卫生管理，抓好公共宣传环节，普及防控知识，抓好物资保障环节，做好防控物资储备)，围绕“五项内容”(一是防控机构和人员是否到位；二是防控制度和措施是否到位；三是防控宣传和教育培训是否到位；四是防控经费和物资设备是否到位；五是防控自查和整改是否到位)，建立防控督查工作日报告制度、值守制度、信息报送制度、应急处置制度等督查工作管理机制，全面落实各项群防群控措施，认真做好商务领域预防控制和督查工作。通过采取一系列行之有效的防控督查措施，全市商务系统既确保“促消费、保增长”的大局，又做到防控工作有条不紊，合理安排，严防严控，切实做到了“双促进”，保证了本市商务领域正常经营活动，维护了首都社会和谐稳定，成效明显，并得到了市突发公共卫生事件应急指挥部的充分肯定。

(顾铁民)

【开展商业服务业提升员工岗位服务技能系列活动】全市40余万商业服务业一线员工参与服务技能系列活动，组织开展了点钞、超市收银、自行车（童车）组装、密码箱开锁、茶叶销售（散茶包包)、羽毛球拍穿弦和宴会摆台等7个项目的竞赛，全市有8 000多名员工参加了服务技能竞赛初赛的理论知识和实际操作的考试，通过竞赛，最后有32名优胜者获得北京市人力资源和社会保障局颁发的高级营业员证书，33名优胜者获得技师证书，15名优胜者获得高级技师证书。活动中命名市级服务明星63名，岗位服务技能小能手56名。

(庄秋凤)

【开展“迎国庆讲文明树新风”活动评选表彰工作】根据首都文明委要求，以“迎国庆讲文明树新风——我参与我奉献我快乐”为行动口号，以向广大消费者提供安全、规范、便利的服务为目标，组织开展了“迎国庆讲文明树新风”活动和先进单位、先进个人的评选活动。经首都“迎国庆讲文明树新风”活动协调小组评选，北京市商务委员会获得优秀组织奖，33家企业单位获得先进单位称号，60名人员获得先进个人称号。

(庄秋凤)

【开展“请跟我排”排队推动日活动】3月11日，根据全市统一部署，在全市商业零售企业中开展了“请跟我排”排队推动日活动。各零售企业在自动扶梯、收银台等醒目位置摆放了宣传排队的卡通落地牌，张贴了“请跟我排”宣传标志；利用广播和电子屏幕滚动播出推动日活动宣传口号；安排员工佩戴授带在扶梯、收银等处维持排队秩序，并向顾客发放排队宣传品；设置了“文文”、“明明”卡通形象宣传引导员，身穿统一的文明宣传服在重点部位进行排队示范。通过排队推动日活动的开展，进一步增强了广大员工和顾客的文明意识，推进了有序购物的良好风尚建设，展现了窗口行业文明服务的良好形象。

(庄秋凤)

【五区被评示范创建活动重点指导区】经各区（县）自愿申报，市商务委推荐东城、崇文、宣武、顺义、怀柔5个区为商务部“诚信经营”示范创建活动重点指导区。目前，全国百城万店无假货示范店18家，示范街3条；首都诚信经营示范店33家，示范街3条。

(庄秋凤)

【公共场所双语标志和英文菜单规范工作】市商务委印发了《关于开展2009年本市商业服务业规范双语标志和英文菜单工作

的通知》，积极引导商业服务业企业继续以《北京市地方标准〈公共场所双语标识英文译法〉》、《中文菜单英文译法》、《GB/T10001.1—2000标志用公共信息图形符号》等标准为指导，组织企业内部自查、企业之间互查、区（县）组织抽查、发动组织志愿者或社会力量参与检查等多种形式，认真开展了规范公共场所英语标志工作。通过定期对各类标志和菜单进行检查维护，做到标志清晰有效、菜单整齐干净。同时，对新扩建或调整的公共场所的标志、餐饮企业菜品的菜单，适时进行调整和更新。

（庄秋凤）

【商场超市节能改造工作和绿色照明工程】 2009年，19家商场超市的24家门店开展节能改造工作，涉及中央空调系统、照明系统、电梯系统项目改造共计36项。根据节能量验收测算，改造项目年节电总量906.63万度，平均节电率达到24.30%。开展商场超市绿色照明工程推广工作，全市商场超市共更换安装15万余支（套）高效照明产品。

（褚庆丰、谭成海）

【发布《商业服务业节能改造指导目录》】 根据本市商业服务业节能改造工作的实际情况，3月份，发布了《商业服务业节能改造指导目录》。该《目录》主要涉及零售业、餐饮业、生活服务业三个行业。提出了包括监测系统、制冷与空调系统、供热系统、照明系统、电梯系统、供电系统、给排水系统、燃气系统、围护结构等方面57个项目内容及应用技术。

（褚庆丰、谭成海）

【开展“限塑令”实施一周年专项检查】 根据国家六部门《关于开展限制生产销售使用塑料购物袋专项检查的通知》精神，从5月中旬至6月上旬，按照《商品零售场所塑料购物袋有偿使用管理办法》，组织开展了“限塑令”实施一周年专项检查。据实地调查，“限塑令”实施一年来，商场超市塑料购物袋销售量大幅度递减，一般在70%～80%之间。消费者购物自带购物袋的比例大幅增加，消费者环保意识增强，自觉不用或少用塑料袋的消费习惯正逐步形成。

（褚庆丰、谭成海）

【规范商业零售企业促销行为】 商务部门、有关行业协会和商业零售经营单位，认真贯彻落实《促销活动管理规定》，促销监管机制日益完善，企业促销行为逐步规范，一年来，市和区（县）商务部门把促销安全管理与安全生产工作结合起来，开展了多种形式的监督检查。据初步统计，共出动2.4万余人次，检查商业零售经营单位5 400余家次。其中，市商业执法办共派出执法人员920人次，检查了300余家商业零售经营单位举办的促销活动，发现问题隐患99起，下达责令改正通知书2份，立案调查2起，做出行政处罚2起。

（褚庆丰、谭成海）

【开展商务领域流感防控督查工作】 认真落实属地、部门、单位、个人“四方责任”，突出抓好“四个环节”，围绕“五项内容”，全面开展商务领域预防控制和督查工作。加大宣传工作力度，采取召开行业大会、邀请专家讲课、下发工作通知、检查企业落实情况等多种形式，部署防控工作、宣传防控知识。围绕防控督查“五到位”的内容，积极开展防控检查工作。据不完全统计，市、区（县）商务部门共出动检查人员2 000多人次，检查商业服务企业5 000余家次，发放宣传材料 10 多万份，编发 22 期防控督查简报。

（褚庆丰、谭成海）

【规范和发展大宗商品交易市场】 2009 年 4 月，对本市大宗商品中远期交易市场进行现场核查。2009 年 11 月 25 日，召开了大宗商品交易市场规范和发展座谈会。2009 年 12 月 3 日，市商务委主任卢彦对本市大宗商品交易市场进行调研，实地走访了金银岛网络科技有限公司、全国棉花交易市场，现场观看了实时交易的情况，听取了市场负责人对公司发展历程、现状、经营品种等情况的介绍。卢彦主任对如何发展本市大宗商品交易市场提出了意见和要求。在本市商务部门备案并正式开业的有全国棉花交易市场、金银岛网交所仓单交易中心、北京兰格钢铁电子交易市场、中国木材电子交易市场、中国石油和化工交易网等 5 家交易市场。2009 年，已开业市场的交易额2 360.83亿元，交易量5 306.24万吨，交收量 201.05 万吨，交割率 3.79%。

（褚庆丰、谭成海）

【推动信用销售发展】 2009 年，利用中央财政资金对本市投保国内贸易信用险的有关企业进行补助，有效降低了企业投保成本，扩大了信用销售数量，对开拓市场起到了积极作用。按照保费 50%的补贴标准，商贸企业共获得内贸信用险补助2 732万元，平均保费率降至 1‰以下。1 866家企业享受了保费补贴政策，共实现信用销售 785.88 亿元，其中，中小商贸企业1 214家，完成信用销售 568.45 亿元。

（褚庆丰、谭成海）

储备调控工作概述

一、完善市场监测、政府储备和应急投放体系，提升市场调控能力

（一）完善生活必需品市场监测工作，发挥其服务决策的功能作用，提升市场调控工作快速响应能力。在原有生活必需品市场监测的基础上，启动了全市 52 家社区菜市场蔬菜价格监测系统。在应对甲型 H_1N_1 流感疫情中，进一步有针对性地加强了对专项品种的市场监测。提升分析能力，2009 年共报送信息、月度报告、季度报告和专刊 200 余期，为政府的市场调控提供客观依据和有力的信息支持。

（二）调整储备品种和数量，保证储备商品安全，切实发挥政府储备保障市场供应的作用。根据本市人口数量增长和市场应急的需要，增加了储备数量，并对生活必需品和应急物资储备进行了品种增加和结构优化。在 2009 年冬，雨雪天气导致交通受阻、影响本市蔬菜市场供应时，充分发挥新建立的政府蔬菜储备的作用，利用储备蔬菜轮换，及时向市场定点轮出储备蔬菜，缓解了市场货源压力。

（三）进一步完善并落实应急投放网络，确保重大活动和市场波动应急工作需要。为提升全市突发公共事件应急水平，确保应急供应工作高效有序，重新梳理了生活必需品应急供应体系，对投放网络进行了抽查，对发现的问题督促区（县）进行整改，并强化协调和应急处理机制，做到“责任到人、响应及时”，确保在应急状态下，生活必需品应急供应迅速、顺畅、到位。

二、强化行业监管，规范企业行为，支持企业良性发展

（一）规范生猪定点屠宰企业行为，做好生鲜猪肉食品安全工作，推进“放心肉”服务体系建设试点。为全市生猪定点屠宰企业免费制作并换发定点屠宰标志牌和证书，为企业进行合法经营提供有力保障。在国庆60周年庆祝活动期间，从增加检测、安排驻点、强化巡查、及时报告和科学处置五个方面加强了对国庆生猪屠宰定点供应企业的监管，确保供应安全、充足、顺畅。按照商务部关于开展“放心肉”服务体系建设试点工作的有关要求，协调有关部门，考察调研、编订方案、落实措施，大力推进北京市“放心肉”服务体系建设工作。2009年，市商务委联合有关部门取缔私屠滥宰窝点16个，查处违法屠宰生猪及产品165头，为维护生猪行业稳定起到了积极显著的作用。

（二）围绕“健康北京人－全民健康促进十年行动计划（2009－2018）”工作，加强盐务管理，提升盐务工作在新的形势下进一步服务民生的功能性作用。一是与各区（县）商务部门签订了“盐务管理责任书”，强化了区（县）商务部门的责任意识，调动了区（县）部门的工作主动性。二是会同卫生部门对全市部分高碘盐地区无碘盐供应工作进行了研究，确保高碘地区居民食用盐的安全性。三是以换发新版食盐批发许可证为契机，对各级食盐批发企业进行了认真梳理，同时加大监管力度，确保合格碘盐供应。2009年全市居民合格碘盐食用率达到93.23%，高于国家标准。

（三）完成成品油市场管理各项工作。一是严格市场准入，依法审批企业经营资格。全年累计审批、审核成品油及原油企业经营资格130项。加强对成品油经营企业动态监管，完成1 000余家企业的经营资格年度检查工作，确保了运行秩序稳定和安全。二是加强部门间分工协作，与国土局共同研究加油站土地入市交易问题，与市加油（气）办共同研究《北京市加油站审批管理程序的规定》。三是落实市政府与中石化签订的框架协议，帮助企业解决长期遗留的部分加油站经营资格问题。四是不断加强和完善成品油市场监测，及时提供市场动态信息，夯实长效保障机制。

三、切实做好重要会议和重大活动服务保障工作，确保工作万无一失

（一）全力做好全国两会服务保障工作。组织协调有关商品供应企业，加强衔接，疏通渠道，确保质量，出色地完成了1 000多种商品的特供供应工作。协调北京市各有关部门做好邮件、报纸投递、验光配镜、钟表修理、量体制衣、售书等巡回服务和水、电、气、热及环境整治等保障任务。

（二）全力做好阅兵服务保障工作。按照有关要求，先后组织近70家本市优秀食品供应单位，积极参与受阅部队食品供应商招标遴选工作，严格管理受阅部队最终确定的食品供应商，全力支持食品供应单位参与阅兵村日常食品供应、受阅部队机动期间加餐食品供应等工作，全力以赴满足受阅部队食品供应需求。周密组织阅兵村自选超市服务，满足受阅官兵日常生活需要。精心设计，按时完成了受阅女民兵服装设计工作。

四、高度重视，全力做好甲型 H_1N_1 流感物质保障组工作

按照市委、市政府的统一部署，市商务委自5月3日起，牵头13个市属委办局共同组建物资保障组，实行了集中办公。汇总完成了全市18个区（县）部分医疗物资储备情况，协调解决物资运送问题。对滴露、威露士消毒系列产品进行了临时政府储备。积极协调有关供应企业，切实做好医药器械、消毒防护用品及生活必需品等物资供应及防控资金保障工作。

（赵卫东）

【完善生活必需品市场监测制度】 2009年启动了全市52家社区菜市场蔬菜价格监测系统，形成了包括14家生猪屠宰加工企业、12家批发市场、20家零售企业和52家社区菜市场共98家样本企业的生活必需品市场监测制度，监测范围涵盖屠宰加工、批发、零售、社区销售4种业态，粮、油、肉、蛋、菜、盐、糖等12大类生活必需品71种商品。

（李洪臣）

【增加政府储备数量和优化储备品种】 根据本市人口数量增长和市场应急的需要，将猪肉、牛羊肉、鸡蛋、食盐、食糖储备商品按照人口增长率增加了10%的储备数量，并增加了婴幼儿奶粉、清真熟食、蔬菜和消毒液的储备，进一步提升政府储备调控能力。

（张继红）

【疏通生活必需品应急供应渠道】 重新梳理了城八区生活必需品应急供应体系，确定了8个区商务部门、12个应急投放集散地、236个应急投放网点的联系方式。

（赵虹珍）

【确保国庆生猪屠宰企业定点供应】 本市两家生猪屠宰定点供应企业共向阅兵村供应猪肉产品608吨，其中生鲜猪肉536吨，熟食72吨，抽检200件样品，产品合格率100%，圆满完成阅兵村供应保障工作。

（吴中南）

【完成成品油经营资格年检工作】 2009年度，全市共有1 045家成品油经营企业通过经营资格年度检查，60家加油站办理了歇业手续，36家批发企业限期整改，年检通过率达到90%以上，确保了成品油经营企业运行稳定、安全。

（赵虹珍）

【全力做好全国两会服务保障工作】 组织协调25个商品供应企业，累计为驻地提供各种食品918种，送货1 678车次，重量45万公斤，销售额632万元。同时完成邮件、报纸投递、验光配镜、钟表修理、量体制衣、售书等服务工作。

（赵卫东）

【全力做好国庆阅兵供应保障工作】 为两个阅兵村提供了猪肉、牛羊肉、禽肉、鸡蛋、蔬菜、粮油、奶制品、调料、熟食、卷烟等10个大类的商品，累计为14个徒步方队、30个装备方队的2万余名受阅官兵，供应各类商品达9 500余吨，逾1.1亿元。

（赵卫东）

【完成国庆女民兵方队受阅服装设计工作】 根据首都国庆60周年北京市筹备委员会阅兵服务保障指挥部的工作安排，市商务委会同北京卫戍区设计制作女民兵方队受阅服装。市商务委积极发挥首都地区科技人才优势，优选单位设计方案，经过反复修改完善，圆满完成了女民兵服装设计任务。突出时代特点和新颖独特的女民兵受阅服装，充分展示了现代女民兵“既爱红装又爱武装”的飒爽英姿。在国庆盛典上，女民兵方队生动展示了首都北京的风采，成为国庆阅兵的一大亮点。

（叶卫东）

【全力做好流感物质保障组工作】 及时调配消毒用品和相关设备等20批次、14种物资，主要包括各类消毒液18 538瓶、含氯消毒制剂6吨、过氧乙酸消毒剂1.5吨、垃圾周转箱9 000个及行军床和床上用品630套，并建立640吨消毒液政府临时储备。

（赵卫东）

酒类流通管理工作概述

2009年，酒类流通管理工作按照市商务委大力发展“特色商务、数字商务、生态商务”的总体工作要求，以科学发展观为指导，以《酒类流通管理办法》为依据，以迎国庆保证酒类流通市场安全稳定为目标，坚持一手抓规范管理、一手抓促行业发展，开拓创新，求真务实，全市酒类流通管理工作取得较大进展。

——酒类经营者备案登记工作进展顺利。一是对酒类备案登记工作实行指标管理。市商务委将2009年备案登记指标分解到各区（县），区（县）将任务分解到月，市商务委每季度通报进展情况，指导推进备案登记工作。二是强化酒类批发企业索表管理。东城、海淀、丰台、石景山、门头沟、房山、通州、顺义、大兴、昌平、平谷、怀柔、密云等区（县）选择较大的酒类批发企业，向其下游经销商索要酒类流通备案登记表复印件，对没有办理备案登记的下游经销商，由批发协助统一为其办理备案登记，取得了较好的成效。三是抓龙头企业通过连锁集团集中办理备案登记。市商务委联合餐饮连锁集团等企业，为其连锁餐饮门店和便利店集中办理备案登记，进一步提高了备案登记覆盖面。四是抓典型，带全面。2009年初，市商务委召开全市酒类流通管理工作经验交流会，西城、房山、海淀、朝阳和大兴等区在会上进行了经验交流，使大家互相学习借鉴，促进了备案登记工作的开展。五是加强指导，分类推进。市商务委主管领导带队深入到崇文、丰台、门头沟等区（县）调研，研究推进酒类管理工作的有效方法，推进了酒类流通管理工作的开展。2009年全市新增酒类经营者备案登记1.3万余户，超额完成了全年备案登记1万户的任务指标。

——酒类流通随附单制度进一步落实。一是在大中型酒类批发企业推行机打随附单。2009年全市开展了机打酒类流通随附单推广使用工作。市商务委组织开发了机打酒类流通随附单软件，并在区（县）商务部门推荐基础上，选择了59家酒类商品销售量、销售额和随附单使用量较大的酒类生产和批发企业进行了机打随附单试点工作。通过机打随附单的推广使用，提高了企业的工作效率，提高了随附单的使用率，提高了商务部门对酒类流通市场的监管能力。据初步统计，2009年59家试点企业，随附单月平均使用率较使用机打随附单前提高了157%。二是对酒类流通随附单使用管理工作进行了规范。市商务委统一编制了《酒类流通随附单样单及填写说明》，下发到各区（县）及批发企业，并指导企业建立酒类流通随附单管理台账，进一步提高了酒类流通随附单使用管理的规范化程度。三是对随附单管理情况进行了全面核查。组织各区（县）商务委，对酒类流通随附单制度实施以来的随附单销售及库存情况进行了全面核查，理清了随附单的管理现状，加强了随附单的规范管理工作。2009年全市酒类批发企业购用随附单新增143万份，超额完成了全年推广使用机打酒类流通随附单试点企业30家的工作任务。

——开展了酒类流通市场信息监测工作。为加强酒类流通市场监管，掌握酒类流通市场运行情况。2009年市商务委在全市建立了酒类流通市场信息监测制度，正式启动了酒类流通市场信息监测工作。全年共发布酒类流通市场监测分析信息18期，为商务部门和酒类企业了解掌握酒类市场运行情况、加强行业管理及开展经营活动提供了信息支持。

——加强了酒类流通管理法规宣传培训。一是印制了《北京市商务委员会关于实施酒类流通管理的通告》，并组织各区（县）商务委统一张贴到社区、乡镇（村）、酒类批发市场及酒类经营场所集中地区，广泛进行宣传。二是印制了《北京市商务局关于实行酒类经营者备案登记和酒类流通随附单制度的告知单》，通过工商部门注册、年检时发给酒类经营者，提高了酒类经营者的知晓率。三是组织培训。市区（县）商务委以酒类管理法规、酒类基础知识为主要内容，对酒管干部和酒类经营企业负责人进行了培训，酒管干部业务素质管理水平和酒类经营者的依法经营意识得到进一步提高。2009年全市共印发酒类宣传材料 15 万余份，组织培训 80 余次，培训酒类经营者近3 000人次。

——加大了酒类流通市场的整治力度。一是组织了元旦、春节期间酒类流通市场集中专项检查。市商务委在 2009 年元旦、春节期间，组织各区（县）商务部门对重点街区、场所的酒类经营企业进行了专项检查活动，为元旦、春节期间酒类流通市场安全稳定提供了保障。二是组织开展了迎国庆酒类流通市场集中专项整治行动。2009 年 8 月 25 日至 10 月 10 日，在全市组织开展了“迎国庆酒类流通市场专项整治行动”。市、区（县）商务部门制定了整治行动方案，明确了工作目标和具体任务，积极采取措施，认真做好告知、检查、复查和督促整改工作，确保了新中国成立 60 周年庆祝活动期间酒类流通市场的安全稳定。三是组织开展了社区、农村酒类流通市场集中专项整治行动。2009 年组织各区（县）商务部门重点对 694 个社区、乡镇（村）内酒类经营场所的备案登记、随附单使用管理及不向未成年人售酒标识明示情况进行了检查，对不落实酒类流通管理规定的经营者及时进行了纠正。全年共组织检查1 600余次，出动检查人员9 000余人次，检查酒类经营网点 1.8 万余户，开具限期整改通知书2 200余份，确保了全市酒类流通市场的安全稳定。

（范　瑞）

【酒类流通市场信息监测工作全面启动】为加强酒类流通市场监管，掌握酒类流通市场运行情况，促进全市酒类流通行业有序发展。自 2009 年 1 月开始，全市酒类流通市场信息监测工作正式启动。市商务委专门召开会议对酒类流通市场信息监测工作进行了部署，并对 32 家承担监测任务的企业进行了培训。市商务委将定期对酒类流通市场规模、运行质量、消费结构等进行监测分析，并适时发布监测信息。

（徐凤武）

【开展“3·15”酒类流通管理宣传咨询活动】为加强酒类流通管理法规和酒类知识宣传，构建健康、安全、和谐的酒类消费环境，市商务委以“3·15”消费者权益日为契机，开展了酒类流通管理宣传咨询活动，北京红星股份有限公司酒类打假人员讲解了红星二锅头的真假识别方法，受到了消费者的欢迎。宣传活动期间，市区（县）商务部门向消费者发放《实施酒类流通备案登记和随附单制度告知单》、《真假酒鉴别方法》等宣传材料9 000余份，接待消费者咨询2 700余人次。

（胡敬轩）

【全市机打随附单试点工作正式启动】 2009年9月4日，市商务委召开推广使用机打酒类流通随附单试点工作部署会。各区（县）商务委酒管工作负责人及59家试点企业有关人员近百人参加了会议。为解决酒类批发企业手工填写随附单工作量大、效率低、不便于追溯查询等问题，2009年市商务委组织开发了集酒类商品信息录入、随附单套打、数据上传入库、汇总分析、追溯查询等功能为一体的机打酒类流通随附单系统软件，并遴选59家大中型酒类生产、批发企业进行试点使用，并在试点基础上逐步扩大使用范围，进一步促进酒类流通随附单溯源制度的落实，进一步提高行业主管部门对酒类流通市场的监管能力。

（徐凤武）

【北京酒类流通行业协会成立】 2009年6月26日，北京酒类流通行业协会正式成立。中国酒类流通协会、中国工业酿酒协会、中国食品工业协会、市商务委、市社会建设工作办公室、市民政局等有关部门领导及60家大中型酒类流通、生产及相关企事业单位负责人参加了协会成立大会。北京市糖业烟酒公司总经理张德春当选为首届会长。

（胡敬轩）

【首届北京酒·市场高峰论坛召开】 2009年11月21日，由市商务委支持，北京酒类流通行业协会、北京酿酒协会主办的首届“北京酒·市场高峰论坛”在北京香山饭店举行。中国酒类流通协会负责人、北京市商业联合会负责人、全国著名酒类专家、大中型酒类生产、流通企业负责人共50余人参加，北京市商务委员会副主任许康参加论坛并致词。

（胡敬轩）

粮食流通管理概述

全年粮食消费量492万吨，粮食产量124.8万吨，通过市场机制和政府调控实现供需平衡。粮食购销活跃，年末全市社会粮食库存550万吨，粮食供给充足。北京市各种经济成分的粮食经营者，充分发挥首都销区优势，积极组织粮源，全年购进粮食589.4万吨，增长8.8%；销售及加工用粮568.4万吨，比上年增长5.3%；年末库存207.3万吨，比上年增长4.2%，其中国有粮食购销企业全年购进粮食177.4万吨，占全市购进量的30.1%，有效保证了首都粮食市场供应总量充足。

（王　玲）

【圆满完成新中国成立60周年阅兵粮食供应保障任务】 全市各级粮食部门和粮食经营企业，组织各种优质粮油货源39万吨。在阅兵部队的军粮供应工作中，认真落实“统一采购、统一配送、统一质量”的要求，实行严格的质量保障制度，建立24小时军粮快速绿色通道，巩固“军粮供应零中断、军粮质量零投诉、军供服务零事故”成果，走访慰问部队1 600余次，为部队排忧解难150多次，出色完成了阅兵部队粮食供应任务，受到了市政府、北京军区联勤部和阅兵总指挥部的嘉奖。

（姜学华）

【粮食清仓查库工作圆满完成】 按照国务院、国家粮食局和市政府的部署，北京市成立了由分管副市长任组长、14个相关部门为成员单位的粮食清仓查库工作领导小组，组成了13个检查组和2个巡视组，对本市行政区域内列入检查范围的全部粮食进行了彻底检查。全市共有6 034人（次）参加了检查工作，检查粮食库点162个，检查货位4 301个，粮食实物422.5万吨，账实差率0.28%，宜存率100%。检查结果表明，本市粮食库存数量真实，账实相符；质量符合国家有关规定，储存安全；粮食补贴拨补情况良好，库贷对应，资金占用合理。达到了国务院要求的“让政府心中有数、让群众感到放心”的目的。

（杨　枚）

【市储备粮增储任务提前完成】根据国家下达的地方粮食储备规模指导性计划，落实中央经济工作会议精神，加大启动内需的力度，按照市政府领导的批示精神，粮食部门合理调度，积极筹措粮源，加强采购、运输、接卸、结算等各环节工作协调，委托企业赴产区采购小麦10万吨，提前6个月圆满完成了15万吨市储备粮增储任务。市储备粮中小麦和稻谷比例达到总规模的82%，高于国家有关部门70%的规定，达到了市政府折子工程的要求。市储备粮油宜存率连续3年达到100%，始终保持了相当于10天消费量的成品粮油储备，成品粮油储备规模落实度达100%，居全国首位。

（焦洪文）

【粮食企业实力和竞争力明显提升】认真落实国家鼓励企业从东北采购粮食的政策，结算补贴东北稻谷入关运费补贴资金1.39亿元。落实储备粮承储企业免征营业税、印花税、房产税和城镇土地使用税等政策，为企业改革发展创造良好的政策环境。解决了一部分企业高价位库存，支持企业开展粮油贸易经营。投入2 000万元专项资金支持仓储加工物流基地建设，有力推动了粮食产销区之间的合作。京粮集团大力实施“做市场、做品牌、做资本”战略，加快资源整合步伐，培育核心竞争优势，夯实粮食产业基础，实现利润1.33亿元。各区（县）粮油总公司在强化粮油仓储业务的同时，积极开展资产经营和粮油贸易经营，在稳定区域粮食市场中发挥了重要作用，连续5年实现全行业赢利。

（孔令文）

【政府对粮食的应急反应能力进一步提高】充分发挥粮油市场信息监测网络的作用，及时收集、整理、分析信息，预测主要粮油品种的价格走势，认真做好信息上报和发布工作，为政府宏观决策和企业经营服务。注重日常管理与重点工作相结合，常态管理与应急管理相结合，不断完善应急工作机制。定期核对应急指挥机构和应急供应网点的信息，确保指挥网络和供应网络畅通。加强与应急加工企业的联系，认真履行协议规定的权利和义务，确保应急加工能力储备真实有效。制定了应急状态下市储备粮投放程序规定，进一步提高了粮油供给应急能力。

（冯兰敏）

【市储备粮规范化管理水平稳步提高】评选出14个库点开展规范化千分制评价验收工作。组织基层检化验员培训和样品检验对比工作，开展了储存和收购环节卫生调查，强化了市储备粮油质量管理工作。倡导科学保粮，推广稻谷低温储藏技术，使市储备粮储存工作由传统向绿色生态型转变，由减少数量损失向优化品质转变。改善仓储设施，提高储粮科技和信息化水平，试点了市储备粮视频实时监控联网，为全面实现市储备粮网络视频信息实时监控奠定了基础。

（葛云瑞）

【进一步提高服务农村、服务农民的水平】顺利完成退耕还林补助粮食供应工作，供应粮食总量折合 4.36 万吨原粮，切实保护了退耕农户的利益。扎实完成夏粮收购工作，共收购小麦 4.2 万吨，保护了农民的种粮积极性。完成《北京市农户科学储粮专项建设规划（2010—2012）》编制工作，推动农户储粮减损工程实施。

（杜亚丽）

【进一步提高粮食流通人才队伍建设】完成粮油科普工作，开展“巧食五谷品质生活”粮食主题日活动，引导合理消费、平衡膳食，倡导爱粮节粮理念。推行国家职业资格证书制度，举办了第二届职业技能竞赛，开展粮食行业职业技能鉴定，26 人次通过国家职业资格四级鉴定，加快了人才队伍知识化进程，提高了职业技能水平。

（阎竞新）

【粮食行业管理工作进一步加强】进一步完善行政决策机制，加强普法宣传工作，抓紧《北京市储备粮管理办法》修订的立法工作，全面推进粮食依法行政。进一步规范粮食仓储设施维修资金管理，粮食流通基础设施建设工作稳步推进。认真做好粮食流通统计工作，完成了社会粮食供需平衡、食用油供需平衡和粮油工业统计三项调查任务。健全和落实安全生产工作责任制，严格执行各项规章制度，杜绝重大安全责任事故，实现粮食流通行业安全发展。

（任昌坤）

【北京国家粮食交易中心顺利挂牌】全年交易粮食 66.9 万吨，交易总金额 15 亿元，带动了大宗粮油贸易的开展。

（张瑞忠）

四、生活服务业和特殊流通行业

概　述

2009 年，服务交易处坚持以科学发展观为指导，紧紧围绕市商务委重点工作，以扩内需、保增长为核心，以完成市政府折子工程和市商务委重点工作为重点，以创新工作方式为手段，全面推进餐饮业、生活服务业和特殊流通行业等各项工作，圆满完成了 2009 年度各项工作任务和目标。

——全面完成市政府折子工程任务和委内重点工作。2009 年，服务交易处承担市政府折子 3 项、大气污染治理折子 2 项、委重点工作 6 项和市领导批示件 9 件。

（一）制定发布《北京市餐饮经营单位节能规范》（试行）。为贯彻落实中共中央、国务院关于建设节约型社会的重大决策，建设绿色餐饮和资源节约型餐饮，按照市委、市政府的要求，市商务委会同相关部门在广泛深入调研的基础上制定发布了《北京市餐饮经营单位节能规范》（试行），为推进本市餐饮业节能减排工作奠定了基础。

（二）再生资源回收利用体系进一步完善。按照市委、市政府《关于全面推进生活垃圾处理工作的意见》精神，根据《北京市再生资源回收体系建设产业化发展实施意见》要求，全面完成《2009 年北京市生活垃圾处理折子工程任务》。2009 年，全市新建再生资源回收站点 350 个，超额完成了年初300个站点的建设计划指标，完成新建分拣中心3个。2009年底，全市共规范和建设再生资源回收站点达到3 638个，其中城八区2 112个、远郊区（县）1 526个、回收站点的社区覆盖率近70%，并已完成13个再生资源重点分拣中心建设。加快推进再生资源回收现代化水平，支持北京废品旧货网和天天洁再生资源回收网的升级改造，通过网上收废，方便市民生活。两个网站的升级改造于10月底完成，运营效果良好。根据市委、市政府《关于全面推进生活垃圾处理工作的意见》，自2009年8月起，本市将每个月最后一个星期六定为“再生资源回收日”。年度内共开展了5次以“参与资源回收，共建绿色北京”为主题的“再生资源回收日”活动。据统计，回收日活动共有16 615名市民参与，发放宣传材料26 474份，回收居民废报纸、书本、废饮料瓶等再生资源物品2 259.63吨，办理家电以旧换新预约登记549件，现场上门回收旧家电284台。

（三）在餐饮企业相对集中街区开展餐厨垃圾资源化处理试点。配合市市政市容委确定了10个餐饮企业作为试点单位。在对试点企业进行调研和协调的基础上，与市政市容委起草了《北京市餐厨垃圾排放登记试点管理办法（试行）》，要求餐饮企业按照要求开展餐厨垃圾处理工作。

（四）积极配合做好黄标车淘汰工作。《根据北京市人民政府关于发布本市第十五阶段控制大气污染措施的通告》，商务部门认真组织本市黄标车报废淘汰工作，及时印发了《北京市商务局关于做好北京市淘汰黄标车实施办法有关问题的通知》，针对黄标车淘汰政策结束前可能出现的黄标车报废高峰，要求报废汽车回收拆解企业制定了应急方案，北京市报废淘汰黄标车工作的经验商务部给予了转发。抽出人员与环保、公安、财政等部门在18个区（县）政府办事大厅设立了联合服务窗口，方便办事群众。2009年全市共报废淘汰黄标车43 000多辆。为2009年实现淘汰黄标车10万辆的目标做出了贡献。

（五）开展服装干洗行业开启式干洗机污染专项治理工作。根据市政府第十五阶段控制大气污染的工作要求，为实现“加强服装干洗行业污染治理，使用开启式干洗机的企业和单位，必须更新为全封闭式干洗机或进行改造，实现达标排放”的工作目标，市商务委会同市环保局、市工商局等部门开展了服装干洗行业污染专项治理工作。一是深入开展服装开启式干洗机摸底调查。据初步统计，全市有服装开启式干洗机607台，其中城四区120余台。二是制定工作方案和资金补助政策。市商务委会同市环保局、市工商局制定出台了《北京市服装干洗行业开启式干洗机更新改造工作实施方案》，市商务委会同市财政局制定了《北京市服装干洗行业开启式干洗机更新改造补助管理办法》。三是在城四区开展服装开启式干洗机更新改造的试点工作，市商务委与市环保局联合发布《关于在城四区开展服装干洗行业开启式干洗机专项治理的通告》，市相关部门重点督促，区（县）相关部门制定具体工作方案、入户发放限期整改通知，做好细致的宣传发动工作，按计划推进试点区（县）服装开启式干洗机的更新改造工作。2009年，城四区共更新改造干洗机47台，其中有41台申请更新改造补助资金，补助金额为140.28万元，其他干洗店有的改为收衣点，有的改作其他经营项目，有的迁往别处经营，对部分不符合经营条件干洗店，由环保部门限期进行关闭，符合更新改造条件的服装开启式干洗设备的更新改造工作顺利完成。

（六）拍卖市场繁荣活跃，北京拍卖季成交额首次突破百亿元大关，品牌影响进一步扩大。2009年北京拍卖市场保持了稳步增长态势。北京保利、中国嘉德、北京翰海、北京荣宝、北京华辰五家拍卖公司2009年春季大拍共成交文物艺术品8 910件，成交额15.7亿元，比上年秋季的11.6亿元增长了4.1亿元，同比增长35.3%。五家公司春季拍卖情况表明，春季文物艺术品拍卖市场向好的形势已展露端倪。

2009北京拍卖季于10月19日开幕，12月30日圆满落下帷幕。为期3个月的2009北京拍卖季共有60家企业参与，拍卖活动分为资产、邮品钱币、中国书画、油画雕塑、珠宝瓷器玉器杂项五大板块。据统计，拍卖季期间共举办拍卖会348场，比2008年拍卖季增长58.9%，总成交额首次突破百亿元大关，达到103.98亿元，比2008年拍卖季增长1.5倍。2009北京拍卖季呈现出三个亮点：一是艺术品拍卖异常火爆，开启亿元新时代。艺术品拍卖实现新突破，拍卖季总成交额首次突破100亿元，大批流散海外的艺术品回流。中国嘉德以17.11亿元、北京保利以17.05亿元、北京翰海以10.75亿元成交额分别获得文物艺术品拍卖前三甲。《十八应真图卷》、《平定西域献俘礼图》手卷、《局事帖》、《宋诸名贤题徐常侍篆书之迹》4件拍品成交价均超过1亿元。保利中国古代书画专场推出300余件作品，几乎全部来自海外。翰海15周年庆典拍卖会首度推出“宫廷御用”专场，总成交额超过1.8亿元，成交率100%。二是拍卖领域不断拓展，日益贴近百姓生活。本届拍卖季有形资产拍卖场次多、数额高，在无形资产拍卖上有新突破。资产拍卖会达176场次，占全部拍卖会的50.6%，单项资产最高成交额首次超过10亿元。北京嘉禾国际拍卖有限公司先后两次拍卖中国最大产权投资陷阱案标的碧溪家居广场，最终以12.5亿元成交。拍卖款项将尽快偿还业主，最大限度地挽回了业主所遭受的损失。中都国际拍卖有限公司举行中国首届澳洲纯血马拍卖会，首次中外合作、全部由澳洲引进纯血马。10月29日，2009世界车王争霸赛鸟巢与舒马赫同车参赛权暨全体车王签名祥云火炬拍卖会在北京举行，以23万元拍出与车王同车参赛权。三是首次实现艺术创作与拍卖市场的有效结合。拍卖季开幕式在当代知名画家聚集的宋庄举办，宣传和推广宋庄文化创意品牌，推动宋庄艺术品市场定价机制形成，进一步规范艺术品市场交易。拍卖季开幕式上，5家拍卖企业和5家宋庄艺术品经纪机构签订了合作意向书，为宋庄当代画家的原创艺术品进入市场搭建了重要平台。

2009北京拍卖季期间，还举办了北京拍卖行业20年发展历程展览。北京拍卖业自1988年恢复以来，经过二十年的发展，不仅在拍卖交易方式、拍卖涉及领域方面取得了积极发展，而且在繁荣活跃首都经济，丰富人民文化生活方面均做出了巨大贡献。北京拍卖20年发展历程回顾展，展示北京拍卖行业历经20年的发展成果，展现拍卖企业为繁荣活跃北京经济发展做出的积极贡献。

（七）加快推进生活服务业网络信息平

台建设。为提高生活服务行业的信息化、数字化水平，市商务委委托北京商业信息中心开发生活服务网站。该网站以美容美发、洗染、摄影、餐饮等行业信息为依托，整合各行业资源，形成统一页面设计，具备强大信息服务功能的便民服务网站。北京生活服务网已于8月底投入试运行。

(八) 进一步规范典当企业管理，企业经营业绩稳步增长。开展典当企业年度核查工作。为规范典当企业行为，加强监督管理，促进典当业规范发展，根据《典当管理办法》和《商务部办公厅关于进一步做好典当行年审有关工作的通知》(商办建函〔2008〕20号) 有关要求，市商务委在去年首次开展对典当企业核查的基础上，于5月4日至7月4日开展2009年全市典当企业核查工作。核查的主要工作是，典当企业注册资本及出资人变更情况，典当企业及分支机构主要负责人、经营地址的变更情况，典当企业财务状况，典当企业及分支机构遵守《典当管理办法》规范经营情况等。为使今年的核查工作更加规范、科学和严谨，本次核查会同典当行业协会遴选了6家会计师事务所负责这次的核查工作。在本次核查中，对两家在核查中发现严重问题的企业发出了停业整改通知，要求其限期整改完成并通过审核后，才能恢复正常经营。通过核查，进一步规范典当企业的经营。

典当企业经营业务稳步发展。本市典当企业130家，截至2009年12月31日，典当总额61.02亿元，典当余额16.73亿元，典当笔数10.75万笔，上缴税金4 153.4万元，从业人数1 395人。

——落实“保增长、保民生、保稳定”要求，积极扩大内需，促进消费。

(一) 组织形式多样、内容丰富多彩的促销活动，餐饮消费市场保持平稳较快增长。在受国际金融危机影响的大背景下，为保持本市餐饮消费市场的平稳快速增长，确保全市社会消费品零售总额增长13%目标的实现，市商务委积极与市、区(县) 相关部门协调合作，组织开展了形式多样的市场促销活动，取得了显著成效。截至12月底，全市餐饮业社会消费品零售额将达到478亿元，同比增长16%；餐饮业零售额占全市社会消费品零售额9.35%，提高0.3个百分点。

与北京晚报美食联盟合作，以“2009拉动京城餐饮消费大行动”为主题，每月举办一次餐饮消费市场信息通报会，邀请餐饮企业及京城主流媒体参加。自4月份启动以来，得到了新闻媒体的欢迎，营造了浓郁的市场氛围。

(二) 家电以旧换新取得显著成效。根据《国务院办公厅关于转发发展改革委等部门促进扩大内需鼓励汽车家电以旧换新实施方案的通知》和商务部等部委《家电以旧换新实施办法》，本市于2009年8月10日在全国率先启动家电以旧换新工作。截止到12月31日，全市共销售新家电41.5万台，销售金额16.7亿元。在销售的新家电中，五类家电所占的比例分别为：电视机占48.8%、冰箱(含冰柜) 占17.1%、洗衣机占17.6%、空调占6.2%、电脑占10.2%。回收旧家电47.6万台，旧家电拆解再生资源4 672吨。形成了经济得发展、企业得市场、百姓得实惠、资源得利用、环境得保护的多赢局面。

(三) 积极开展汽车摩托车下乡销售和汽车以旧换新工作。2009年3月10日，财政部、国家发改委、商务部等七部委印发了《汽车摩托车下乡实施方案》，根据市汽车摩托车下乡协调小组办公室成员单位部门职责分工、商务部门认真组织开展汽车摩托车下乡销售工作。积极开展宣传和培训，共发放宣传海报9 800份。依据市经信委提供的名单，商务部门认真做好备案工作，商务部门登记备案销售服务企业和网点共140家（汽车销售服务指定店118家，摩托车销售服务指定店22家）。监督指导销售网点做好销售服务，要求备案的销售网点，在店内悬挂“北京市汽车摩托车下乡指定店”牌匾，张贴汽车以旧换新流程图等，2009年全市备案汽车摩托车下乡销售服务指定店共销售汽车26 600辆、摩托车708辆，总计27 308辆，销售总金额10.21亿元，较好地完成了扩内需、保增长的目标。

认真做好汽车以旧换新工作。自2009年6月1日国家汽车以旧换新政策实施以来，商务部门认真组织落实，于8月10日在全国率先启动，中央电视台、北京市主流媒体进行了宣传报道，印制汽车以旧换新政策宣传资料4万份，指导报废汽车回收拆解企业做好服务工作，各区（县）商务部抽调专门人员与环保、财政、公安等部门在区（县）行政服务大厅设立了汽车以旧换新联合服务窗口，为国家汽车以旧换新政策在本市的具体实施提供了良好条件。

（四）推进家政服务信息网络平台建设和家政服务培训工作。根据《商务部、财政部关于推进家政服务网络体系建设的通知》要求，本市采取公开招标方式，确定了北京商业信息咨询中心为承办单位，建立了“北京市家政服务网络中心”，已于2009年12月投入试运行。按照商务部、财政部和全国总工会《关于实施家政服务工程的通知》要求，市商务委会同市财政局、市总工会研究制订了《北京市家政服务工程的实施细则》，并于2009年9月份实施，北京富平家政服务中心等6家自主培训企业和北京商贸学校等13家专业培训机构共19家单位承担北京市家政服务工程培训任务。截至12月底，全市9 095名家政服务员取得培训合格证书，并实现上岗就业。

（五）积极引导美发美容和摄影行业开展促消费活动。贯彻落实《国务院办公厅关于搞活流通扩大消费的意见》和市政府有关工作要求，积极支持美发美容和摄影行业协会分别开展“相约在北京”、2009北京市“四美国际”杯第23届发型化妆大赛和“北京摄影行业迎国庆优惠促销系列活动”，提升行业形象，凝聚企业信心，大力促进消费，为“保增长、促消费”做出了积极贡献。

（六）大力支持便民早餐服务网点发展。积极落实商务部“早餐示范工程”试点建设工作。根据试点工作要求，推荐并确定了北京龙盛众望公司为第一批试点企业，督促企业按照建设规范要求改造和完善加工中心建设；按照商务部在本市再增加3个“早餐示范工程”建设试点企业的安排，2009年8月，通过招标确定了北京嘉和一品企业管理有限公司、北京首钢实业有限公司、北京眉州酒店管理有限公司3家候选企业上报商务部。目前4家企业按照“早餐示范工程”的建设规范进行主食加工中心建设。

制定《北京市2009年发展早餐资金支持意见》（以下简称《意见》），对资金支持范围、资金支持方向、资金支持标准等方面进行了规定。本《意见》提出要重点支持面积不少于1 000平方米，具备食品安全检测系统、信息管理系统、冷链与配送系统的主食加工配送中心建设；支持采取连锁经营，网点数量不少于15家的早餐经营企业。

——开展北京市商业服务业中华传统技艺高技能人才评审认定工作。为加快推进北京市商业服务业中华传统技艺高技能人才队伍建设工程的实施，市商务委会同市人力社保局、市国资委、市总工会联合印发《关于北京市商业服务业中华传统技艺高技能人才队伍建设工程的实施意见》，共同组织大师评审认定工作。2009年至2011年，每年从已经通过政府有关部门认定的本市商业服务业高级人才中选拔20名大师，带50名徒弟，以此推进北京市商业服务业高技能人才队伍建设。2009年在商业、美发美容、餐饮、洗染、摄影5个行业选拔认定大师20名。其中商业4名，美发美容业4名，餐饮业6名，洗染业3名，摄影业3名。

——不断提高依法行政水平。截至2009年12月31日，批准设立拍卖企业21家，办理拍卖企业变更80家；批准设立二手车鉴定评估机构3家。商务部批准本市新增典当企业35家，典当行设立分支机构12家，办理典当行变更59家。

（唐永宏、段伟、胡平、赵洁、柏际平）

【北京成为世界第八大美食之都】本市餐饮业呈现平衡增长态势，全市餐饮业社会消费品零售额将达到478亿元，同比增长16%。据2009年《福布斯》杂志公布，北京是世界第八大美食之都。

（胡平、魏拓）

【第六届全国烹饪技能竞赛总决赛】2009年4月18—20日，由中国烹饪协会、北京市商务委员会主办、中国全聚德（集团）股份有限公司承办的“第六届全国烹饪技能竞赛总决赛暨2009北京国际美食盛典”在水立方隆重开幕，北京市副市长程红宣布活动开幕。

（唐永宏、胡平、柏际平）

【3家试点企业入围商务部早餐示范工程】按照商务部、财政部《关于开展早餐示范工程建设试点工作的通知》的要求，围绕为市民提供“便利、安全、实惠”的早餐服务，市商务委通过招标方式确定了北京首钢实业有限公司、北京嘉和一品企业管理有限公司和北京眉州酒店管理有限公司三家单位为商务部“早餐示范工程”试点企业，开展主食加工中心和早餐规范网点建设。

（胡平、魏拓）

【支持便民早餐发展】2009年，为解决市民早餐不便利等问题，向市民提供便捷、卫生、优质的早餐服务，市商务委制定《北京市2009年发展早餐资金支持意见》，支持北京龙盛众望早餐有限公司5个早餐企业加强便民早餐服务项目建设。

（胡平、魏拓）

【发布封闭式干洗机指导目录】明确承担服装干洗机检测任务的检测机构的资质要求。市商务委会同市环保局、市质监局等部门反复研究，确定具有国家认证认可监督管理委员会颁发的CMA认证且检测范围有干洗机项目，并能出具合法有效干洗机报告的质监部门授权的国家轻工业服装洗涤机械质量监督检测中心和中国家用电器研究院检测中心承担本次干洗机的检测任务。明确公布了北京尤萨洗涤设备有限公司等

25个生产厂家、HCM322全封闭石油干洗机等57种类型的密闭式服装干洗机指导目录。

(赵洁、柏际平)

【开展城四区开启式干洗机专项治理工作】市商务委会同市环保局联合发布了《关于对城四区服装干洗行业开启式干洗机开展专项治理的通告》。自2009年4月15日至2009年5月15日对东城、西城、崇文、宣武区服装干洗行业开启式干洗机开展专项治理工作。

(赵洁、柏际平)

【四区完成开启式干洗机更新改造试点工作】按照市政府第十五阶段大气污染治理折子工程要求，市商务委会同市环保局、市工商局等部门开展城四区开启式干洗机更新改造的试点工作。2009年，城四区共更新改造开启式干洗机47台，其中有41台符合更新改造补助资金支持条件，财政发放补助资金140.28万元。对不符合更新改造条件的干洗店，由环保部门限期整改。

(赵洁、柏际平)

【八区开展再生资源回收日活动】自2009年8月起，本市确定每个月的最后一个星期六为全市“再生资源回收日”。据统计，5次回收日活动共有16 615名市民参与，发放宣传材料26 474份，回收居民废报纸、书本、废饮料瓶等再生资源物品2 259.63吨；办理家电以旧换新预约登记549件；现场上门回收旧家电284台。

(唐永宏、段伟、柏际平)

【建设再生资源回收站和分拣中心】2009年，按照市政府生活垃圾处理折子工程任务要求，继续完善再生资源回收体系建设。全年，完成350个再生资源回收站点和3个分拣中心新建任务。全市再生资源回收站点达到3 638个、分拣中心达到13个，社区回收站点覆盖率近70%。

(唐永宏、段伟、柏际平)

【在全国试点省市率先启动家电以旧换新】2009年8月10日，本市在全国试点省市中率先启动家电以旧换新工作。截至12月31日，全市共销售新家电41.5万台，销售金额16.7亿元。

(唐永宏、段伟、柏际平)

【实施“北京市家政服务工程”】市商务委会同市财政局、市总工会制定了《北京市“家政服务工程”实施细则》，旨在对从事家政服务工作的城镇下岗人员、农民工提供免费技能培训，并实现就业。2009年，共培训家政服务员11 000名，其中：9 095名家政服务员取得了培训合格证书，并实现上岗就业。

(赵洁、柏际平、魏拓)

【建立家政服务网络中心】依据《商务部、财政部关于推进家政服务网络体系建设的通知》要求，按照《家政服务网络中心建设规范》，通过公开招标方式，确定承办单位建设“北京市家政服务网络中心”。该中心具有呼叫中心、信息查询、服务分类、新闻资讯、培训中心、社区导购、百姓论坛、生活地图和网上购物等9大功能，已于2009年12月投入试运行。

(赵洁、柏际平、魏拓)

【首次开展拍卖企业核查】根据《中华人民共和国拍卖法》、商务部《拍卖管理办法》的有关规定，市商务委首次开展北京市拍卖企业年度核查，对北京拍卖企业2008年度经营资质、经营情况、拍卖师情况及企业变更事项等进行了核查，共有206家拍卖企业通过了核查。

（赵洁、曾青）

【2009北京拍卖季圆满落槌】2009北京拍卖季取得圆满成功，共举办拍卖会348场，总成交额103.98亿元，分别比2008年拍卖季同比增长58.9%和147.6%，北京拍卖季品牌效应已初步形成。2009北京拍卖季体现出三个亮点：一是艺术品拍卖实现新突破，拍卖季总成交额首次突破百亿元，四件拍品成交价均超过亿元，大批流散海外的艺术品回流；二是有形资产拍卖场次多、数额高，在无形资产拍卖上有新突破；三是首次实现艺术创作与拍卖市场的有效结合。

（赵　洁）

【2009北京拍卖季颁发67个奖项】2009北京拍卖季60家企业共获得了67个奖项。其中中国嘉德国际拍卖有限公司、北京嘉禾国际拍卖有限公司分别获2009北京拍卖季艺术品类、资产类最高总成交额奖；北京翰海拍卖有限公司、中鸿信国际拍卖有限公司获2009北京拍卖季优秀组织奖。

（赵　洁）

【开展典当企业核查】根据《典当管理办法》和《商务部办公厅关于进一步做好典当行年审有关工作的通知》（商办建函〔2008〕第20号）的有关要求，于2009年4月29日至2009年7月10日对北京市132家典当机构进行了2008年度核查，130家典当企业被评为A类企业，2家典当企业因存在问题被评为B类企业，并限期整改。

（段伟、赵洁、曾青）

【北京典当规模和经营能力进一步提高】北京典当行业规模发展迅速，企业数量2009年增长到130家，注册资本总额为人民币22.96亿元，比2008年同比增长44.22%；资产总额30.56亿元，同比增长40.14%；从业人数1 395，同比增长36.10%。北京典当行业的总体运营呈现稳步发展态势，经营能力进一步提高。截至2009年12月31日，130家正式开业的典当企业实现典当业务笔数10.75万笔，同比增长49.3%；典当总额61.02亿元，同比增长49.6%；典当余额16.73亿元，同比增长43.3%；实现营业收入3.9亿元，同比增长25.6%；上缴税金4 153.4万元，同比增长51.3%。

（赵　洁）

【2009年2家便民浴池进行调整】2009年，经与市发展改革委、市水务局共同研究，同意对东城区、怀柔区申报的2家便民浴池进行调整，取消宝龙泉浴池、北京合家洁香浴园政府扶持的便民浴池资格，将华洁美浴池、北京迎宾之家旅店调整为政府扶持的便民浴池，变更后的2家便民浴池享受居民用水价格政策。

（赵　洁）

【北京市举办第23届发型化妆大赛】北京市美发美容行业协会于2009年6月9日举办了北京市“四美国际”杯第23届发型化妆大赛，全市及其他省市的160名选手在发型、化妆等12个项目进行了比赛。大赛现场发布2009发型流行趋势，并为18位为行业做出突出贡献的人士颁发了终身贡献奖。

（赵　洁）

【“北京易生活”服务网开通】为加强对北京生活服务业管理与引导，为消费者提供便利的、全面的和个性化的消费信息服务，2009年整合了生活服务行业原有各网站，进行系统建设，推出“北京易生活”服务网。

（赵洁、柏际平）

【举办2009迎国庆北京首届沐浴休闲文化节】为积极应对全球金融危机带来的冲击和影响，拉动经济增长，为沐浴行业的发展营造良好的氛围，为国庆60周年首都消费市场增添繁荣，北京沐浴行业协会9月17日举办“2009迎国庆北京首届沐浴休闲文化节”活动，开展为老革命家和老干部、市级以上劳动模范和“五一劳动奖章”获得者提供免费体验沐浴休闲活动，进一步展示本市沐浴行业新风貌，助推沐浴品牌企业的形成。

（赵　洁）

【生活服务行业开展促消费活动】为落实市委、市政府促进消费、拉动内需的要求，美容美发、摄影等生活服务行业举办了相约在北京、美容美发行业拉动内需扩大消费大行动、摄影行业迎国庆促销等大型活动，期间开展了形式多样、内容丰富的宣传推广和营销活动，共举办3大系列22项活动，对企业平稳渡过国际金融危机带来的影响，对本市美容美发、摄影行业进一步发展具有明显作用。

（赵　洁）

【报废车辆回收历史最高】2009年在北京市黄标车政策和国家汽车以旧换新政策的推动下，9家报废汽车回收拆解企业共回收报废机动车45 228辆（含摩托车4 831辆），历史最高。

（李　春）

【汽车摩托车下乡销售超10亿】据对在商务部门登记备案的140家销售服务企业和网点的销售数据统计，2009年全市汽车摩托车下乡共销售汽车26 600辆、摩托车708辆，总计27 308辆，销售总金额10.21亿元，较好地完成了扩内需、保增长的目标。

（赵洁、李春）

【黄标车淘汰工作成效显著】为落实《北京市人民政府关于发布本市第十五阶段控制大气污染措施的通告》，市商务委配合市环保局认真组织本市黄标车报废淘汰工作，2009年全市共报废淘汰黄标车43 000多辆。为2009年实现淘汰黄标车10万辆的目标做出了重要贡献。

（李　春）

【汽车以旧换新全国率先启动】2009年6月1日国家实施汽车以旧换新，市商务委与市环保局认真组织落实，于8月10日在全国率先启动，中央电视台、北京市主流媒体进行了宣传报道，印制汽车以旧换新政策宣传资料4万份，各区（县）商务部门抽调专门人员与环保、财政、公安等部门在区（县）行政服务大厅设立了汽车以旧换新联合服务窗口。

（李　春）

【评选商业服务业中华传统技艺技能大师】为加快推进北京市商业服务业中华传统技艺高技能人才队伍建设工程的实施，市商务委会同市人力社保局、市国资委、市总工会联合印发《关于北京市商业服务业中华传统技艺高技能人才队伍建设工程的实施意见》，共同组织大师评审认定工作。2009年共评选认定大师20名，其中商业4名、餐饮业6名、美发美容业4名、摄影业3名、洗染业3名。

（张瑾、李敏）

五、对外贸易

概 述

2009年受国际金融危机影响，北京市对外贸易下滑明显，进口和出口降幅分别降至近十几年来的最低点。面对危机，在市委市政府的领导下，全市各部门积极采取措施，加大政策扶持力度，全力服务企业，经过各方面的共同努力，实现了全年“进出口位次不降，出口份额不减”的目标。从2009年全年进出口走势和多项外贸先行指标看，本市进口和出口均呈现逐步回升态势：下半年，出口降幅逐月收窄，12月当月实现年内月度出口首次正增长；加工贸易月度进口自下半年起连续六个月正增长，全年进口增长7.8%；加工贸易全年出口实现3.0%的正增长；首位出口商品手机月度出口自11月份起连续两月正增长，12月当月增长45.2%；首位进口商品原油月度进口自11月当月恢复正增长，12月当月高速增长，增幅为103.8%。

据北京海关初步统计，2009年，北京市累计进出口2 147.6亿美元，同比下降20.9%（全国下降13.9%），在全国排名第4位。其中出口483.6亿美元，同比下降15.9%，比全国少降0.1个百分点（全国下降16%），出口额在全国排名第7位，占全国出口总额的4.0%；进口1 664亿美元，同比下降22.2%（全国下降11.2%），进口额在全国排名第2位。

机电产品和高新技术产品出口占比均高于上年水平，首位出口商品手机出口下降5.0%，原油是全市进口减少最多的商品。2009年，北京市机电产品出口308.1亿美元，下降8.4%，低于全市平均水平7.5个百分点，占出口总额的63.7%，比上年同期提高5.2个百分点；高新技术产品出口175.2亿美元，下降8.1%，低于全市平均水平7.8个百分点，占出口总额36.2%，比上年同期提高2.3个百分点。首位出口商品手机出口118.6亿美元，占全市出口总额的24.5%，同比下降5.0%，比全市平均降幅少降10.9个百分点。

原油、铁矿砂及其精矿和汽车分列全年进口前三位。其中，原油是进口减少最多的商品，进口710.2亿美元，同比下降33.8%，占全市进口额的50.9%。

亚洲是北京市主要的出口目的地和进口来源地，但也是进出口减少最多的地区，对大洋洲进口和出口保持增长。2009年，北京市对亚洲出口265.2亿美元，占全市出口总额的54.8%，同比下降12.2%，比全市平均出口降幅少降3.7个百分点，减少出口37亿美元，是全市出口减少最多的地区；对欧洲、北美洲和拉丁美洲的出口降幅均高于全市平均水平，分别下降20.3%、31.8%和34.2%；对大洋洲出口保持较高速度增长，增速为25%。2009年，北京市自亚洲进口756.8亿美元，占全市进口总额的45.5%，同比下降27.5%，比全市平均进口降幅高5.3个百分点，减少进口287.4

亿美元，是全市进口减少最多的地区；自欧洲累计进口 311.2 亿美元，下降 6.8%，比全市平均进口少降 15.4 个百分点；自大洋洲累计进口 57.8 亿美元，增长 19.3%，是全市唯一累计进口增长的大洲。

加工贸易全年出口和进口实现正增长，一般贸易出口和进口大幅下降。2009 年，北京市加工贸易出口 213.7 亿美元，出口增长 3.0%。一般贸易出口 202.8 亿美元，减少出口 97 亿美元，下降 32.4%，比全市平均水平多降 16.5 个百分点。2009 年，北京市加工贸易全年进口 131.2 亿美元，增长 7.8%。一般贸易进口1 428.9亿美元，占全市进口总额的 85.9%，下降 24.9%，减少进口 474.6 亿美元。

国有企业仍是进出口主体，但进出口减少明显。2009 年，北京市国有企业出口 247.4 亿美元，占全市出口的 51.2%，下降 16.5%，略高于全市平均水平 0.6 个百分点，减少出口 48.7 亿美元，占全市出口减少额的 53.3%；外资企业出口 201 亿美元，减少出口 30 亿美元，下降 13%，比全市平均降幅少降 2.9 个百分点。2009 年，北京市国有企业进口1 253.8亿美元，占全市进口的 75.3%，减少进口 475 亿美元，下降 27.5%；外资企业全年进口 332.6 亿美元，同比下降 1.5%。

（李　倩）

货物贸易

【出口超 10 亿美元的商品有 8 种】2009 年，北京市出口超 10 亿美元的商品有 8 种，分别是手机、成品油、钢材、船舶、服装及衣着附件、煤、集成电路和农产品。

（李　倩）

【手机是北京市首位出口商品】2009 年，北京市首位出口商品手机出口 118.6 亿美元，占全市出口 24.5%，同比下降 5.0%，比全市平均降幅少降 10.9 个百分点。

（李　倩）

【前五大出口市场出口额均超过 20 亿美元】2009 年，北京市前五大出口市场分别为美国、香港、日本、韩国和印度，出口额均超过 20 亿美元，其中对美国出口 32.3 亿美元。

（李　倩）

【出口大户降幅小于全市平均水平】2009 年，出口前 50 家企业共出口 316.2 亿美元，占全市出口总额的 65.4%，同比下降 5.6%，比全市平均降幅少降 10.3 个百分点。

（李　倩）

【出口超亿美元的企业达到 65 家】2009 年，北京市出口超 10 亿美元的企业有 6 家，出口超亿美元的企业有 65 家。

（李　倩）

【机电产品进口实现增长】2009 年，北京市机电产品进口 519.5 亿美元，占全市进口总额的 31.2%，同比增长 3.9%。

（李　倩）

【原油是北京市首位进口商品】2009 年，北京市原油、铁矿砂及其精矿和汽车分列全年进口前三位，其中，原油进口 710.2 亿美元，占全市进口额的 50.9%。

（李　倩）

【对前五大进口市场进口额均超过 100 亿美元】2009 年，北京市前五大进口市场分别为沙特阿拉伯、安哥拉、美国、日本和德国，进口额均超过 100 亿美元，其中对沙特阿拉伯进口 160.6 亿美元。

（李　倩）

【进口超10亿美元的企业达到25家】2009年，北京市进口超10亿美元的企业有25家；进口超20亿美元的企业有11家；进口超100亿美元的企业有2家。

（李 倩）

【全年审批加工贸易合同5 466份】2009年，北京市商务委共审批加工贸易合同5 466份。全年加工贸易出口213.7亿美元，增长3.0%，进口131.2亿美元，增长7.8%。

（李 倩）

【审核拨付了148家企业出口信用保险补助资金】2009年，北京市商务委积极落实国家和地方出口鼓励政策，进一步加大政策资金支持力度，对北京地区企业短期信用险保险费的支持比例由50%提高到60%，共审核拨付短期出口信用险保费补助资金3 363万元，帮助148家企业解除了出口收汇风险。

（李 倩）

【加大对企业的个性化服务】北京市商务委在商务部、工信部、海关总署的大力支持下，帮助北京艾科泰国际电子有限公司获得了卫星电视接收设备的生产资格，成功抓住本次危机带来的全球产业布局调整的机遇，将卫星电视接收设备生产业务转入北京市；帮助航卫通用电气医疗系统有限公司申请CT再制造中心，为北京增加了制造业循环经济试点。

（李 倩）

【信用保险帮助企业扩大出口】北京市商务委积极与中国出口信用保险公司沟通，6月30日，北京市人民政府与中国出口信用保险公司联合签署了《战略合作协议》。双方将继续加强合作，充分发挥政策性出口信用保险的功能，支持北京市出口稳定增长。

（李 倩）

【保单助融资】北京市商务委积极协调相关部门，研究探讨引入再担保公司，进一步完善中国信保、担保公司、银行及企业的四方合作模式，推动北京企业利用出口信用保险保单开展融资业务，缓解中小企业融资难问题。2009年，在市商务委、中国信保、金融机构的共同推动下，全市有首创龙基等13家企业通过保单在中国银行等9家银行融资6 041万美元。

（李 倩）

服务贸易

【国际服务外包业务显著增长】2009年，北京地区共签订服务外包出口合同5 676份，同比增长62%，协议额为19.8亿美元，同比增长256%；执行额为11.8亿美元，同比增长87.2%。其中离岸业务执行额10.5亿美元，同比增长93.5%，占执行总额的89%；境内转包执行额1.29亿美元，占执行总额的11%。软件和信息技术外包占服务外包执行额9.3亿美元，占服务外包执行总额的78.9%；业务流程外包执行额1.89亿美元，占服务外包执行总额的16.1%；生物医药外包执行额5 859万美元，占执行总额的5.0%。执行额居前六位的发包国和地区是美国、日本、荷兰、新加坡、韩国和香港。

（张艳芳）

【出台服务外包产业发展政策措施】出台《关于促进本市服务外包产业发展的若干意见》（京政办发〔2009〕27号）、《北京市服务外包发展配套资金管理办法（暂行）》、《北京市服务外包发展配套资金管理办法

(暂行)实施细则》、《关于本市服务外包企业实行特殊工时制度有关问题的通知》(京人社办发〔2009〕45号)、《关于印发〈北京市技术先进型服务业认定管理办法〉的通知》(京科发〔2009〕548号)等政策措施,全面优化本市服务外包产业发展环境,提升承接国际服务外包的能力和水平。同时,研究制定了《北京市服务外包2009—2013年发展规划(草案)》,明确了北京未来五年在服务外包业务规模、人才培养等方面的发展目标,强化北京在全国服务外包产业的领军城市地位。

(张艳芳)

【建立服务外包联席会议制度】建立由市商务委负责日常工作,市发展改革委、市经济信息化委、市科委、中关村科技园区管委会、市教委、市财政局、市人力社保局、市统计局、市国税局、市地税局、市金融局、北京海关、国家外汇管理局北京外汇管理部等部门组成的联席会议制度,协调解决全市服务外包发展的重大问题,共同促进本市服务外包产业发展。

(张艳芳)

【加快服务外包人才培训中心建设】按照北京市政府与商务部、教育部签订的《关于共建中国服务外包人才培训中心的协议》要求,与市教委共同研究认定16家单位为第一批中国服务外包人才培训中心(北京)服务外包人才培训机构;认定6家单位为第一批中国服务外包人才培训中心(北京)服务外包人才实习实训基地,并对被认定的培训机构和实习实训基地予以授牌。22家培训机构和企业2009年度培训人数将超过2.5万人,为服务外包企业输出5 000名以上的专业人才。

(张艳芳)

【促进文化产品和服务出口】一是配合市文化创意产业领导小组办公室有关部门研究制定了《北京市关于支持文化产品和服务出口的实施办法(试行)》(京文创办发〔2009〕6号),从整合政策资源、落实财税政策、加强政府服务、健全交易平台、建立绿色通道等方面鼓励文化产品和服务出口,起到了积极的导向性作用。二是积极组织文化出口企业申报国家文化出口重点企业和重点项目。推荐的企业中有12家被商务部评为"2009—2010年度国家文化出口重点企业",入选率达85.7%;有18个项目被评为"2009—2010年度国家文化出口重点项目",入选率达58.1%。

(张艳芳)

【筹办第二届中国服务贸易大会】协助商务部成功筹办第二届中国服务贸易大会。20多个国家和地区政府官员、国际组织、专家学者、企业精英共2 000余人出席大会,其中外宾共200余人,充分体现了国际化、前瞻性、专业化、高效率等特点。大会包括论坛峰会、展览展示、推介交流、新闻发布等20余场活动,内容涵盖设计服务、广告服务、技术交易服务、动漫游戏、金融服务、环境服务、文化创意和国际商务服务等多个行业领域,为服务贸易领域的交流和合作、研究和磋商搭建了广阔的平台。据统计,大会共达成合同及意向协议500余项,涉及金额达15.4亿元,达到了交流合作、寻求商机、促进发展的目的。

(张艳芳)

技术贸易

【企业技术进口合同1 275项】2009年,北京地区技术进口合同登记1 275项,总额35.87

亿美元，同比下降 3.4%。其中，技术费 19.7 亿美元，占合同总额的 54.9%，同比下降 21.2%。

（巨振乐）

【企业技术出口合同认定登记1 167项】 2009 年北京市技术市场管理办公室认定登记的技术出口合同1 167项，成交总额 51.74 亿美元，同比增长 75.93%。其中技术交易额 30.32 亿美元，占成交总额 58.6%，同比增长 37.6%。

（巨振乐）

贸易管理

【26 家企业获得铁合金、柠檬酸等产品出口资质】 2009 年，北京市申报铁合金出口许可企业 15 家，柠檬酸出口许可企业 5 家，焦炭出口配额企业 3 家，稀土出口配额企业 1 家，磷矿石出口配额企业 1 家，甘草出口配额招标企业 2 家，矾土出口配额招标企业 1 家。其中，26 家企业通过商务部审定。

（张炳词）

【北京市供港活牛配额稳步增长】 北京市供港活牛配额稳步增长。2008 年6 806头，2009 年10 237头，2010 年13 300头。全国最大的活牛供港企业“北京丰收国际贸易公司”积极保证活牛稳定均衡供货，得到港方和供牛企业的赞扬。

（张炳词）

【易制毒化学品进出口共计 1.1 亿美元】 2009 年，市商务委办理易制毒化学品进出口批复单金额共计 1.1 亿美元。其中，易制毒化学品出口批复单 876 万美元，易制毒化学品进口批复单金额 1.01 亿美元。

（张炳词）

【外商投资企业易制毒化学品进出口实现统一管理】 2009 年 4 月，根据商务部要求，外商投资企业易制毒化学品进出口管理实行归口管理，技术平台统一使用商务部两用物项和技术进出口管理系统，实现了对所有经营主体的全面监管。北京市外资企业易制毒化学品进出口管理业务划归到外贸运行处。

（张炳词）

【海外承包工程企业获出口配额支持】 泛华建设集团有限公司承包安哥拉生态新城建设项目。经北京市商务委初审，商务部批准，该企业 2009 年获锯材出口配额5 000立方米，2010 年获锯材出口配额2 500立方米，自用粮食出口配额 180 吨，保证了工程所需。

（张炳词）

【对部分轻（重）烧镁产品实行出口许可证管理】 根据商务部和海关总署联合发布的 2009 年第 125 号公告，自 2010 年 1 月 1 日起,对“水镁石”（海关商品编号 2530909991）和“按重量计含氧化镁 70%以上的混合物”（海关商品编号 3824909200）实行出口许可证管理。

（张炳词）

【“中俄中小企业合作圆桌会议”举行】 2010 年 1 月 21 日，北京市商务委员会受邀协办的“中俄中小企业合作圆桌会议”在北京召开，此次会议由中共中央对外联络部和公正俄罗斯党国际部共同举办，主题为“开拓中俄中小企业合作新途径”。8 家俄罗斯企业和 11 家北京企业代表进行了对口洽谈。

（张炳词）

【外商投资企业自动进口许可证发证平台调整】 根据商务部有关通知要求，自 2009 年 4 月 1 日起对外商投资企业自动进口许可证签发业务的技术平台，由外商投资企业进出口预警系统调整为商务部配额许可证事务局的自动进口许可证管理系统。

（刘　颖）

【鲜奶等实施自动进口许可管理和进口报告管理】商务部、海关总署公告2009年第45号公布，自2009年8月1日起对鲜奶、奶粉和乳清实施自动进口许可管理。商务部公告2009年第50号公布，进口鲜奶、奶粉和乳清的对外贸易经营者应按照《大宗农产品进口报告和信息发布管理办法》（商务部令2008年第10号）履行有关进口信息报告义务。

（刘　颖）

【大豆等重要农产品实施自动进口许可管理】商务部、海关总署公告2009年第109号公布2010年《自动进口许可管理货物目录》。自2010年1月1日起对大豆、油菜籽、豆粕、猪肉及副产品实施自动进口许可管理。

（刘　颖）

【13家企业开展羊毛、毛条进口业务】2009年北京市共有13家有经营业绩的企业开展羊毛、毛条进口业务，共申领关税配额许可证98份，进口数量5 052吨。

（谢　江）

【3家企业获得食糖进口关税配额】2009年北京市共有3家企业获得食糖进口关税配额（加工贸易）9 045吨。实际进口数量7 272吨。

（谢　江）

【13家企业获燃料油非国营贸易进口允许量】2009年北京市有13家企业获得燃料油非国营贸易进口允许量68万吨。

（谢　江）

【4家企业获原油非国营贸易进口允许量】2009年北京市有4家原油企业获得原油非国营贸易进口允许量共32万吨。

（谢　江）

【纺织品全年签证5.27亿美元】2009年北京市签发纺织品产地证23 794份，签证金额共计5.27亿美元。

（刘　颖）

【帮扶引导企业和商户共渡难关】多次召开“雅宝路企业家座谈会”，制定七大措施促进雅宝路国际商圈和谐发展，顺利完成《雅宝路国际商圈经营模式的调整与提升》课题，成功举办“逛蓝色港湾，赶雅宝路外贸大集”活动，128家次企业和商户参加，累计销售额394万元。

（刘　颖）

贸易促进

【举办首届内外贸企业洽谈会】2009年2月，北京“内外联动促消费，共同携手谋发展”首次内外贸企业洽谈会在长城饭店举行。北京市30家内贸商业企业和30家外贸企业首次面对面洽商合作，到会洽谈人数近300人，20余家媒体进行了现场采访。

（吕　娜）

【“赶外贸大集”活动贯穿全年】自2009年3月起，北京市商务委员会在北京举办“赶外贸大集”活动4场。参与活动的外贸企业累计424家次，接洽商家1 622家次，实现销售3 207.85万元。“赶外贸大集”是北京市商务委员会2009年全市促消费活动的重要措施之一，把活动地点从洽谈厅移到开放的商场中，在洽谈中，使内外贸企业在“热卖”中找到结合点。“赶外贸大集”系列活动受到外贸企业、消费者和国内商家的“热捧”。外贸企业看到了国内市场巨大的消费潜力，坚定了开拓国内市场的信心；消费者得到了实惠；国内采购商找到适销对路的外贸商品；大集周边的商业消费也被大幅拉动，形成引人瞩目的大集效应。

（吕 娜）

【组织企业参加“外贸商品全国巡回展”】 2009年，北京市商务委员会组织企业参加了商务部组织的外贸商品全国巡回展。在组织“赶外贸大集”经验的基础上，引导和帮助企业把产品推向全国市场。北京46家企业分别参加了赴南京、沈阳、金华、重庆站的活动，共实现销售126万元，接洽商家110家次。北京市外贸企业展销的产品因科技含量高、设计新颖，成为展会上最受消费者青睐的商品。

（吕 娜）

【举办“外经贸大讲堂”系列讲座】 2009年，北京市商务委员会继续举办《外贸大讲堂》系列讲座，帮助企业应对危机，调整思路，受到企业欢迎。全年共举办11讲，813家企业、1 058人次参加了听课和交流活动。讲授内容有：金融危机下中小企业突围战、美国金融危机对北京经济的影响、外贸公司向内贸业务转型之经验、《孙子兵法》制胜谋略与金融危机、金融危机下企业营销创新等。

（吕 娜）

【建成“全球采购商数据库”】 “全球采购商数据库”由联合国贸易网络北京中心开发建立。截至2009年年底，已收录采购商信息46万余条，企业遍布180多个国家和地区，涉及纺织服装、医药医疗、消费类电子、农产品和日用消费品等30多个行业。通过提供贸易配对、分类广告投放和为北京企业参加境外国际展会邮寄宣传册等形式，“全球采购商数据库”为帮助北京市中小企业开拓国际市场发挥了积极作用，已经成为北京市开展贸易促进服务工作的重要途径和方式之一。

（吕 娜）

【参加“德国汉诺威CeBIT展”】 2009年3月，北京展团企业将最新高科技产品带到德国汉诺威电子信息及通讯技术国际展览会（CeBIT）参展，展现了本市高新技术企业应对国际经济危机的信心。其中汉王科技股份有限公司的电子书、绘画板，北京合众动力航空技术有限公司的欧元鉴伪混点点钞机和欧元鉴别仪器，北京光桥时代科技有限公司的光通信产品、视频光端机等，一经展出，就引起了轰动效应，展台前咨询洽谈的商户络绎不绝，收到了意想不到的参展效果。

（吕 娜）

【参加“第105届中国进出口商品交易会”】 第105届中国进出口商品交易会于2009年4月在广州召开。本届广交会北京交易团的参展企业共292家，共有1 251个展位分布在各展区中，首次进入广交会的参展企业有20家。展会期间，北京交易团与会国外采购商累计16.54万人，累计成交8 417万美元。

（吕 娜）

【参加“第二十届哈洽会”】 2009年6月，北京市商务委员会组织53家外贸企业，59个展位组成北京代表团，参加了第二十届哈洽会。在开幕当天，北京明峰机械制造厂就与俄罗斯、乌克兰和新西伯利亚的客商达成购买意向。之后，北京水宜生科技发展有限公司与俄罗斯与外国投资者协会等3家外方单位达成合作意向，北京中宜汇富环保工程有限公司在会上找到多家国内经销商，其中有3家国外客商待进一步商谈。展会期间，北京参展企业共收到有效客商名片150张，有合作意向的国家和地区有：俄罗斯、香港、新加坡、加拿大等，代表团零售展区现场销售额14.7万元人民币。

（吕 娜）

【参加“第十七届昆明进出口商品交易会”】 2009年6月，北京市商务委员会首次组织16家企业参加了第十七届昆明进出口商品交易会暨第二届南亚国家商品展。展会上，参展企业分别与泰国、老挝、尼泊尔及斯里兰卡四国的客商建立了业务联系。部分产品在展会上反响强烈，深受本地采购商和消费者的欢迎。此次展会对企业开拓和了解东南亚市场有所帮助，同时对开拓云南及周边地区的内贸市场也发挥了较大作用。

（吕 娜）

【签署《检贸合作备忘录》】 2009年7月，北京出入境检验检疫局和北京市商务委员会举行了《全面加强检贸协作，促进首都外贸发展合作备忘录》（以下简称《检贸合作备忘录》）签字仪式。《检贸合作备忘录》主要包括：建立信息互通共享机制、建立出口产品质量长效监管机制、优化监管模式、共同加强壁垒应对工作、合理运用各种手段服务外贸、建立对重点企业扶植机制、共同加强外派劳务人员的健康管理工作、积极推进口岸通关建设等。

（吕 娜）

【参加“第39届南美国际家庭用品及礼品博览会”】 北京市商务委员会首次组织24家北京品牌出口企业参加了在巴西圣保罗举办的“第39届南美国际家庭用品及礼品博览会”。该展会为南美地区最大的消费品类综合博览会，北京展团共有展位数量37个，拉开了“北京品牌产品南美行”系列活动的序幕。在国际金融危机背景下，此次参展是市商务委帮助企业积极开拓海外市场，争取贸易机会的重要举措之一。企业在博览会上获得了商机，共结识客户或代理商95个。北京企业的产品知名度得到有效提升。

（吕 娜）

【参加“俄罗斯汽车及零部件展览会”】 2009年8月，北京市商务委员会组织15家汽车及零部件企业参加了俄罗斯汽车及零部件展览会（MIMS）。此次参展是北京市商务委员会首次组织汽车企业走进俄罗斯参加国际专业展览会，也是北京市商务委员会近年来在汽车行业组织规模最大、活动内容最丰富、产品范围最宽泛的一次海外市场营销活动。北京参展团展位面积共计264平方米，分置于整车馆和零部件馆。展览期间，14家汽车零部件企业先后接待有价值客户185家，签订合同8份，合同金额10余万美元，签订意向合同29份，意向金额110余万美元。

（吕 娜）

【参加“第19届东京游戏展”】 2009年9月，北京市商务委员会与北京市新闻出版局组织北京游戏企业参加了日本东京第19届东京游戏展。展会期间，北京展团144平方米的展区采取了整体特装的方式，突出英、日文“北京创造，世界共享”的主题，集中展示了北京团的整体形象。联众公司、目标软件公司等参展企业的游戏产品吸引了众多玩家和专业观众的围观驻足试玩并洽谈。完美时空、金山软件等公司的大型网游产品也吸引了众多国外厂商。

（吕　娜）

【参加“匈牙利布达佩斯国际消费品博览会”】2009年9月，北京市商务委员会组织18家企业参加了第113届布达佩斯国际消费品博览会。此展会对东欧国家辐射明显，采购商来自东欧市场和周边国家，与本市企业洽谈的客户多来自波兰、捷克、斯洛伐克、保加利亚、奥地利等国家。展览期间本市企业展位前客户络绎不绝，企业均取得了超过预期的参展效果。

（吕　娜）

【参加“第106届中国进出口商品交易会”】第106届中国进出口商品交易会于2009年10月在广州举办，本届展会是在金融危机后全球经济初见回暖，中国经济率先企稳向好的大背景下举行的。北京交易团共有292家企业参展，其中新参展企业14家，共设展位1 248个。本届广交会北京交易团累计成交9 594.02万美元，比105届增加1 175万美元，增幅为13%；共收到名片42 000张。

（吕　娜）

【参加“第六届中国－东盟博览会”】2009年10月，北京市商务委员会组织28家企业参加第六届中国一东盟博览会。参展企业涉及高新技术、电子电器、建筑材料、投资合作等多个行业。其中汉达尔通信技术（北京）有限公司、北京百正威塑胶制造有限公司等企业与马来西亚、越南等国家达成初步合作意向，并和当地代理商达成采购共识。

（吕　娜）

【参加“美国国际太阳能展”】2009年10月，北京市商务委员会与北京市经济与信息化委员会首次联合组织北京市太阳能生产领域的企业参加美国国际太阳能展，推动本市新能源企业“走出去”。展会期间，北京京仪集团有限公司接待客商千余家；北京绿洲协力新能源科技有限公司签订了三个样品合同，并与美国最大的太阳能控制器生产商MorningStar达成了合作意向；中轻太阳能电池有限责任公司达成意向合同4 000万欧元；京运通公司与美国第三大半导体设备制造商Novellus系统公司全球采购与供应链负责人开展了零部件供应与技术合作的意向交流。

（吕　娜）

【参加“德国杜塞尔多夫医疗设备国际展览会”】2009年11月，北京市商务委员会组织22家企业参加了第41届德国杜塞尔多夫医疗设备国际展览会。展会期间，北京松上技术公司与美国DIAZYME公司共同研制的全自动糖化血红测试仪、北京麦邦光电技术公司与匈牙利DIAGON公司共同开发研制的五分类生化仪等创新产品亮相展览会，得到众多参观商的关注。参展企业共结识新客户400余家，接待老客户630余家。

（吕　娜）

【参加“第二届贝宁（西非）中国商品展览会”】2009年12月，北京市商务委员会组织17家企业参加了“第二届贝宁（西非）中国商品展览会”，北京展团共租用18个摊位。展会期间，北京企业所带参展样品销售一空，部分企业现场销售火爆。北京市参展企业共收到客商名片520张，有效名片177张。参加此展对北京企业开拓西非市场起到促进作用。

（吕　娜）

【机电产品国际招标规模显著提高】市商务

委全年受理机电产品招标委托文件782包，委托金额29.91亿美元，中标622包，中标金额16.34亿美元，节汇率16.66%。其中包括：北京轨道交通建设项目，北京官厅风电场二期工程风力发电机组项目，北京市清河、卢沟桥再生水厂改造项目，北汽福田蒙派克汽车厂、重型载货汽车重要零部件提升水平建设项目，北京京东方显示技术有限公司第8代薄膜晶体管液晶显示器件设备等项目。

（杜　磊）

【鼓励扩大先进技术设备、关键零部件进口】 2009年鼓励扩大先进技术设备、关键零部件进口，列为市商务委折子工程，根据《进口贴息资金管理暂行办法》要求，全市共有46家企业，获得中央财政支持资金1 514万元。

（杜　磊）

六、利用外资

概　述

2009年，北京市新设外商投资企业1 423家，同比下降25%；吸收合同外资83.2亿美元，同比增长1.6%；实际利用外商直接投资61.2亿美元，同比增长0.6%。实际外资在2008年首次突破60亿美元的基础上继续增长，创历史最好水平。2009年在金融危机影响的大背景下，全市借助2008奥运后北京影响力的提高和投资环境的改善，统筹区域协调发展，上下通力合作，部门联动，采取有力措施加强招商引资，简化审批，强化服务，最终实现合同外资、实际外资双增长，继续保持了平稳发展态势，吸收外资产业结构不断优化，带动区域功能更加突出，利用外资质量和水平进一步提高，主要特点如下：

一是外资更加集中投向第三产业。2009年，第三产业吸引外资份额越来越大，新批外资项目个数1 332个，占全年项目数的94%；合同外资77.0亿美元，同比增长14.7%，占全市合同外资额的92.6%；实际外资52.0亿美元，同比增长17.2%，占全市实际外资额的84.9%。

二是生产性服务业吸引外资成效明显。2009年以商务服务、信息服务、科技服务、金融服务、物流服务为主的生产性服务业吸收合同外资52.7亿美元，占全市的63.4%；实际利用外商直接投资37.0亿美元，占全市的60.4%。带动全市产业结构进一步向服务业优化升级。

三是老项目增资规模进一步扩大，加快促进集约式发展。2009年共有938家已设企业并购及增资，累计增加合同外资55.8亿美元，同比增长24.3%，占全部合同外资的67.1%，增资项目合同外资前三位行业集中在商务服务业、房地产业和信息服务业。非绿地投资增多，显示集约发展效果明显。

四是外资大项目占比突出，带动作用明显提高。2009年本市吸收合同外资千万美元以上大项目199个，比2008年增加

23个；大项目合同外资71.1亿美元，占全部合同外资的85.5%，较2008年提高近18个百分点，对本市利用外资带动作用显著。其中：新批合同外资千万美元以上大项目81个，占全市新批项目数的5.7%；吸收合同外资30.0亿美元，占全市新设项目合同外资的89.1%；合同增资超千万美元以上大项目118个，吸收合同外资41.2亿美元，占全部合同外资的49.5%。

五是新设投资性公司增长较快，总部聚集效应更加明显。2009年，本市新设投资性公司15家，比2008年多10家；新设以研发功能为主的外商投资企业16家，累计在京设立的以研发功能为主的外商投资企业达325家；新设跨国公司500强投资企业19家；新认定地区总部22家，累计认定地区总部58家。1—12月共有15家新设和19家增资的投资性公司共增加合同外资22.8亿美元，占全部合同外资27.5%，实际利用外资7.3亿美元，占全部的11.9%。

六是外商投资来源地更加集中。2009年共有85个国家和地区的外国投资者在本市投资。其中：吸收合同外资前10位国家和地区分别来自香港、英属维尔京群岛、日本、德国、新加坡、美国、韩国、荷兰、开曼群岛和法国，其合同外资占到全部合同外资的91.9%，同比上升0.9个百分点；其中来自香港的合同外资50.1亿美元，同比增长7.8%，占全市合同外资的60.0%。实际利用外资前10位国家和地区分别来自香港、英属维尔京群岛、开曼群岛、日本、美国、韩国、德国、新加坡、瑞典和澳门，其实际外资占到全部实际外资的88.5%；其中来自香港的实际外资26.7亿美元，同比增长56.0%，占全市实际外资的43.6%。

七是外商投资区域聚集趋势明显。2009年，核心区和功能拓展区合同外资占全市的80.2%，实际利用外资占全市的83.0%。朝阳、海淀、东城、西城和顺义五区合计占全市合同外资的81.0%，占全市实际外资的83.7%。商务中心区（CBD）、金融街、北京经济技术开发区（BDA）、中关村科技园区、奥林匹克功能区和临空经济区等六大高端产业功能区吸收合同外资24.6亿美元，占全市的29.6%；实际利用外资17.7亿美元，占全市的28.9%。

（梁悰原）

【143个国家和地区来京投资】截至2009年底，共有143个国家和地区来本市投资，较2008年增加了7个。目前在北京实际投资前10位的国家和地区分别是香港、英属维尔京群岛、日本、开曼群岛、美国、德国、韩国、新加坡、荷兰和法国。

（马俊杰）

【投资性公司贡献突出】截至2009年底，本市投资性公司累计合同外资163.0亿美元，占全市累计合同外资比重为18.8%；累计实际外资140.2亿美元，占全市累计实际外资比重为20.9%。根据2009年外商投资企业联合年检情况，2008年总计有120家投资性公司参检，实现营业收入2 455.6亿元，纳税332.4亿元，从业人数5.0万人，分别占全市参检外资企业比重为1%、16.6%、25.2%和4.7%。

（田　鹏）

【认定跨国公司地区总部22家】2009年北京市重新修订了《关于鼓励跨国公司在京设

立地区总部的若干规定》，在出入境便利化、降低商务成本、方便人才引进等方面为在京跨国公司地区总部提供支持服务。2009年北京市认定了阿尔卑斯（中国）有限公司、奥林巴斯（中国）有限公司、戴姆勒东北亚投资有限公司、双日（中国）有限公司等22家跨国公司地区总部，占北京市累计认定58家的38%。

（田　鹏）

【租赁和商务服务业占全市利用外资比重最高】2009年租赁和商务服务业新设项目数最多，达431个，占全部的近1/3。吸收合同外资33.2亿美元，同比增长43.5%，占39.9%，同比提高11.6个百分点；实际入资22.6亿美元，同比增长70.4%，占36.9%，同比提高15.1个百分点。其中投资性公司占租赁和商务服务业合同外资的68.8%、实际外资的32.3%。

（马俊杰）

【制造业继续成五大引资行业之一】2009年制造业实际利用外资7.6亿美元，占全市12.4%，其中超过一半投向现代制造业。如北京燕京、达能乳业、三安科技、统一食品等企业大规模入资，带动食品饮料制造业实际外资增长4.2倍；现代汽车、北京福田、锐意泰克汽车等踊跃入资，带动交通运输设备制造业占制造业实际外资比重最高，占全市的2.3%。制造业吸收合同外资5.8亿美元，占全市的7.0%，其中31.4%投向本市重点发展的现代制造业领域，如博世力士乐（北京）液压有限公司增资3 000多万美元，日本三菱化学与中石化合资设立的聚碳酸酯项目，合同外资5 280.0万美元。

（马俊杰）

【文化创意产业利用外资发展迅速】2009年新设文化创意外商投资企业397家，吸收合同外资14.2亿美元，占同期全市合同外资总额的17.1%；实际利用外商直接投资20.8亿美元，增长40.1%，占同期全市实际利用外资总额的34.0%。其中软件、网络及计算机服务类占文化创意产业合同外资的58.8%、实际外资的45.2%。

（高　茜）

【外商投资商贸领域持续增长】2009年批发和零售业新设外商投资企业398家，占全市新批企业28%；实际利用外资5.5亿美元，同比增长59.8%，占全部实际外资9.1%。

（马俊杰）

【城市功能拓展区吸收外资比重最大】四大功能区中，城市功能拓展区吸收合同外资49.3亿美元，占59.3%。实际外资36.9亿美元，占60.2%。城市发展新区和首都功能核心区利用外资规模相当，合同外资分别为14.3亿美元和17.4亿美元，各占17.2%和20.9%；实际外资分别为8.6亿美元和14.0亿美元，各占14.1%和22.8%。生态涵养发展区外资比重较小，合同外资、实际外资各占2.5%和2.9%。

（马俊杰）

【对利用外资质量指标体系进行分析和评估】为进一步引导各部门、各区（县）招商引资工作，不断提高引资质量，年初完成了全市外资质量评价体系2008年相关数据的收集，从经济贡献、结构优化、科技研发、资源集约及可持续发展等五个角度，用16个指标对本市利用外资质量状况做出客观评估和分析，为全市招商引资、利用外资促进产业结构优化升级提供参考依据，为不断提高外资质量提供科学指导。

（焦 刚）

【外商投资企业联合年检工作顺利完成】根据商务部、财政部、税务总局、工商总局、统计局、外汇局联合发布的《关于开展2009年外商投资企业联合年检工作的通知》精神，3月1日至7月10日，北京市开展了外商投资企业网上联合年检工作。针对外汇局当年首次开发应用外汇年检系统，市商务委积极与年检相关部门沟通，进行了网上联合年检工作方案的调整及协调工作，保证了此次联合年检工作的圆满完成。2009年参加网上年检的外商投资企业达12 401家，参检率为91.0%，与上一年度基本持平。

（许雪梅）

【北京外资规模进一步扩大】根据北京市第二次全国经济普查结果，北京市外商投资企业（含港澳台企业）规模进一步扩大。2008年，全市第二、三产业共有独立核算外商投资企业9 632家，比2004年第一次经济普查时增长35.9%；吸纳从业人员116.3万人(平均数)，增长70.4%；资产总额22 775.6亿元，增长1.3倍；外方实收资本5 050.5亿元，增长97.2%；主营业务收入14 050.4亿元，增长1.8倍；利润总额885.2亿元，增长67.6%；上缴税金453.2亿元，增长1.5倍。

（王立峰）

【跨国公司投资北京原因及渠道调研】为加大吸引跨国公司投资力度，提高引资工作的针对性和有效性，市商务委于2009年开展了跨国公司“投资北京主要原因”、“选择落户区域影响因素”及“投资信息渠道来源”等专项调研。共收回有效调查问卷355份，占调查企业总数的61.4%。通过调查得出，“看好北京市场机会、拥有人才、信息优势”是跨国公司选择投资北京的主要原因；“通过商业伙伴介绍”和“通过专业投资咨询公司”是跨国公司获得信息的主要渠道；“政府办事效率高、投资服务好”是跨国公司选择具体落户区域的主要因素。

（王亚娟）

【第十三届京港洽谈会成功举办】第十三届北京·香港经济合作研讨洽谈会于2009年10月29日至30日在北京成功举办。本届京港洽谈会以“同心协力、互利共赢”为主题，立足于“推动京港携手应对国际金融危机，创造丰硕成果共庆祖国六十华诞”。通过开展经贸洽谈、项目签约、市场推介、展览展示、参观交流等多种形式的活动，重点推进了京港在高新技术、文化创意、商务服务、服务外包、金融、旅游、城市管理、医疗卫生等领域的交流与合作，为两地经济发展提供新的增长点。本届京港洽谈会期间，到会京港两地官员、客商及其他各界人士超过3 000人次，签约合作项目36个，项目投资总额约32.0亿美元。

（田 鹏）

【“小规模、专业化”定向招商工作】2009年为应对金融危机对本市吸引外资的冲击，市商务委加强了招商引资工作力度。根据重点区域、重点产业的招商需求，分别于2009年5月、8月、11月围绕“地区总部”、“新能源与节能环保”、“生物医药”等主题组织开展了赴美国、日本、德国、法国的“小规模、专业化”定向招商推广活动。

（刘小骥）

七、对外经济合作

概 述

对外投资和经济合作工作是外经贸工作中一项新兴的事业，是实施“走出去”战略的主要表现形式和实现方式。2009 年，全市境外投资工作、对外承包工程、对外劳务合作等方面，呈现出良好的局面。

2009 年，全市核准境外企业（机构）140 家，同比增长 35.92%；境外企业投资总额 6.35 亿美元，同比增长 28.88%。其中：中方协议投资额 4.99 亿美元，占投资总额的 79%，同比增长 17.57%。从投资地区分布看，亚洲占 48.15%，欧洲占 11.94%，拉丁美洲占 30.36%，非洲占 7.1%，大洋洲占 2.45%。从投资行业分布看，中方协议投资主要分布为：制造业占 30.91%，租赁和商业服务业占 18.18%，房地产业占 12.20%，采矿业占 11.95%，信息传输、计算机服务和软件业占 11.86%，批发和零售业占 5.46%，科学研究、技术服务和地质勘查业占 4.89%。

全市对外承包工程和劳务合作完成营业额 22.7 亿美元，同比增长 34.5%；派出各类劳务人员 10 507 人，月末在外 17 121 人，同比分别增长 74.9%和 49.8%。完成营业额、派出各类劳务人员和在外人员均创历年新高。其中，对外承包工程新签合同额 29.7 亿美元，完成营业额 18.5 亿美元，同比增长 41.4%；对外劳务合作新签合同额 3.94 亿美元，同比增长 4.3%，完成营业额 4.19 亿美元，同比增长 14%。

面对全球性金融危机的影响，通过实施各项支持政策和服务指导，鼓励并引导企业开展对外投资合作，促进了对外投资合作持续健康发展。主要措施如下：

一、完善管理办法。出台并实施了《北京市境外投资管理暂行办法》和《北京市对外承包工程资格管理暂行办法》等文件，简化审批手续，提高工作效率，促进了本市对外投资合作事业的较好较快发展，完成了市政府折子工程和各项重点工作任务。

二、规范市场秩序。开展了清理整顿外派劳务市场秩序专项行动，制定了《北京市防范和应急处置境外劳务事件办法》。专项行动期间会同有关部门共检查外派劳务企业 152 家；处理外派劳务纠纷 7 起，涉及 50 余人；查处无照经营等违规企业 13 家，没收非法所得及罚款 20.4 万元；涉嫌犯罪立案 3 起，逮捕犯罪嫌疑人 6 名；印发各类宣传品8 600余份等。清理整顿工作取得了阶段性成果。

三、加大政策支持。继续落实《北京市对外经济技术合作专项资金管理暂行办法》，通过不断完善鼓励政策和稳步推进实施支持手段，对企业“走出去”工作起到了积极的促进作用。会同市财政局完成了 2009 年上半年使用全市对外经济技术合作专项资金的申报工作和核批工作。

四、分类指导服务。从企业实际出发，积极主动指导并服务区（县）商务部门和企业开展“走出去”工作的需要，对不同类型的“走出去”企业，进行分类指导和培训，提高工作的针对性和有效性。发放了由商务部编辑的《对外投资合作国别（地区）指南》，推动本市各项“走出去”工作的健康发展。

五、促进企业投资。用好展会活动平台，组织有关企业参加了第六届中国——东盟博览会投资促进活动、第九届中日韩泛黄海经济技术交流会等贸易投资促进活动。向国外驻京贸易促进机构了解所在国或地区的承包工程项目情况，推介本市“走出去”企业参与。

2009年全市对外经济合作的主要特点：

一是一批具有首都经济特征和科技优势的企业在多个领域以合资、合作、股权置换、收购兼并等多种方式开展境外投资，创办的境外企业在利用当地市场的同时，开始向利用当地的原材料、资本、科技、智力等多种资源的方向发展。

二是民营企业呈现出较强的国际合作和竞争能力，已经成为北京市境外投资的主要力量，企业数量占全市境外投资企业（机构）的七成以上。

三是对外承包工程重点企业及大项目占新签合同额绝对比重。2009年排在前三名的中地海外建设有限责任公司、北京建工集团有限责任公司、北京宏福建工集团新签合同额19.2亿美元，占合同总额的65%。1 000万美元的大项目35个，累计新签合同额26.73亿美元，占合同总额的90%。

四是外派劳务人数及技术附加值高的外派劳务人员所占比重双增长。2009年派出各类劳务人员首次突破1万人。外派和月末在外劳务人数均比去年同期有很大幅度的增长。其中，外派海员及各类中高级劳务人员占外派总人数的56%。

（张　强）

境外投资

【境外企业（机构）核准数量和投资额双增长】 2009年核准境外企业（机构）140家，同比增长36%。境外企业投资总额6.35亿美元，同比增长28.88%。其中：中方协议投资额4.99亿美元，占投资总额的79%，同比增长17.57%。

（郭红雨）

【制定并实施《北京市境外投资管理暂行办法》】 根据商务部2009年第5号令《境外投资管理办法》的规定，为进一步规范本市境外投资工作，研究制定了《北京市境外投资管理暂行办法》。本市行政区域内依法设立的企业通过新设、并购等方式在境外设立非金融企业或取得既有非金融企业的所有权、控制权、经营管理权等权益的行为适用本办法。

（张成成）

【第一家利用中非发展基金设立的境外生产性企业投产】 2009年5月，中地海外建设集团有限公司与中非发展基金共同投资建设的埃塞俄比亚汉盛玻璃厂举行投产庆典，这是本市第一家利用中非发展基金设立的境外企业，也是本市第一家在中非地区设立的生产性企业。

（闫玉民）

【市商务委率团参加第九届泛黄海经济技术交流会议】 2009年7月，第九届泛黄海经济技术交流会议在山东省烟台市举行，市商务委程玉华副主任率代表团参加了本次会议。北京服务外包企业协会代表在泛黄海服务外包推介会上做了“北京市国际服务外包发展现状与展望”的主题发言；临空经济区板桥创意天承投资发展中心代表在中日韩泛黄海地区港口物流经济合作论坛上做了“依托临空经济，发展现代服务业”的主题发言。

（郭红雨）

【境外投资统计工作荣获商务部表彰】认真落实《对外直接投资统计制度》。市商务委及统计人员荣获商务部2008—2009年度境外投资统计工作先进单位和先进个人。

（张成成）

对外承包工程

【对外承包工程和劳务合作营业额突破20亿美元】2009年，全市对外承包工程和劳务合作完成营业额达22.7亿美元，同比增长34.5%。

（崔春玲）

【制定并实施《北京市对外承包工程资格管理暂行办法》】根据《对外承包工程管理条例》（国务院令第527号），以及商务部、住房和城乡建设部颁布的《对外承包工程资格管理办法》（2009年第9号令），为规范和促进对外承包工程健康发展，市商务委会同市住房和城乡建设委制订了《北京市对外承包工程资格管理暂行办法》，分别就对外承包工程资格条件、申请程序、《资格证书》管理、监督管理等方面作了规定。

（白智勇）

【市商务委首次组团开展对外承包工程项目巡查工作】为防范境外劳务事件的发生，规范对外劳务合作管理，促进北京市对外劳务合作健康发展，2009年12月，市商务委首次组织市政府外办、市建委、市公安局等有关部门负责同志对全市对外合作工程项目较多的肯尼亚、毛里求斯、马来西亚的北京建工集团、北京城建集团、北京住总集团、中昊海外等重点劳务合作项目进行了工作巡查，取得了预期效果。

（白智勇）

对外劳务合作

【开展清理整顿外派劳务市场秩序专项行动】按照《商务部、外交部、公安部、监察部、交通运输部、国资委、工商总局关于开展清理整顿外派劳务市场秩序专项行动的通知》（商合发〔2009〕261号）精神，为认真开展清理整顿外派劳务市场秩序专项行动，自2009年6月至10月，北京市各有关部门积极工作，各负其责，相互配合，依法行政，较好地完成了各项工作任务，促进了全市对外劳务合作规范、健康、有序发展。

（白智勇）

【研究制定《北京市防范和应急处置境外劳务事件办法》】为贯彻落实《商务部、外交部关于印送〈防范和处置境外劳务事件的规定〉的通知》要求，维护首都社会稳定，切实保护外派劳务人员合法权益，建立快速、有效的境外劳务事件处置机制，促进对外劳务合作健康发展。经市政府领导同意，北京市清理整顿外派劳务市场秩序专项工作协调小组研究制定了《北京市防范和应急处置境外劳务事件办法》。明确了适用范围、境外劳务事件的类型、处置原则、部门职责、处置程序等规定。

（白智勇）

【外派劳务审核工作开展顺利】2009年，全市审核对外劳务合作项目119件，外派各类劳务人员4 800人，开具相应的对外劳务合作出境证明29件，为131名外派劳务人员办理了《劳务人员出境证明》。按规定为108家企业退还了部分对外劳务合作备用金。

（崔春玲）

【新批2家对外劳务合作企业】 2009年，经市商务委审核并经商务部审批，中国对外友好合作服务中心、北京实业开发总公司获得对外劳务经营资格。

（崔春玲）

【输港澳劳务合作项目审核】 根据商务部规定，2009年，北京共有5家对外劳务合作企业具有商务部批准的输港澳劳务合作经营资格。全年共审核输澳劳务合作项目327个。

（崔春玲）

对外经济援助

【新批8家对外援助实施企业】 2009年，北京市新批对外援助实施企业8家，其中，对外援助成套项目实施企业3家：中冶京诚工程技术有限公司、泛华建设集团有限公司、北京城建亚泰建设工程有限公司；对外援助物资项目实施企业5家：中国航空技术北京有限公司、中国石油国际事业有限公司、中建材国际贸易有限公司、中计国际招标公司、北京华立科泰医药有限责任公司。

（孙　健）

【承担援外培训项目6项】 2009年，北京市共4家援外培训机构承担了援外培训项目6个。培训班内容包括：发展中国家畜禽产品深加工及安全质量控制技术培训、食品安全检测技术培训、生物技术在食品工业中的应用培训、都市园艺与蔬菜安全生产及流通保鲜和加工技术培训、农产品加工循环综合利用新技术培训、食品安全管理官员研修班等。共有来自非洲、南美洲、亚洲等30余个发展中国家的150余名学员接受了培训。

（孙　健）

【承担对外经济技术援助项目27项】 2009年，北京市共有5家企业承担了援外项目27项，其中援外成套项目8项，合同额约2 500万美元；援外物资项目9项，合同额约2 500万美元；援外设计、咨询、验收、考察、检查、监理10项。受援国家包括：安提瓜和巴布达、格林纳达、蒙古、缅甸、阿富汗、纳米比亚、毛里塔尼亚等国家。

（孙　健）

八、世贸事务

概　　述

2009年，国际金融危机仍在蔓延，世界经济深受影响，发达经济体几乎无一例外地出现了消费信心下降、生产需求减少、企业经营危机、外贸出口下滑等经济衰退现象，贸易保护主义在全球范围内有所抬头，中国成为最主要的目标之一。在这一背景下，北京市面临竞争更趋激烈的国际经济环境，应对贸易摩擦形势更加严峻。

一、积极动员本市企业应对贸易摩擦

自中国加入世贸组织以来，北京市受到

国外反倾销、反补贴、保障措施、特保调查、337调查、反规避等案件调查共有211起，涉案金额超过12.53亿美元，案件数与涉案金额均呈现上升趋势。2009年，涉及北京市企业的案件主要包括印度SDH光传输设备反倾销案、美国油井管反倾销反补贴案、美国汽车轮胎特保案和欧盟货物扫描系统反倾销案等。在应对相关案件的过程中，市商务委按照国家"四体联动"工作机制的要求，积极为辖区内的涉案企业提供服务，及时发布案件信息，讲解贸易救济措施理论，动员并指导企业参与案件应诉，北京企业通过主动应诉保住并扩大了市场份额，应诉成效率达到65%，有效地维护了自身的合法权益。

二、指导本市企业运用国际规则维护合法权益

在有效应对国外对中国发起的反倾销、反补贴、保障措施等案件的同时，国内企业也积极利用WTO有关规则，维护自身合法权益。从1999年12月北京市提起第一起进口反倾销立案至今，由北京企业参与发起的针对国外进口产品的反倾销和保障措施案件共有19起。其中反倾销案件18起，保障措施案件1起，立案数量在全国位居前列。在已经裁决的16起反倾销案件中，11起案件裁定了反倾销税率，1起无损害结案，3起终止调查，1起申诉企业撤诉。多数企业通过合理运用贸易救济措施，其产品销售价格持续回升，国内销售量增大，市场占有率提高，基本扭转了涉案产品连年亏损的局面。

三、积极开展相关政策措施清理工作

为配合国家积极应对美国在WTO争端解决机构诉我对品牌的支持政策。市商务委协调市发改委、市财政局、市国资委等部门和部分区（县）政府对相关政策进行了梳理，并对部分涉及出口的政策与品牌支持政策进行了调整。

（雷　堃）

【北京企业遭受国外贸易救济措施涉案金额大幅上升】2009年，涉及北京相关企业的国外反倾销、反补贴、反规避、保障措施等案件达到32起，同比下降了23.8%；涉案金额达到3.84亿美元，同比增长了1.2倍，涉案金额大幅度上升。

（于　文）

【对北京企业实施贸易救济措施的国家和地区达10个】2009年，共有10个国家和地区对北京企业实施了贸易救济措施，其中美国和欧盟分别有8起和6起，分别排第一和第三位。值得注意的是发展中成员对北京企业的案件数量也已达到14起，其中印度就有7起。

（于　文）

【特保调查成为国外新的贸易壁垒措施】2009年，国外共发起涉及北京市相关企业的特保措施案件4起，涉案金额达7 800万美元。其中美国对汽车轮胎的特保措施是最大的一起特保措施案件，涉案金额达6 700万美元；印度对汽车转向节等的特保措施也影响了北京市近1 000万美元的出口。

（于　文）

【涉案金额超3 000万美元的案件数达历年之最】2009年，涉及北京相关企业的国外反倾销、反补贴、保障措施等涉案金额超过3 000万美元的案件达4起，为历年之最。其中印度对SDH光传导设备的反倾销调查影响北京市出口超过1亿美元。

（于　文）

【贸易救济措施案件领域扩散】2009年，涉及北京相关企业技术密集型高端产品的贸易救济措施案件有2起，分别是欧盟对进口货物扫描系统发起的反倾销调查案件和印度对SDH光传输设备发起的反倾销调查案件，表明贸易救济措施案件正逐渐由劳动密集型产品向技术密集型的高端产品扩散。

（于 文）

【北京企业应诉印度反倾销案取得新突破】 北京松下彩色显像管有限公司在应诉印度彩色显像管案中获得市场经济地位待遇，这是北京企业首次在应诉印度反倾销案中获得市场经济地位。

（于 文）

【北京企业参与反倾销立案取得新进展】 2009年，北京企业对进口倾销产品主动提起反倾销调查并获得商务部正式立案的案件达2起，分别是华都集团和大发正大公司对原产于美国的进口白羽肉鸡反倾销反补贴申诉案和同方威视技术有限公司对原产于欧盟的进口X射线安检设备反倾销申诉案。其中同方威视技术有限公司对原产于欧盟的进口X射线安检设备反倾销申诉案是中国在安检设备行业发起的第一起反倾销调查，也是北京市在高新技术领域提起的第二起反倾销申诉案件，对在高新技术领域具有比较优势的北京高新企业起到了很好的示范作用。

（于 文）

【北京企业申请对进口有机硅实施反倾销调查终裁胜诉】 2009年，在北京企业申请对进口有机硅实施反倾销调查中，商务部认定原产于韩国和泰国的进口有机硅存在倾销，对国内有机硅产业遭受了实质损害，同时倾销和实质损害之间存在因果关系，决定自2009年5月28日起，对进口自韩国和泰国的进口该产品征收5.4%至25.1%不等的反倾销税，有效抑制了进口有机硅的倾销行为，对国内有机硅产业的发展有着积极意义。

（于 文）

【产业安全数据库扩容建设工作取得新进展】 按照商务部的统一要求，结合北京市实际情况，市商务委以开发区和区（县）商务部门为依托，全面推进数据库扩容工作，现已举办了相关培训，并筹备召开北京市产业安全数据库扩容项目工作会。

（于 文）

【办理进口不锈钢冷轧薄板认定证明初审材料】 自2008年起，市商务委受商务部委托，为企业办理进口不锈钢冷轧薄板认定证明初审。2009年北京市共有2家企业通过初审，共免征反倾销税约44.2万元。

（佟广军）

【“WTO与中国：北京国际论坛（2009）”成功举办】 “WTO与中国：北京国际论坛（2009）”于2009年11月19—20日在北京长城饭店举行。在国际金融危机仍在向纵深蔓延的背景下，世界经济深受影响，贸易保护主义在全球范围有所抬头。因此，本届论坛围绕“危机与机遇：企业的智慧”这一主题展开，有关专家纷纷表达了反对贸易保护主义的观点，并积极为中国企业如何应对贸易保护主义建言献策。此次论坛通过国内外政界、企业界、学术界专家学者的交流与研讨，总结国内外经验，深入挖掘危机中的发展机遇，分析研究政府政策的着力点所在，帮助企业树立信心、抢抓机遇、逆势发展。

（于 文）

九、商务领域行业协会

北京市商务领域社团组织概述

2009年，本市商务领域社团组织积极发挥政府与企业之间的桥梁和纽带作用，认真履行“行业代表、行业自律、行业管理、行业协调、行业服务”等职能，积极参与行业规范化建设，开展商务立法和专题调研，组织大型商务促进活动，加强行业诚信宣传教育，规范零售企业促销行为等工作。此外，在服务会员单位、提高员工素质、培育行业典型、加强信息交流等方面也取得了较好效果。

截至2009年底，由市商务委作为业务主管单位的社团组织54家，其中：内贸领域36家，外贸领域18家。按照在市民政部门社团组织登记的分类统计：行业性社团41个，学术性社团6个，专业性社团3个，联合性等社团4个。按照《中共北京市委办公厅、北京市人民政府办公厅印发〈关于促进本市行业协会发展和改革的意见（试行）〉的通知》（京办发〔2006〕22号）精神，市商务委2009年未批复成立新的社团组织。同时，按期完成了社团组织的年度检查工作，指导5家协会完成了换届选举工作。

（王庆丽、谭成海）

北京市商务领域社团名录

单位名称	会长	秘书长	联系人	联系电话	传真	单位地址	邮编	网址、电子邮箱
中国国际商会北京商会	熊九玲	赵广才	李万瑞	88070314/0307/0317	68058683/88070397	西城区南礼士路头条3号	100045	www. ccpitbj. org
北京国际会议展览业协会	周茂非	储祥银	张 羚	88070393/0324/0343	68061030	西城区南礼士路头条3号	100045	
北京国际经济贸易学会	姚 望	李 霞	李 霞	88070329	88070329	西城区南礼士路头条3号	100045	bjxh1990@yahoo. com. cn
北京市进出口企业协会	王耀平	叶长友	高佳东	84289881/9006/9001	84289902	朝阳区和平里小黄庄北街2号C座	100013	www. bjtrade. org. cn/bieea @21cn. com
北京市国际技术贸易协会	陈 伟	陈乃明	刘培立	65252214		东城区朝内大街190号	100010	
北京市国际货运代理行业协会	于 杰	李 荣	李小蕾	64621398/99	64615507	朝阳区亮马桥路44号海昌大厦209室	100016	biffa@biffa. org. cn
北京市对外经济贸易会计学会	李文泉	张淑兰	李文泉	65280245/85163037		东城区朝内大街190号	100010	
北京市商务企业法律顾问协会	邓洪波	钟 青	李树平	58260971	58260971	朝阳公园西里南区6号楼403室	100026	
北京贸易效率协会	姜惠比	李树平	王介甫	58260955		朝阳公园西里南区6号楼	100026	
北京中外企人力资源协会	王晓平	滕 霄	范莉莉	67771003	67771004	朝阳区西大望路15号外企大厦B座703室	100022	hra@hral. org. cn
北京国际志愿人员协会	王 粤	刘 军	闫 颖	84000561/0562	64097913	东城区安定门东大街28号雍和大厦C座11层	100007	www. civa. org. cn
北京外商投资企业协会	何庆源	周卫民	陈一松	65543163/64	65543161	朝阳门北大街8号富华大厦F座408室	100027	www. bjinvestservice. org

（续）

单位名称	会长	秘书长	联系人	联系电话	传真	单位地址	邮编	网址、电子邮箱
北京国际投资促进会	孙长泰	李保卫	张　桐	65546203	65543161/6203	朝阳门北大街8号富华大厦F座406室	100027	
北京外企海外联谊会	韩敬民	刘燕玲	束　燕	67771209/10	677771174	朝阳区西大望路15号外企大厦B座1904室	100022	jennysy _ 2000@yahoo.com.cn/www.fesco.com.cn
北京服务贸易协会	熊九玲	褚祥银	苑晓坤	88070346	68065905	西城南礼士路头条3号南楼325室	100045	
北京服务外包企业协会	曲玲年	朱梓齐	孟　哲	82825690—1073	82825695	海淀区东北旺西路8号中关村软件园1号楼信息中心C座一层	100094	www.beijingsourcing. org.cn
北京国际经济技术合作协会	纪为民	廖志宁	白　洁	84549851	84549693	东城区东直门外大街48号东方银座A座17C	100027	baijiew@sina.com
北京外商投资企业商工联合会	姜仲群	刘贻长	刘贻长	65056010	65056110	建外大街1号国贸西楼516室	100004	
北京市商业联合会	李顺利	陈　进	陈　进	63435419/22/29	63435416	西城区莲花池东路丙1号	100045	www.bjcc.org.cn/
北京物流协会	王国丰	林友来	林友来	63435428	63435428	西城区莲花池东路丙1号	100045	www.bla.org.cn/bjwlxh @ sina.com
北京市商业企业管理协会	沈致远	左玉荣	吴晓霖	64010352	64010352	东城区魏家胡同20号	100007	
北京百货行业协会	孟卫东	左玉荣	吴晓霖	64010352		东城区魏家胡同21号	100007	
北京市印章行业协会	张宝平	王　立	王　立	63030462	63035640	宣武区珠市口西大街258号	100051	yzgs@bjyzgs.com.cn
北京市茶业协会	段葆兰	刘　珏	赵桂香	68337903	68337903	西城区北礼士路甲98号阜成大厦A座4层421号	100037	
北京冷饮食品协会	濮万瑾	李桂花	李桂花	63435423	63435520	西城区莲花池东路丙1号	100045	www.bjlyspxh.com.cn lengyinxiehui@sohu.com

（续）

单位名称	会长	秘书长	联系人	联系电话	传真	单位地址	邮编	网址、电子邮箱
北京市供销合作经济组织协会	符敬群	杭金生		63521364	63520898	宣武区儒福里 40 号	100054	
北京商业经济学会	臧洪阁	赖　阳	魏　刚	65594609	65231127	东城区礼士胡同 41 号	100010	
北京蜂产品协会	杨寒冰	赵增莲	钟一鸣	67869258	67869021	北京经济技术开发区同济中路 7 号兴盛工业园 3 栋	100176	zhongyiming@126. com
北京商业经济学会	臧洪阁	赖　阳	魏　刚	65594609	65231127	东城区礼士胡同 41 号	100010	
北京市商业服装行业协会	陈普照	朱名华	朱名华	65136644/63032991	65123749	宣武区前门大街掌扇胡同甲 2 号	100051	
北京肉类食品协会	袁卫东	刘金英	刘金英	63266413	63324878	宣武区广安门外广华轩 6 号楼	100055	
北京市化工商业协会	邓五一	刘志刚	王海红	87612660/67603818	87612660	丰台区永外宋家庄顺八条 1 号	100078	hgshyxh01@sin. com
北京市眼镜行业协会	孟卫东	刘多宁	刘多宁	66130195	66130195	西城区护国寺大街 85 号	100035	
北京市调味品协会	吴　鸣	周　燕	周　燕	63520634	63531323	宣武区枣林前街 19 号	100053	
北京焙烤食品糖制品协会	高　波	张　漪	刘俊欣	63265499	63265499	宣武区广安门外广华轩 6 号楼	100052	beijingbeikao@yahoo. com. cn
北京市豆制品协会	张振山	卢桂芳	卢桂芳	63521149	63521149	宣武区枣林前街 19 号	100053	bjdzxh2006@163. com
北京农业生产资料协会	吴　山	牛保平	牛保平	83828786		丰台区西四环南路 8—1 号	100073	
北京文化用品行业协会	张　军	周文安	周文安	67226062	87297093	永外东革新里 42 号	100077	
北京市石油流通行业协会	郑国强	王顺增	刘　云	67219911/67217711	67219911/67220066	崇文区马家堡路 1 号陶然大厦 702	100077	www. capitalpetro. com. cn
北京拍卖行业协会	温桂华	张　瑾	何　颖	68337868	68332969	海淀区二里庄小区 5 号楼	100083	
北京家政服务协会	李大经	杨　军	李大经	63432818/5414	63432818	西城区莲花池东路丙 1 号	100006	www. bcinet. gov. cn/lifeserv/jiazheng BJJX—415@sohu. com

（续）

单位名称	会长	秘书长	联系人	联系电话	传真	单位地址	邮编	网址、电子邮箱
北京市摄影行业协会	孙秀珍	孙广义	孙广义	66039982	66039982	西城区大酱坊胡同甲 26 号	100032	
北京市洗染行业协会	王力强	汪学仁	汪学仁	63972756	63972756	丰台区莲花池西里 20 号宝辰洗衣厂四楼	100037	
北京市饮食行业协会	白　涛	何之绂	何之绂	66035722	66039210	西城区大酱坊胡同甲 26 号	100032	www. bjys. org
北京美发美容行业协会	卢连德	李瑞明	张秋荣	63188435	63188437	宣武区珠市口西大街 120 号太丰惠中大厦 1222 室	100050	www. bjmm. com. cn
北京市租赁行业协会	李鸿增	郑庆林	郑庆林	67150700	67150700	崇文区法华南里 26 号 404 室	100061	Zlxh718@vip. sina. com
北京西餐业协会	陈立群	许　萌	许　萌	64810615	转 11	朝阳北苑路 180 号加利大厦 2 号楼 502 室	100101	www. globalfood. com. cn
北京典当行业协会	郭金山	郝凤琴	郝凤琴	84544366	84544368	朝阳左家庄北里 2 号北青苑写字楼 317 室	100028	www. bcinet. com. cn/lifeserv/diandang
北京电子商务协会	高颖维	林　亚	王同红	63435415	51814650	西城区莲花池东路丙 1 号	100045	www. beca. org. cn
北京市连锁经营协会	姜俊贤	李秀珍	李秀珍	62218069	62262236	海淀区北三环西路光明北里 2 号	100088	
北京老字号协会	姜俊贤	张　健		62002277		西城区北三环中路 27 号	100029	www. btba. org. cn
北京中国饮食文化研究会	李士靖	赵振华	孙淑萍	65193131	65193259	北京市正义路 2 号市政府 2 号楼	100744	
北京中华茶艺协会	郝　莹	李延海	郝　莹	66056287	66056287	西城区八宝胡同 5 号	100033	
北京市商业文化研究会	张明远	刘满来	刘满来	67266164		崇文区永外大街 162 号	100075	
北京市旅店行业协会	丁同欣	张　宏	张惠云	63156367	63156367	宣武区棕树斜街 42 号（欣燕都旅馆）	100051	

第四部分

口岸、海关、检验检疫

北京市人民政府口岸办公室

基本职能

北京市人民政府口岸办公室，是负责北京口岸工作的市政府办事机构，也是北京市口岸工作领导小组的办事机构。负责起草本市有关口岸工作方面的地方性法规草案、政府规章草案；研究提出口岸发展规划及政策措施，并组织实施；负责口岸综合协调管理和“大通关”工作；组织协调首都机场地区精神文明建设和社会治安综合治理等工作；承办市政府交办的其他事项。

内设机构

北京市人民政府口岸办公室内设机构有：秘书处、综合业务处、航空港处、陆港管理处。

工作概述

2009年，北京口岸工作在市委、市政府的正确领导下，按照市商务委的工作部署及市口岸办党组确定的工作思路，坚持把“保增长、保民生、保稳定”与提高口岸通关效率、降低口岸通关成本相结合，与甲型 H_1N_1 流感防控工作相结合，与迎接新中国60华诞创建良好口岸环境相结合，与领导干部作风建设年相结合，市口岸办全体同志分兵把守，各尽其责，共同努力，和口岸相关部门通力合作，较为圆满地完成了年度工作任务，保证了北京口岸运营安全、畅通、高效、文明。重点工作有效推进，属地工作有声有色，机关建设扎扎实实，组织建设明显增强。

【防控甲型 H_1N_1 流感工作】 市口岸办组成专门工作小组，深入口岸现场，配合入境监测组，积极协调防控资金、防控物资，为口岸一线提供了可靠的后勤保障。同时还利用各种条件加大口岸防控工作的宣传力度，营造口岸防控的浓厚氛围，积极联系新闻媒体，宣传口岸防控措施和口岸一线防控人员的无私奉献精神。截至2009年12月31日24时，北京口岸（包括首都机场口岸和北京西站口岸）共检疫入境交通工具2.88万架次/车次，检疫入境人员485.75万人次。现场排查1.1万人次，累计转送指定医院或饭店2 002人次，其中168人（密接22人）被确诊为甲型 H_1N_1 流感。

（秘书处）

【市政府与海关总署签署合作备忘录】 为了帮助企业更好地应对国际金融危机，扩大出口市场份额，共同推动首都经济又好又快发展，北京市人民政府与海关总署签署合作备忘录。中共中央委员、北京市委副书记、市长郭金龙，中共中央委员、海关总署党组书记、署长盛光祖，分别代表双方签署合作备忘录。签字仪式由北京市副市长程红主持，海关总署副署长鲁培军出席。根据合作备忘录，海关总署将在北京海关特殊监管区域和口岸大通关建设、促进优势产业发展、打击走私和维护地区良好的市场环境、海关统计监测预警、北京企业“走出去”和“引进来”、营造便利通关环境等方面加大对北京的支持力度。

（秘书处）

【口岸信息工作明显突破】 市口岸办机关门户网站建设有所改进，网络内容更新明显加快；编发上报信息质量有较大提高，2009年共报送《北京口岸》12期，市委市政府共采用市口岸办信息5条，实现了口岸信息在两办刊物上近几年来零的突破；主动组织北京主流媒体采访北京口岸，报道口岸防控H_1N_1流感工作，开始了利用媒体对外宣传的尝试。

（秘书处）

【口岸服务意识明显增强】 2009年始终注重坚持为口岸联检单位解决困难，服好务。经过艰苦努力，在市财政局的大力支持下，先后拨付奥运工作补贴、防控甲型H_1N_1流感专项经费、入境检测组办公经费、防控一线人员工作补贴、国庆安保工作奖励经费。

（秘书处）

【“十二五”时期口岸发展规划完成初稿】 根据海关总署署岸函〔2009〕350号文件精神，市领导批示市口岸办负责研究起草“北京市‘十二五’时期口岸发展规划”。为落实总署要求和市领导批示，市口岸办高度重视，成立了口岸规划编制工作小组，确定了与北京工商大学组成项目组、共同完成规划编制的思路。按照工作计划、目标、任务以及时间安排，项目组先后深入十几个相关单位，对口岸现状、运营情况、交通环境及城市发展趋势、重要物流节点等进行调研。目前已完成了前期调研等基础性工作任务并起草完成初稿。

（综合处）

【“北京市民用机场净空保护区域管理办法”完成调研】 为尽快推动“北京市民用机场净空保护区域管理办法”的立法工作，市口岸办先后与市法制办、民航华北管理局及首都机场等相关部门多次研究沟通，确定了“北京市民用机场净空保护区域管理办法”立法工作相关步骤。组织相关部门组成联合调研组，赴外省市进行工作调研；深入防鸟击工作现场，实地考察机场周边净空工作状况；完成了立法调研，明确了“北京市民用机场净空保护区域管理办法”的立法原则、工作机制和工作重点。目前，“北京市民用机场净空保护区域管理办法”立法工作在广泛征求意见的基础上，已完成法条制定，并正式进入立法程序。

（综合处）

【内陆港建设明显提速】 按照市领导的指示精神，市口岸办及时修订了《北京市陆港口岸体系建设发展规划（2009—2011）》，提出了《关于加快建设北京“内陆港”的意见》，并于9月14日在市政府专题会议上通过了上述意见和规划。明确要求加快建设通州马驹桥口岸和北京平谷国际陆港，实现在北京东北、东南两个方向各有一个陆海联运口岸的目标；确定了在马驹桥口岸批准开放投入使用前，确保朝阳口岸的全部功能正常运行的基本原则。在京津两地口岸查验部门的支持下，两市口岸管理部门、口岸运营企业密切合作，大力推进北京平谷国际陆港建设，已初步具备了启动运行的条件。

（综合处）

【西站铁路口岸正式开放获国务院批准】 按国务院领导批示精神和国家口岸管理办公室的要求，市口岸办深入北京西站现场实地考察通关现状，了解驻西站口岸查验机关的需求和铁路部门的困难，加强与铁道部、北京铁路局、口岸查验单位等相关部门的沟通协调，根据实际需求，完成了口岸查验单位机构和编制的申报，提出了查验现场基础设施完善的建议，协助市政府办公厅与铁道部共同上报了北京西站铁路口岸正式开放的相关文件。经过方方面面的共同努力，11 月 24 日国务院批准了北京西站铁路口岸正式开放。目前除查验现场场地和旅客通关场地还需进一步调整外，其他工作已准备就绪。

（综合处）

【首都机场空港口岸通关效率显著提高】按照“依法把关、监管有效、方便进出、管理科学”的要求，驻口岸查验单位积极创新通关模式，改进通关流程，通关效率得到较大提升。北京边检总站启用了 30 条出入境人员自助查验通道，其中 T2 航站楼 10 条、T3 航站楼 20 条，均设置在入境边检现场。旅客自助验放通道的启动，将促进北京边检证件查验效率和服务水平进一步提升。2009 年北京边检总站实现进出境旅客持普通护照通关时间不超过 45 秒，持港澳回乡证通关时间不超过 15 秒。

（航空港处）

【“反偷渡反走私”工作利用平台作用到位】据统计，2009 年北京出入境边防检查总站查获偷渡案件 380 起 486 人次，接收处理境外遣返人员 7 960 人次，成绩十分突出。首都机场海关下大力气抓案件查处，2009 年共立案 1 003 起，结案 846 起，罚没收入超过 1 360 万元，立案结案量双双突破历史新高。特别是在打击毒品走私工作中，成果更加显著，2009 年共查获毒品走私入境案件 36 起，收缴各类毒品 173.7 公斤，其中查获大麻 130 公斤，海洛因 40.8 公斤，可卡因 2.85 公斤，受到国家禁毒委、公安部和市领导的充分肯定，被市禁毒委誉为“国门之盾，缉毒先锋”。

（航空港处）

【首都机场地区精神文明建设整体效果好】市口岸办紧紧抓住国庆 60 周年的有利契机，以共建促文明、以文明促服务。组织驻场单位以“迎国庆讲文明树新风”活动为抓手，开展文化国门活动、志愿者服务活动、旅客服务促进活动、名人监督示范教育活动等一系列丰富多彩的文明创建活动，提升了首都机场的服务水平和质量，实现了共建文明机场、和谐机场的目标。首都机场不断提升服务水平，在国际机场协会组织机场顾客满意度排名中，首都机场的旅客满意度指标达到 4.47，全球机场排名第四位。

（航空港处）

【监管水平进一步提高】按照全市统一部署，为适应首都机场地区监管工作的新形势，市口岸办及时调整组织机构，出台专项整治公告，运用奥运食品监管经验，采取阶段性集中联合整治（元旦、春节、五一、十一）与日常检查相结合、宣传教育与制度监督相结合、行政指导与行政处罚相结合等多种方式，开展食品安全整治工作，取得了实效，提高了首都机场地区食品监管水平，确保了首都机场地区食品安全。

（航空港处）

【圆满完成各项接待服务工作】市口岸办围绕全市大型活动主办单位的要求，在口岸做了大量的组织配合工作，为重大国事活动和体育赛事的圆满完成提供了优质的口岸服务。圆满完成了“两会”代表委员航空运输保障任务、国庆观礼运输保障任务和中国网球公开赛、北京国际足球赛、中俄青少年运动会、世界魔术大会、京港洽谈会、服务贸易大会、世界航线发展论坛等一系列大型活动任务在首都机场的接待服务，同时高质量地完成了市领导交办的其他接待任务。

（航空港处）

【进一步推动区域通关监管模式的发展】北京朝阳口岸积极做好京津两地查验部门的协调配合工作，进一步落实“属地申报、口岸验放”和“应转尽转”的通关便利措施，协助北京企业在天津口岸办理相关手续，全面推动区域通关监管模式的发展，大大缩短进出口企业的集装箱周转速度和口岸通关时间，降低企业资金的占压和运输成本。

（陆港处）

【推动朝阳口岸平移马驹桥工作顺利开展】根据9月14日市政府专题会关于朝阳口岸平移马驹桥的指示精神，积极与通州区政府和京泰集团保持密切的业务联系，研究基地内口岸区域的设计规划，促进双方在马驹桥开展口岸规划和设施建设方面统一思想和步调，为下一步开展土地一级开发和招商引资等实际工作奠定基础。同时，在朝阳口岸完成平移马驹桥之前，全力确保朝阳口岸现有的通关流程及设施设备不变，方便货主、货代企业通关。

（陆港处）

【认真细致地完成各项统计工作任务】2009年市统计局及国家统计局北京调查总队对北京口岸统计工作进行了督导检查，给予了充分肯定。在日常统计工作中，全年共编制《口岸统计信息》月报12期、专刊3期，还特别增加了统计图表内容分析，使口岸运行情况更加直观，为领导决策提供了有价值的参考信息。

（综合处）

2009年北京口岸运营情况

项　目	本年累计	去年同期	同比增减（%）
首都机场空港口岸			
旅客吞吐量（万人次）	6 533.74	5 593.72	16.80
其中：进港（万人次）	3 247.38	2 827.94	14.83
出港（万人次）	3 286.36	2 765.78	18.82
进出境旅客吞吐量（万人次）	1 386.09	1 377.84	0.60
其中：外籍旅客进出境人员（万人次）	687.49	739.26	−7.00
货邮运量（万吨）	146.43	136.57	7.22
飞机起降（架次）	488 495	431 670	13.16
其中：进港（架次）	244 273	215 832	13.18
出港（架次）	244 222	215 838	13.15
进出境飞机起降（架次）	95 832	94 682	1.21
海关监管空运货物（万吨）	37.11	38.80	−4.36
其中：监管进口货物（万吨）	18.38	19.14	−3.97
监管出口货物（万吨）	18.73	19.66	−4.73
海关征收关税及代征税（亿元）	227.23	265.77	−14.50

（续）

项　　目	本年累计	去年同期	同比增减（%）
北京丰台货运口岸外运进出口货运（万吨）	3.54	3.84	−7.81
海关监管货物（万吨）	2.57	7.52	−65.82
其中：监管进口货物（万吨）	0.49	0.50	−2.00
监管出口货物（万吨）	2.08	7.02	−70.37
海关征收关税及代征税（万元）	4 680.01	4 486.00	4.32
北京朝阳口岸陆港公司进出口货运量（标箱）	36 149	45 128	−19.90
海关监管货物（标箱）	50 454	52 921	−4.66
其中：监管进口货物（标箱）	50 066	51 550	−2.88
监管出口货物（标箱）	388	1 371	−71.70
海关监管货物（万吨）	183.99	72.34	154.34
其中：监管进口货物（万吨）	183.42	70.77	159.18
监管出口货物（万吨）	0.57	1.57	−63.69
海关征收关税及代征税（亿元）	82.32	77.42	6.33
北京西客站临时口岸出入境旅客吞吐量（人次）	89 799	90 008	−0.23
其中：外籍人员进出境（人次）	11 412	11 859	−3.77

（综合处）

北京海关

基本职能

北京海关是海关总署直属的正局级海关。依据《中华人民共和国海关法》和其他有关法律、法规，负责监管北京关区进出境运输工具、货物、行李物品、邮递物品和其他物品，征收关税和其他税费，查缉走私，编制海关统计和办理其他海关业务。

内设机构

北京海关内设机构有：办公室、法规处、关税处、监管通关处、审单处、行邮监管处、加工贸易监管处、综合统计处、稽查处、风险管理处、企业管理处、海关总署北京加工贸易单耗管理办公室、进出口商品归类办公室、缉私局、技术处、财务处、关务保障处、人事处、教育处、思想政治工作办公室（机关党委办公室）、政治部办公室、督察内审处、监察室。

隶属机构

北京海关隶属机构有：首都机场海关、中关村海关、北京经济技术开发区海关。

派驻机构

北京海关派驻机构有：驻邮局办事处、驻朝阳办事处、驻平谷办事处、驻车站办事处、驻顺义办事处（驻天竺出口加工区办事处）、现场业务一处、现场业务二处。

事业单位

北京海关事业单位有：中国电子口岸数据中心北京分中心、机关服务中心。

人员编制

北京海关现有人员1 549名（其中从事海关业务人员1 348名，从事缉私业务人员201名）。

【税收总额再创历史新高】认真贯彻落实海关总署关于加强综合治税的一系列部署，进一步强化税收工作的组织领导，坚持以质促量、量质并举，全力以赴确保应收尽收。全年实现税收总流量395.6亿元，同比增长1.5%；税收实际入库378.6亿元，同比增长4.72%。

【实际监管更加严密】以“通得快、管得住”为目标，加大对进出境运输工具的监管力度，通关效率和监管效能显著提高。全年共监管进出口商品总值574.2亿美元，进出境人员1 436.1万人次，进出境非贸行邮物品8 276万件。实现了对保税加工各作业环节的电子化管理，关区加工贸易单耗管理水平进一步提升，共备案加工贸易手册5 167份，备案合同金额达到91.5亿美元。

【服务首都经济发展】全面落实总署出台的《海关支持扩大内需促进经济增长10项措施》，在抓落实、见成效上下功夫。下大力促进首都总部经济、会展经济、文化创意等特色产业发展，共备案、监管进出境展品总价值39.5亿美元。高起点、高标准推进天竺综合保税区、平谷马坊国际物流中心的筹建工作，2009年7月28日，天竺综保区顺利通过了由海关总署牵头的十部委联合验收。

【缉私工作取得突出成果】坚持以打促税，集中力量突破涉税案件，侦办涉税走私刑事案件11起，案值8 018万元，涉嫌偷逃税款1 292万元，抓获犯罪嫌疑人69人；加大毒品、象牙等非涉税走私查缉力度，共查获毒品走私案件70起，查获各类毒品265.9千克；查获象牙案件8起，缴获象牙及其制品550千克；知识产权保护成果显著，截获侵权商品3 558批次、19.16万件，案值约8 806万元。

【海关统计辅助决策作用充分发挥】全年共报送统计分析报告183篇，其中有35篇次被中办、国办采用，3篇获国务院领导同志重要批示，多篇统计分析得到市领导和有关部门的高度关注和批示。自2009年开始向各区（县）发布进出口数据，并通过北京电视台每周发布海关最新进出口统计数据。

（杨帆）

2009年北京海关主要业务情况一览表

序　号	项　　目	数　额	同比增减（%）
1	进出口货物总值（亿美元）	574.2	－9.5
2	进出口货运量（万吨）	849.4	20.0
3	出入境人员（万人次）	1 436.1	2.5

（续）

序　号	项　　目	数　额	同比增减（%）
4	监管印刷品、音像制品（万件）	6 363.0	26.8
	快递物品（万件）	1 913.0	94.0
5	走私犯罪结案数（件）	215.0	377.8
	案值（万元）	8 018.0	−24.4
6	处理违规案件（件）	1 398.0	144.4
	案值（万元）	76 154.0	48.9
7	实际罚没收入（亿元）	0.5	−3.3
8	税款入库总金额（亿元）	378.6	4.7
	其中：关税税款（亿元）	58.7	2.1
	代征税款（亿元）	319.9	5.2
9	审批减免税总货值（亿美元）	62.2	5.0
	审批减免税总金额（亿元）	82.6	9.0
10	备案加工贸易合同总金额（亿美元）	91.5	−46.4

2009 年北京地区进出口总值一览表

项　　目	价值（亿美元）	同比增减（%）
进出口总值	2 148	−20.9
出口总值	484	−15.9
进口总值	1 664	−22.3
出口差额(+:出大于进；−：进大于出)	−1 180	——

（撰稿人：杨帆）

名　　录

中华人民共和国北京海关

法人代表：甘荣坤

通讯地址：北京市朝阳区光华路甲 10 号

邮政编码：100026

电　　话：65396789

传　　真：65396080

网　　址：www.bjcustoms.gov.cn

北京出入境检验检疫局

基本职能

北京出入境检验检疫局（简称北京检验检疫局）是国家质检总局设在北京，授权依法管理北京地区出入境检验检疫工作的行政执法机关和涉外经济监督部门。北京检验检疫局依据中华人民共和国《商检法》、《动植物检疫法》、《国境卫生检疫法》，负责北京市行政区域出入境卫生检疫、动植物检疫、进出口商品检验鉴定与监督管理。

机构设置

北京检验检疫局下设办公室、法综处、卫检处、动植处、检验处、食品处、工业品处、动植食处、通关处、认监处、检务处、科技处、人事处、财务处、监审室、检验检疫技术中心、国际旅行保健中心。另设有首都机场检验检疫局、丰台检验检疫局、北京经济技术开发区检验检疫局、顺义检验检疫局、通州检验检疫局、海淀检验检疫局、北京朝阳口岸办事处、北京西站办事处、国际展览办事处等分支机构。

工作概况

2009年，北京检验检疫局严格履行出入境检验检疫监管把关职责，共检验检疫出入境货物23.43万批，货值188.23亿美元。其中，实施出境检验检疫154 288批，货值125.76亿美元，实施入境检验检疫79 983批，货值62.47亿美元。经检验检疫，查出不合格进出口货物817批，货值3 021万美元。全年完成出入境工业品检验检疫20.21万批，货值177.34亿美元。其中，检出不合格工业品266批，不合格货值2 404万美元。完成出入境动物及其产品检验检疫9 258批，货值27 946万美元，其中，检出不合格货物363批，检出疫情3种。完成出入境植物及其产品检验检疫7 469批，货值14 826万美元，其中，检出不合格货物158批，检出疫情56种。完成出入境食品及化妆品检验检疫15 410批，货值55 069万美元，其中，检出不合格食品及化妆品213批，不合格货值168万美元。开展出入境人员检疫监查1 373.17万人次，实施人员健康体检59 726人次，实施艾滋病监测65 321人次，发现各种病例1 394例，实施预防接种148 334例，发放国际旅行健康证书38 597份。实施出入境飞机检疫82 949架次，实施出入境火车检疫4 440节，检疫出入境集装箱90 875只。实施出入境货物木质包装检疫查验119.24万件，截获入境疫情4批次。经检验检疫，签发各类出入境检验检疫证书（单）33.81万份。

【抓“质量和安全年”见实效】2009年，北京检验检疫局采取措施保障活动有序开展。成立活动领导小组，细化活动方案，明确责任部门，活动中及时沟通、总结、调整，实施过程控制，结合绩效考核严格督查，加强部门联动，形成合力，确保各项工作落实到位；在局内外网站开设“质量和安全年”、“法制园地”专栏，报道活动开展情况，分析典型案例，宣传检验检疫法律政策法规；按工业产品、动植物及其产品、食品化妆品三大类对60多种重点进出口产品进行质量分析，为决策提供依据；以风险评定为基础，改革监管模式，成立23个风险评定专家小组，完成北京地区出口法检工业产品风险评定和部分饲料及饲料添加剂检疫风险评定；完善出口工业产品分类管理，对北京地区出口木制品、木家具实施分级分类管理，做好出口动物及其产品企业注册管理，做好对进口旧机电、进口婴幼儿用品、出口玩具等敏感商品及市场采购物资、援外物资检验监管工作；根据国际贸易政策法规变化和产品质量要求，有针对性进行专题培训，开展企业人员专业技能培训，宣传检验检疫政策法规。年内，培训进出口企业管理人员1 623人次，帮扶企业1 149家，发放各类会议材料和法律书籍数百册；集中培训局内执法人员800余人次；编制“质量和安全年”

简报19期，其中一期作为质检总局简报印发全系统；完善14项专项管理制度，对1 000多家进出口企业进行信用等级评定，对400多家出口工业产品企业进行分类管理；开展以非法检商品为主监督抽查，对市销进口商品进行抽查，围绕“四查四建四落实”要求，开展进出口食品安全整顿，开展重点食品生产企业专项检查，结合国庆安保工作，开展首都机场候机楼内餐饮店食品安全专项检查、获证企业认证有效性监督抽查、北京地区进出口商品检验鉴定机构专项检查。

【推动全局法制工作获新进展】2009年，北京检验检疫局完善执法基础建设，成立执法学研小组，健全执法学习研究体系，健全制度，建立长效机制，相继制定、完善13项规章制度；强化技术法规管理，加强标准建设，建成检验检疫政策法规和技术标准数据库；以实施《中华人民共和国食品安全法》为契机，加强普法宣传工作，编发《法制参考》，指导执法人员及时把握法制动态，增强决策法律思维，提高依法行政能力。

【为外贸企业提供多方位服务】2009年，北京检验检疫局制定措施，完善工作机制，提高服务经济发展有效性。制定《北京检验检疫局服务企业、保持经济稳定增长十二项措施》、《北京检验检疫局帮扶企业出口措施》、《北京检验检疫局检验检疫预约服务办法（试行）》，明确服务程序及部门工作职责，为企业提供全天候24小时验放服务，制定《出入境货物检验检疫工作流程监督管理办法》和《检验检疫工作时限》，提高工作效率，缩短流程，降低企业成本；建立与地方政府部门沟通联系制度，签署检贸合作备忘录，并落实相关工作；发挥职能优势，与地方主管部门协调，推动北京天竺综合保税区和平谷马坊物流基地建设，探索创新检验检疫监管模式；引入风险管理理念，依托风险分析与评估，在全局范围内推行分类管理监管模式，提高检验监管效率，为企业节省时间和成本开支；推进政务公开，增强执法透明度，完善便捷通关措施，全面推行直通放行和绿色通道制度，强化诚信管理，提高通关效率；加强政策宣传，帮助出口企业及时了解检验检疫政策，保证产品顺利出口；帮助企业应对国际贸易壁垒，提高产品抵御风险能力；帮助企业合理运用产地证等优惠政策，提升产品竞争力；开展“检验检疫春暖企业法制服务行动”，加大对企业法律宣传和法律援助力度，降低企业违法风险；帮助已获国外注册出口食品企业完成注册检查，保证产品顺利出口；适应北京市经贸发展需求，将检验检疫工作融入地方帮扶工作，及时解决地方企业部门反映检验检疫工作存在问题，及时调整检验检疫帮扶工作方向、重点。

【把好甲型H_1N_1流感疫情防控关】2009年，北京检验检疫局贯彻质检总局和北京市委、市政府部署，开展甲型H_1N_1流感疫情防控工作。抓组织保障，成立应急领导小组，紧急启动应急预案，迅速制定工作方案，建立多项管理制度，全面动员、组织，扎实做好口岸疫情防控；抓措施保障，建立全方位、多层面疫情防控体系，加强对入境旅客体温监测和检疫排查，强化健康申明卡核查分析和整理上报，严格重点航班指定远机位停靠及对运输工具、货物、旅客携带物和口岸公共场所监管；抓人员保障，针对口岸疫情防控任务重、人员紧张情况，及时组织、抽调120人，临时聘用170人支援首都机场局口岸一线把关，在质检总局、北京市教委支持下，先后有120名志愿者充实到首都机场口岸；抓物资保障，确保防控措施实施到位，及时为口岸一线配备543台体温监测设备和高速扫描仪、DVD及视频监控和录制设备，做好防护物资提前储备和及时调配；抓宣传保障，发放宣传资料、播放宣传片、制作提示牌、机上广播，对入境旅客加强政策宣传，争取旅客理解、支持；抓协作保障，确保联防联控发挥效能，加强与卫生、旅游、公安、边防、海关等部门沟通合作，构建便捷有效的联防联控工作模式，妥善处置多起突发事件。自5月1日至12月31日，共检疫北京口岸入境交通工具28 831架次/车次，检疫入境人员485.74万人次。经口岸检疫，现场排查疑似人员11 023人，累计转送定点医院或饭店监查2 002人次，其中168名旅客被确诊为甲型H_1N_1流感感染者。

【进一步提升科技兴检能力水平】 2009年，北京检验检疫局通过优化质量体系管理，深化局技术中心改革，构建充满活力、富有效率、持续发展机制，取得初步成效；开展科技合作与交流，初步搭建起纳米检测科技发展新技术平台；提高科技项目申报质量，全局15项科研项目获得2009年度质检总局科研项目计划立项，21项科研申报项目通过2010年度质检总局专家立项评审，项目数同比提高40%，项目申报成功率达81%，首次实现科研项目在检验检疫专业领域的全面覆盖；科技成果显著增加，完成27项科研课题验收鉴定工作，组织完成局2009年度“科技进步奖”评审、质检总局2010年度“科技兴检奖”及北京市科委“科学技术奖”评奖推荐工作；标准化管理工作深入开展，开发建立标准信息数据库系统，组织申报2009年检验检疫行业标准制修订计划项目60项，完成29项行业标准审定、报批工作；组织参与能力验证，提升实验室检测水平，组织完成5项全国性能力验证计划，技术中心能力验证顺利通过CNAS二次监督和扩项监督评审。3月，北京检验检疫局国家级食品安全检测重点实验室顺利通过质检总局考核。

【全面落实进出口商品检管规范】 2009年，北京检验检疫局深化进出口商品检管。推进分类管理制度建设，建立适合北京地区出口商品特点的分类考核评价机制，制定《北京地区出口工业产品企业分类管理工作规范（试行）》。目前，《规范》已经质检总局审批通过，在全局发布实施。与北京市商委联合举办《出口工业产品企业分类管理办法》宣贯大会，召集全市200多家企业参加大会。截至11月15日，共对58家企业实施一类管理，对129家企业实施二类管理。完善局“出口企业质量管理综合评价系统”，目前在该系统登记备案企业达444家，包含实施出口分类管理全部一类、二类及大部分三类企业。

【有效开展口岸卫生检疫监管】 2009年，北京检验检疫局推进出入境特殊物品卫生检疫审批工作，截至11月15日，对4 700批出入境特殊物品出具特殊物品卫生检疫审批单，其中，入境3 952批，出境728批。对353份不属特殊物品卫生检疫管理范围申请出具《不予行政许可受理通知书》；各口岸机构对公共场所实施卫生监督检查515次，对食品生产经营单位实施卫生监督检查3 224次，发放口岸从业人员健康证18 438份，施行健康体检9713人次，开展卫生知识培训10 468人次，审核、签发国境口岸食品生产经营单位卫生许可228份、国境口岸服务行业卫生许可74份；强化卫生检疫查验与疫情管理，各口岸机构对入境人员发放就诊方便卡5 530人次，查验出各种疾病症状15 579人次；审核口岸突发人员卫生个案1 995例；在出入境交通工具中，查出有传染病医学媒介15起。

【进出口商品强制认证获新成效】2009年，北京检验检疫局施行进出口商品强制认证制度取得新进展，截至11月15日，北京地区有出口食品卫生注册企业136家。其中，注册企业119家，登记企业17家。年内完成注册评审49家，其中，新增注册登记企业16家。新推荐上报国家认监委对外注册企业7家（次），其中，向欧盟推荐热加工禽肉3家、向日本推荐猪肠衣注册1家、向新加坡推荐热加工禽肉2家、向加拿大推荐热加工禽肉1家，目前，北京地区共有41家食品生产企业取得国外注册资格。开展CCC认证免办网上申报，简化手续，加快通关速度，1月1日起，试用CCC免办管理系统，受理CCC认证免办申请3 422份，发放免办证明3 102份；对43家获得质量管理体系、环境管理体系、HACCP体系认证和食品安全管理体系认证企业实施认证有效性检查，加强注册企业后续监管工作，促企业建立完备出口标准体系、质量过程控制体系、实验室管理体系，在7家对外注册食品生产企业、24家出口食品生产企业、5家出口蜂产品企业和13家蔬菜基地企业实施；对获得卫生注册登记出口食品生产企业人员培训，通过日常评审、督查等形式对50家企业管理人员、品控人员及生产、采购人员进行现场普法计145人次，深入企业调研并开展普法座谈3场次；开展强制性认证获证产品监督抽查；加强认证认可宣传，参加国际认可日宣传活动，编写印制有机产品认证、绿色食品认证、GAP认证、HACCP认证等科普知识手册，向社会公众发放；对免于强制性认证的特殊用途进口产品检测处理程序工作指南进行更改。

（王瑞林）

2009年北京市出入境商品质量情况一览表

项目		检验批次	批次合格率（%）	合格率比上年增减（%）
总计	**出境**	**154 288**	**98.67**	**−1.21**
	入境	**79 983**	**96.96**	**−0.69**
出境	农产品	8 503	99.96	0.02
	动物及产品	2 014	99.98	0.01
	植物及产品	2 181	99.96	−0.02
	食品及化妆品	5 836	99.98	0.00
	纺织品	17 044	99.96	−0.03
	轻工品	5 133	99.96	0.14
	金属及制品	291	89.35	−10.65
	化工品	2 548	99.88	−0.12
	机电产品	118 792	99.91	−0.02

（续）

项目		检验批次	批次合格率（%）	合格率比上年增减（%）
入境	农产品	16 565	97.05	2.04
	动物及产品	7 244	97.45	1.37
	植物及产品	5 288	97.70	0.08
	食品及化妆品	9 574	97.85	0.03
	纺织品	936	99.15	1.75
	轻工品	2 997	99.37	0.16
	矿产品	103	99.03	0.73
	金属及制品	2 914	99.95	－0.01
	化工品	5 091	99.82	0.07
	机电产品	4 8194	99.65	－0.03

名　录

单位名称：北京出入境检验检疫局
局　　长：齐京安
地　　址：北京市朝阳区甜水园街6号
邮政编码：100026
电　　话：58619900
传　　真：58619014
网　　址：www.bjciq.gov.cn

第五部分
开发区、区（县）商务

北京经济技术开发区

概　况

2009年是新中国成立60周年，也是北京经济技术开发区应对国际金融危机严峻考验，确保经济平稳发展的关键之年。在市委、市政府的领导下，北京经济技术开发区坚持以科学发展观为统领，全面贯彻落实中央、市经济工作会议精神，以“保增长、保稳定、保民生”为主线，开拓创新，迎难而上，取得了在主战场应对金融危机挑战的初步胜利，圆满完成了国庆安保等各项任务，保证了经济社会平稳较快发展。

北京经济技术开发区围绕主导产业集群化发展的要求，大力推进以诺基亚为龙头的通讯产业集群、以京东方为龙头的显示器产业集群、以中芯国际为龙头的微电子产业集群、以GE为龙头的医疗设备产业集群、以拜耳为龙头的生物医药产业集群以及以奔驰一戴姆勒·克莱斯勒为龙头的汽车产业集群的发展，加快发展生产性服务业和高附加值服务业，不断优化产业结构。特别是生产性服务业发展较快，成为北京市首批“服务外包示范区”。

据初步统计，2009年北京经济技术开发区实现地区生产总值570.69亿元，同比增长7.6%（不变价）；完成财政收入198.69亿元，同比增长15.32%；完成营业收入3 236.21亿元，同比增长7.82%；完成税收收入173.88亿元，同比增长9.98%。截至2009年底，累计吸引投资192.16亿美元，其中外商投资135.73亿美元，占70.64%。

对外贸易

【进出口总额】2009年北京经济技术开发区进出口总额222.58亿美元，同比下降8.89%。建区以来，北京经济技术开发区进出口总额累计已达1 148.13亿美元。

【进口总额】2009年北京经济技术开发区进口总额为105.12亿美元，同比下降10.72%。建区以来，北京经济技术开发区进口总额累计已达567.9亿美元。

【出口总额】2009年北京经济技术开发区出口总额117.46亿美元，同比下降7.18%。建区以来，北京经济技术开发区出口总额累计已达580.2亿美元。

【出口产品以机电产品为主】2009年北京经济技术开发区机电产品出口总值为115.92亿美元，同比下降6.97%，占全区出口总值的98.69%。

【出口企业以外商及港澳台投资企业为主】2009年北京经济技术开发区出口企业以外商及港澳台投资企业为主。2009年出口总值中，外商及港澳台投资企业出口总值为116.2亿美元，同比下降6.59%，占全区出口总值的98.92%。出口总值超过4亿美元的企业3家，出口总值达98.72亿美元，占全区出口总值的84.05%，分别为北京诺基亚移动通信有限公司、富泰京精密电子（北京）有限公司、威讯联合半导体（北京）有限公司。

【出口以高新技术企业为主】2009年北京经济技术开发区高新技术企业出口总值为101.29亿美元，占全区出口总值的86.23%。

利用外资

【利用外资】2009年北京经济技术开发区全年新批“三资”企业42家，批准“三资”企业注册资本2.29亿美元，批准“三资”企业投资总额4.1亿美元，合同外资金额2.09亿美元，外商实际投资0.69亿美元。

【累计利用外资】截至2009年12月底，北京经济技术开发区累计批准外商及港澳台企业661家，累计批准外商及港澳台企业投资总额135.73亿美元，注册资本64.17亿美元，合同外资金额51.34亿美元，外商实际投资39.66亿美元。

【外资来源】2009年北京经济技术开发区吸引投资的地区主要是香港，投资总额为3.39亿美元，占新批企业投资总额4.1亿美元（不含增资）的82.7%。

【“三资”企业规模】2009年北京经济技术开发区新批“三资”企业42家，总投资规模为4.1亿美元，外方投资规模（合同外资）2.09亿美元，平均每个企业的总投资规模是975.1万美元，平均外方投资规模为（合同外资）498.7万美元。

【“三资”企业出口创汇】在北京经济技术开发区已开业的“三资”企业中，有30家企业出口创汇超过1 000万美元。

名　录

北京经济技术开发区管理委员会
主　　任：张伯旭
地　　址：北京经济技术开发区荣华中路15号
邮政编码：100176
电　　话：67881207
传　　真：67881435

（撰稿人：刘昱君）

北京天竺综合保税区

概　况

北京天竺综合保税区（简称综保区）于2008年7月23日获得国务院批复（国函〔2008〕64号），2009年7月28日正式通过海关总署等国家十部委联合验收，成为全国首家依托空港口岸设立的综合保税区，总体规划面积5.944平方公里，分为口岸操作区和保税功能区两大区。北京天竺综合保税区具有口岸、贸易、展示、物流、加工、维修、研发等主要功能。

北京天竺综合保税区以首都临空经济为依托，以海关、税务、检验检疫、外汇、外贸等部门赋予的开放政策为基础，重点发展七大产业，即率先发展现代物流，着力发展国际贸易，优化发展保税加工，鼓励发展保税研发，引导发展检测维修，加快发展保税展览，创新发展特色金融。

2009 年，综保区实现进出口总值 494 132.5 万美元，同比增长 39.9%；完成税收104 826.6 万元，同比增长 1.5 倍；实现地方财税收入 2 378.4 万元，同比增长 69%。

【与 22 家企业签订战略合作协议】 4 月 30 日，在综保区管委会揭牌暨企业签约仪式上，共 22 家企业与综保区管委会签订了战略合作协议和入区企业合作协议。其中包括 GE 医疗集团、强生公司、永裕新兴等世界著名的医药类企业，以及中国银行、工商银行、民生银生等银行类企业。

【北京市物流公共平台研讨会在综保区召开】 5 月 8 日，北京市物流公共平台研讨会在综保区召开。会议听取了中电网信息技术有限公司汇报北京市物流平台可行性、规划、构架、功能、应用模式，探讨平台整合各种社会资源，提升北京市物流业的整体发展，与空港口岸联动，以及平台在综保区的试点建设、数据对接等方面的有关问题。与会人员主要对北京市物流公共平台如何与海关、检验检疫、外汇等政府部门，以及公司企业等经营实体实现数据对接、信息共享等问题提出建议。

【亮相北京国际科技产业博览会】 5 月 20 日至 24 日，综保区亮相第十二届北京国际科技产业博览会。在为期五天的展会上，综保区展位累计接待参观人员 3 000 多人次，接待企业咨询 300 余家，走访企业 15 家，发放宣传资料 200 余份。展会期间，综保区管委会还分别与中外运空运发展股份有限公司、富士康精密组件（北京）有限公司和北京瑞威国际酒业贸易中心三家企业签约。

【一期通过国家十部委联合验收】 7 月 28 日，海关总署会同国家发改委、财政部、国土资源部、交通运输部、商务部、税务总局、工商总局、质检总局及外汇管理局等十个部门组成联合验收组，对综保区一期范围的隔离措施、卡口设施以及相关配套设施进行验收。联合验收组认为综保区一期范围基本达到国家规定的验收标准，并与北京市政府签署了验收纪要。海关总署加贸司司长张皖生向北京市政府代表、北京市政府副秘书长刘志颁发了北京天竺综合保税区验收合格证书。

【综保区揭牌仪式举行】 7 月 29 日，北京天竺综合保税区举行揭牌仪式，标志北京天竺综合保税区正式成立。中共中央政治局委员、北京市委书记刘淇，海关总署党组书记、署长盛光祖出席仪式并为综保区揭牌。盛光祖同志及北京市委副书记、市长郭金龙在仪式上分别致辞。海关总署副署长李克农、孙松璞、鲁培军，北京市委常委、秘书长李士祥出席，北京市副市长程红主持了揭牌仪式。综保区的封关运作将提升北京外向型经济发展水平，壮大临空经济高端产业功能区规模，促进首都经济结构优化升级。

【《北京天竺综合保税区管理办法》公示完毕】《北京天竺综合保税区管理办法》作为综保区建设和运营的纲领性文件，被市政府列入 2009 年立法工作计划。由市商务委和市法制办牵头成立的综保区立法工作领导小组，先后召开十余次工作会议，并组织了三次赴上海洋山、苏州工业园、天津东疆等国内已运营综合保税区（港）考察学习，经吸取各方意见对《管理办法》初稿进行了十余次修改。年内，《管理办法》已公示完毕，修改稿已经完成，预计 2010 年公布实施。

【《北京天竺综合保税区发展规划（2010—2015）》起草完成】 2009 年，管委会与中国民航大学临空经济研究所、市政府研究室、区委研究室、临空经济办公室等单位专家组成课题组，起草完成了《北京天竺综合保税区发展规划（2010—2015）》，此规划对综保区招商引资和未来的各项产业发展具有重要的导向作用。

【《北京天竺综合保税区政策汇编》编制完成】 2009 年，管委会先后编发两册《北京天竺综合保税区政策汇编》，涵盖国家海关特殊监管区域相关规定、北京市及顺义区支持区域发展优惠政策等共计 43 个文件。

【市政基础设施建设】 2009 年，综保区内市政基础设施建设基本完工。新建道路 9 条，总长约 13.5 公里，沿路铺设电力、天然气、供水、雨污水等各种管线总长约52 000米，完成总土方量 64 万立方米的场地平整工程，达到“七通一平”市政标准。新建跨机场北线立交桥一座，桥宽 10.5 米、桥全长约 800 米，成功实现保税功能一、二区的联络贯通。已建成 2 座 10KV 开闭站，供电容量 40 000KVA，可为企业提供 10KV 电源。

【海关监管设施建设】 2009 年，按照海关隔离、监管要求，建成全长约 21000 米不间断、全封闭、永久性围网，沿围网建有供海关巡查用的巡逻路。结合实际情况，沿围网设有监控摄像机和红外报警终端，共计 361 处。1 卡口 2 通道已开工建设，其中 1 卡口为 32 车道主卡口，已完成主体钢结构搭建，主体形象初显，2 通道为西侧行政通道和区港联动通道，西侧行政通道已建设完成，成功安装地磅、抬杆等监管设施，区港联动通道已开槽，土建基础基本完工。

【招商引资】 2009 年，综保区在原有 41 家企业（原出口加工区企业 34 家，原保税物流中心企业 7 家）的基础上，新引入东航北京分公司、泰达立行生物制药、博维特纺织、瑞威国际酒业、恒嘉盈国际融资租赁等 13 家企业入区注册，新增美国 GE、强生、国药集团等 10 余家国内外知名企业利用综保区平台开展保税业务，并与德国默克制药、英国罗尔斯罗伊斯飞机发动机部、巴西航空工业公司、中航材、工银租赁等 40 余家企业在谈。

名　录

北京天竺综合保税区管理委员会
主任：刘剑
地址：北京市顺义区北京空港物流基地顺航路 12 号
电话：69478686
传真：69478566
邮编：101300
网址：www. bjftz. gov. cn

（撰稿人：生静宇）

东　城　区

概　况

2009 年，东城区商务委深入学习实践科学发展观，以“保增长、保民生、保稳定”和国庆 60 周年服务保障工作为重点，结合商业街区管理体系和利用外资工作体系建设，大力搭建促销平台、规范提高商业管理水平、引导外资促进产业升级。继续调动全区各方面力量进行招商引资，借助京港洽谈会、科博会、文博会等活动，积极开展投资促进活动。利用外资结构进一步优化，引资质量和水平不断提升。全年实际利用外资15 836.72万美元，同比上升5个百分点。

商业流通

【国庆60周年服务保障工作】围绕国庆60周年庆典等重大活动，贯彻落实北京市商业零售、餐饮经营单位安全生产规定，进一步加大对已登记备案的规模以上商业零售和餐饮经营单位的执法检查力度。共出动执法检查人员1 088人次，检查生产经营单位544家次，发现并整改各类隐患312处；与北京市、东城区相关部门配合，进行联合执法检查16次，检查单位40余家；发放音像、文字材料5 000余份，组织应急演练现场工作会6次，开展大规模宣传培训7次，安全生产知识竞赛1次；强调企业安全生产主体责任，先后3次对东城区200多家企业发放自查表，要求企业进行安全生产自查。

【搭建促销平台】认真落实《东城区2009年服务经济发展、促进社会和谐的措施》，制定了《东城区保增长、促发展搭建促销平台实施方案》、《东城区繁荣市场活动方案》和《东城区消夏购物节活动方案》等方案，成立了工作领导小组，开展假日经济活动。结合北京市购物季、美食节等大型商业活动组织区域内重点街区、重点企业开展促销活动，累计开展商业促销活动百余项。

【实现社会消费品零售额增长】制定了《东城区保增长、促发展搭建促销平台实现社会消费品零售额增长13％实施方案》，分别成立保存量、促增量、抓统计等工作小组，对各街道完成社会消费品零售额任务进行了分解，初步形成了与各街道及相关部门共保社会消费品零售额的工作合力。2009年，东城区社会消费品零售额实现374.1亿元，同比增长15.2％，超出北京市政府下达增长13％的全年目标任务2.2个百分点。从总量上看，东城区社会消费品零售额绝对量在四城区排名第一，在八城区排名第四。

【争取北京市财政商业专项资金】2009年，东城区获市商业专项补助资金806.3万元，用于支持“老字号”、商场节能改造、特色街、菜市场建设、社区商业及银行卡受理市场建设和商业无障碍设施改造。其中：“老字号”发展616.9万元，占76.5％；商场节能改造65万元、占8.1％；银行卡受理市场建设及商业无障碍设施改造共计49.4万元、占6.1％；特色街建设45万元，占5.6％；菜市场建设20万元，占2.5％；社区商业示范社区10万元，占1.2％。

【特色商业街区建设】指导簋街筹备商业街改造验收材料；协助交道口街道完善南锣鼓巷商业业态调整实施细则，并为其申请区财政配套资金。组织特色街区参加“东城名片”推荐工作，创办了东城商业街交流电子刊物。组织王府井、南新仓等街区管理机构赴长沙参加了商务部培训中心举办的“大型商业网点和商业街规划与建设暨商业街区管理技术规范培训班”。制定并印发《东城区商业街区协调工作委员会联席会议制度》，全年召开了两次联席会议，有效促进了商业街区的经验交流和规范管理。

【引导“老字号”企业升级改造】在王府井组织了“北京老字号非物质文化遗产展”，共吸引观众3.6万人次，发放宣传品1.4万份，销售商品近9 000件。为吴裕泰、稻香村、盛锡福争取270万元市商业专项资金，分别用于支持其信息化改造、热食品研发、帽文化馆建设。积极组织信远斋、同陞和、吴裕泰、白魁、来今雨轩等“老字号”企业以及兴华美食公司申报市级、区级非遗项目，其中吴裕泰茉莉花茶窨制技艺成为北京市市级非物质文化遗产。“老字号”同陞和在王府井大街重张开业。盛锡福帽业博物馆和非物质文化遗产传承人工作室正在建设中。

【推进商业服务设施无障碍工程】指导百货大楼北厦、乐天银泰完成停车引导系统改造。指导朝内菜市场、乐天银泰和香港美食城进行残疾人无障碍设施改造，会同东城区残联、东城区规划委进行了验收，并协助企业申报资金；组织中粮、三利等8家企业配备了轮椅。指导数字王府井推进刷卡消费无障碍，发展特约商户5 177户，布放POS机6 711台，分别完成全年计划的173%和192%。

【提升商业服务业文明规范程度】组织东城区商业服务企业开展岗位技能竞赛大练兵活动。组织东来顺集团完成“北京市商业服务业员工岗位职业技能大赛初赛、复赛”，组织东城区商业服务企业参与“北京市商业服务业提升服务技能系列活动”。通过一系列的活动，较好地提升了东城区商业服务业文明规范程度和服务技能，增强了商业服务企业的市场竞争能力。

【推进社区商业建设】组织安定门街道花园社区申报全国商业示范社区，对东直门街道胡家园社区、和平里街道六区社区和地坛社区开展全国商业示范社区调查工作。积极落实社区商业项目建设，完成交道口街道交东社区便民早餐、再生资源回收站和商业协会、朝阳门街道朝西社区主食厨房和便民服务店、安定门街道花园社区便民理发店和便利店、和平里街道和平里六区商业网点员工培训中心、交道口街道改造“维民佳燕综合市场”等便民服务建设项目。协助朝阳门街道演乐社区、安定门街道便民生活服务圈、和平里1510生活服务圈申报北京市社区商业项目资金。

【菜市场体系建设】为满足社区居民生活需求，新建南门仓、金宝两家便民菜市场，使附近居民买菜难的问题得到解决。填补蔬菜网点空白，在北新桥、和平里、安定门地区新建了23家便民菜点。

【扶持清真网点建设】完成了2008年扶持项目审核工作，与东城区财政局核发扶持资金；将隆福寺餐饮有限公司供应站（豆汁店）升级改造、宁夏大厦清真副食基地建设、金年丰金宝街清真区建设、富宁商贸公司清真食品店建设、瑞珍厚华龙街店建设等项目作为今年的重点扶持对象。同时，完成规范化清真食品专柜及少数民族生活需求调研报告。

【推进再生资源回收管理试点工作】制定了《东城区再生资源回收新体系建设方案》，确定金盟商贸公司为主体企业，协助其完成《街道社区回收站点收购废旧物资统一交售、集中分拣的实施细则》，组织其与和平里街道回收网点进行对接，推进再生资源回收管理试点工作。

【家电以旧换新工作】根据《北京市家电以旧换新实施细则》的要求，认真做好北京市家电以旧换新相关工作，参与审核、发放东城区注册的中标家电销售企业家电以旧换新补贴资金。按照北京市商务委《关于做好北京市汽车摩托车下乡有关工作的通知》的要求，完成东城区汽车摩托车下乡指定销售企业的备案工作，并每月向北京市商务委报送相关销售情况统计数据。

【汽车以旧换新和淘汰黄标车工作】认真做好汽车以旧换新和淘汰黄标车工作。2009年，完成汽车以旧换新9起，申领并发放补助资金3.45万元，淘汰黄标车488辆，申领并发放补助资金225.48万元。

【行业监管工作】指导东城区干洗企业更换全封闭式干洗机或进行全封闭式改造，经审核上报4家干洗店更新设备4台，申请补助资金14万元。对8家成品油经营企业进行了年审。开展粮食统计制度专项检查，完成2009年度国有粮食经营单位清仓查库工作。加强对直销企业开业前的核查和日常监管，核查直销企业1家，网点1个，变更网点经营地址1家。加强对已开典当企业的日常管理，认真指导各典当行完成材料报送，配合核查工作小组开展抽查。

【市场运行监测】调整和完善政府生活必需品应急储备结构，确定东城区应急投放网点28个，应急投放集散地2个，并随时跟踪网点和集散地实时信息，及时上报。建立菜市场监测网络，与朝内南小街菜市场、新民菜市场、兆军盛菜市场、天泽祥菜市场以及东内南小街菜市场签署了蔬菜价格信息报送协议。开展粮食应急供应网点报送工作，督促粮食信息报送单位做好每日粮情汇报工作。调整货运车证发放对象，重点以扶持大流通和规模物流企业为主。

【酒类流通企业备案登记】认真做好酒类流通企业登记备案工作。2009年，完成酒类流通企业备案登记1 771户。做好“不向未成年人售酒”宣传工作，共计向酒类经营单位发放宣传牌2 000张。

【安全服务保障工作】元旦、春节、五一、端午节、十一和全国两会期间，东城区商务委坚持24小时值班制度，认真做好安全服务保障工作，每天及时汇总信息报送东城区领导，圆满完成了北京市、东城区政府交办的各项任务。

对外经贸

【新批三资企业】审批外商投资企业118家，其中17家为中外合资企业，2家为中外合作企业，99家为外商独资企业。新批三资企业中，协议投资总额4 863.91万美元，加上增额为1.25亿美元；吸收合同外资总额3 427.81万美元，加上增额为8 030.45万美元。办理企业变更279家，其中增资企业45家，总投资增额共为7 661.82万美元，直投增额为4 602.64万美元。

【新批三资企业外资来源】2009年新批的三资企业中，外国投资者主要来自于香港、美国、英属维尔京群岛、以色列、新加坡、日本等20多个国家和地区。投资额列前三位的国家和地区分别是香港、日本和德国。

2009年来东城区投资的国家和地区一览表

序号	投资国别地区	户数（家）	投资总额（万美元）	注册资本（万美元）	外方直投（万美元）
1	香港	56	2 188.50	1 568.38	1 498.74
2	日本	10	941.01	911.22	692.23
3	德国	3	522.89	316.46	316.46

（续）

序号	投资国别地区	户数（家）	投资总额（万美元）	注册资本（万美元）	外方直投（万美元）
4	美国	12	375.20	374.35	167.98
5	瑞典	1	248.81	248.81	248.81
6	台湾	2	175.65	169.50	169.50
7	卢森堡	1	73.89	51.76	51.76
8	维尔京群岛	3	54.29	54.29	51.36
9	意大利	3	48.55	39.63	28.40
10	加拿大	5	43.23	36.53	36.53
11	新加坡	4	36.80	34.80	34.80
12	新西兰	1	30.00	30.00	30.00
13	法国	3	24.46	19.07	19.07
14	爱尔兰	1	19.55	13.68	13.68
15	科特迪瓦	1	19.01	14.62	14.62
16	马来西亚	2	19.00	15.00	15.00
17	丹麦	1	14.63	14.63	14.63
18	澳大利亚	3	9.51	7.31	7.31
19	瑞士	1	7.00	5.00	5.00
20	澳门	1	5.00	5.00	5.00
21	奥地利	1	2.55	2.55	2.55
22	以色列	1	1.46	1.46	1.46
23	英国	1	1.46	1.46	1.46
24	投资性公司	1	1.46	1.46	1.46
	总计	**118**	**4 863.91**	**3 936.97**	**3 427.81**

【加大外商投资企业服务力度】自入驻行政服务中心大厅以来，东城区商务委进一步下放审批权限，减少审批中间环节，加快审批速度，受到外资企业广泛好评。继续完善全程办事代理制，提高依法行政效率，进一步加强外资大项目的调度、跟踪、监测、服务力度。定期对外资企业的动态进行分析，加大对新批和未完全入资企业的监控，督促其按合同按时足额入资。

【深入走访企业】积极开展“送政策、送信息、送服务”活动，走访了北京新东安有限公司、北京恒基置业有限公司等6家重点企业，帮助协调解决企业经营过程中遇到的问题。为进一步摸清商业底数，还走访了国盛中心、来福士、王府井世纪大厦商场、金宝汇、澳门中心等拟开业的大型商业企业，并建立了沟通机制。协调相关部门，大力整合王府井、东二环、雍和园等三个功能区的招商项目，积极向外进行了推介。

【投资促进活动】加强与商务部投资促进机构、北京市投促局的联络，借助其投资促进平台宣传本区投资环境和招商项目。组织企业和相关部门参加内外贸企业对接会、中阿企业对口经贸洽谈会、阿联酋中国推介会、第十二届科博会、第四届文博会和第十三届京港洽谈会等活动。

【实施“走出去”战略】审批境外投资项目5件，审核、审批外商来华邀请44件52人。大力宣传服务外包政策，鼓励支持企业承接服务外包业务，协助企业争取相关政策性资金支持。审核北京索浪计算机有限公司员工服务外包培训支持资金，并最终落实4.5万元。

名　录

北京市东城区商务委员会

地址：东城区金宝街52号

邮编：100005

电话：65131421

（撰稿人：何戎）

西　城　区

概　况

北京市西城区商务委员会是区政府主管全区内外贸易和对外经济合作的工作部门。2009年全区商务工作在北京市商务委的指导支持下，以深入学习实践科学发展观为主线，紧紧围绕“保增长、保民生、保稳定”目标，依靠“特色、形象、环境、氛围”的工作创新，全面落实“强服务、促消费、保民生”各项工作，圆满完成了推进商业重点工作建设、创造配置调整投资氛围、构建便民利民服务网络、狠抓市场监管基础建设等工作，全力保障国庆60周年庆典任务完成。2009年全区社会消费品零售额稳定增长，实现零售额329.4亿元，同比增长12.4%，全区新增31家社区便民店（1家菜市场、30家社区便民服务网点），6家商业企业无障碍设施改造通过市级验收。工业经济平稳运行，利用外资质量不断提高。全区新设外商投资企业53家，吸收合同外资6.11亿美元，同比增长79.06%；实际利用外资7.75亿美元，同比增长1.51%。随着投资环境不断改善和服务便捷周到，增资情况创近三年新高，新设外商投资企业中不乏世界知名企业落户西城区。繁荣现代的良好商务局面，推动了区域经济平稳健康发展。

（强晓燕、柴晓虹）

商业流通

【保增长促消费繁荣市场】2009年，组织指导辖区重点行业、企业开展主题促销活动，让利于民，惠及百姓，繁荣市场，促进经济发展。年初，组织区域内28家商业服务企业参加“家家户户备年货、欢欢喜喜过大年”促销活动，春节期间大百货销售同比增长近一成，餐饮增幅13%以上。8月2日至8月31日举办第八届什刹海文化旅游节，与区旅游局以商旅结合方式推出“商旅新天地、欢乐满西城”大型活动，据西单商场、大悦城、金融街购物中心、长安商场、百盛等14家商场统计，旅游节共实现零售额8.5亿元，同比增长19.4%，高于全区8月增幅12.5个百分点。8月8日至9月8日举办“西城区美食月”，重点推出“百店百味惠百姓”、“名厨进社区，教你学厨艺”两项活动，华天集团旗下20家“老字号”品牌、大悦城多家餐饮商户、顺峰金阁酒店、钻石大酒楼、金融街黎昌海鲜、和合谷等114个品牌的126家名店参加活动。据对36家企业统计，美食月共实现营业收入0.37亿元，同比增长10%，与活动前一个月相比上升15%。组织区域内60家餐饮企业参加“水立方杯”北京国际美食盛典活动；组织什刹海、金树街等特色街参加北京市“消夏节”活动；组织西单商业街9家企业参加北京市商务委、市旅游局开展的吸引外地游客进京十万“消费伴侣”馈赠优惠等活动。

（刘玉勤）

【新增31家社区便民店】2009年，重点解决群众买菜买副食品等方面的不便问题，满足社区居民多层次生活需求，对辖区七个街道办事处逐个走访调研。会同区社会办、区财政局、区民政局、工商分局等相关部门，出台《西城区完善社区商业设施建设的意见》，配套制定《西城区社区便民店扶持资金管理办法（试行）》等管理性文件。完成新增31家便民店为民办实事折子工程，并将建设扶持资金及时拨付到位，使便民惠民落到实处。

（刘玉勤）

【甲型H_1N_1流感防控】自5月初开展甲型H_1N_1流感防控工作，区商务委作为区后勤保障组牵头单位，落实组织机构，制定物资保障方案与应急物资调拨程序，完善应急分销网络，开展防护用品日监测，对隔离观察点需求物资进行采购、调拨，加大宣传力度，提高全民防控意识。确定金象、好邻居为物资保障供应企业，疏通货源渠道，建立市内政府实物储备库；组织为区域内天锋宾馆、同春园2个隔离观察点做好餐饮服务，协同区流感办、区财政局对隔离观察点征用期间经营损失补偿进行核算。

（刘玉勤）

【早餐工程建设】西城区早餐工程建设实施连续八年，截至2009年10月，企业累计实现早餐收入3.8亿元，提供早餐服务1.1亿人次。年内举办“早点品种制作技能”、“食品卫生安全知识”和“员工服务”等多期培训班，累计培训社会企业40余家160人次，规范企业全年共推出60余种早点新品。对各企业经营早点品种数量、质量、卫生、服务、价格等检查验收，70家企业规范达标。区域早餐规范店总数77家，其中连锁企业54家，占70%；清真企业15家，占20%；中低档大众化企业占91%；早餐收入每天平均1 000元以上企业65家，占84.4%。对《顾客调查问卷》统计显示，百姓对政府实施早餐工程满意率达95%以上。形成以华天品牌早餐为主体，社会规范企业为骨干的早餐经营格局，经济效益和社会效益取得了双丰收。

（邵自军）

【护国寺特色街建设】2009年，护国寺特色街是北京市商务委重点打造特色街之一，被区委区政府列为重点工作。完成对沿街逐户摸底调查，登记造册；完成《护国寺特色商业街改造提升规划方案》；《护国寺特色街业态规划》根据特色街改造要求正在编制。成立护国寺特色街建设工作小组，在什刹海整治领导小组统一指导下，稳步推进特色街建设，做好项目入库等工作。截至目前，立面修缮、燃气入户、路面铺装、停车场修建、绿化改造和业态调整等各项工作正在逐步推进。

（康力）

【规范再生资源回收行业】加强再生资源回收行业管理，环境建设取得较好成绩。做好两会、国庆期间再生资源环境建设保障工作；集中换发西城区再生资源回收网点收购证；组织召开西城区回收网点工作人员培训会；配合北京市政管委做好垃圾分类工作。2009年再生资源回收量呈较大幅度上升，辖区共回收废旧物资21 956.6吨，废报纸23 055吨，废金属4 556.4吨，废塑料1 545吨，废玻璃1 141.4吨，其它回收物资469.8吨，交易额2 889.6万元。

（晁振安）

【典当行业发展】西城区现有典当行12家、分支机构7家，其中年内新增典当行1家、新增分支机构3家。按照北京市商务委关于对典当企业核查通知精神，组织辖区典当企业和典当分支机构开展核查工作，规范典当企业经营行为，提高典当行业发展水平。2009年全区典当行业实收资本1.5亿元，业务笔数21 427笔，同比增长64%；典当总额小计5.42亿元，同比增长90%；利息及综合收入小计2 917.2万元，同比增长63%；绝当销售收入408.9万元，同比增长4倍，上缴税金443.3万元，同比增长1.6倍。

（晁振安）

【直销企业监管】西城区现有直销企业15家25个网点，拟设直销企业6家。依据商务部颁发的《直销管理条例》及北京市商务委加强对直销企业监管工作部署，对直销活动加强监管，保护消费者合法权益和社会公共利益。对2009年取得直销经营许可证的1家企业进行核查，对拟设网点的1家直销企业出具认可函。

（晁振安）

【商业促销监管】加大对元旦、春节、两会、五一、十一等重大节日、重大活动期间，商业零售、超市企业、店庆日开业的促销行为规范管理，严格备案审核制度，开展商务行业零售促销执法大检查51次，检查企业118家次、出动执法检查人员246人次，确保消费环境运行有序。

（廖海林）

【整顿和规范市场经济秩序】2009年，西城区整顿和规范市场经济秩序领导小组各成员单位围绕国庆60周年“平安国庆”行动和强化公开、公平、有序的市场体系各项任务，开展火灾隐患排查整治、高层和地下建筑消防安全专项整治、全国“两会”消防保卫及“雷霆行动”、商业场所安全专项检查、无照经营集中取缔行动、假冒商标侵权行为整治、违法建设依法拆除、广告牌匾专项整顿、网吧市场集中整治、国庆期间文化娱乐场所整治、迎国庆建筑工地食品卫生整治、食品夜市街头无证照经营治理、“一日游”整治、辖区药品市场秩序整顿、“黑诊所、黑药店”医疗机构周边非法收购药械和利用互联网邮政渠道销售假药以及流通领域知识产权联合执法行动等专项整顿规范。各有关成员单位执法部门出动25 718人次，检查各类生产、经营和建筑施工单位19 968家次，共查处各类重大案件8 025件，收缴盗版光盘3.5万张，盗版图书730多册，电子出版物3 520张，拆除违法建筑948处，拆除违规户外广告246块。

（廖海林）

【执法检查】2009年，加大对区域重点街区、重点部位、重点企业的执法检查力度，进行安全生产隐患大排查，发现问题要求企业及时整改。开展商务行业执法检查680次，检查企业2 044家次，出动执法检查人员4 438人次，发现和消除隐患711处，下达检查通知书226份，检查情况记录458份，责令整改通知书9份，复查整改通知书9份，行政处罚6家。以执法检查消除隐患，确保区域商务行业规模以上企业生产安全稳定。

（廖海林）

【安全生产培训教育】2009年，组织西城区第四期商业零售、餐饮经营单位安全生产培训班。80余家规模以上企业经理和安全生产主管参加培训。组织开展9次安全生产知识讲座、8次法规学习培训班，开展宣传教育活动50余次，发放安全生产系列教育片“首都商业安全生产重如泰山”光盘2 400余份，安全生产宣传材料16 000余份，培训企业614家次，培训人员1 100余人次，26 000余员工接受安全法规教育。组织区域内规模以上近400家商业服务业企业开展安全月活动，组织辖区商务行业第二届安全生产知识竞赛。

（廖海林）

【酒类流通管理】完成酒类流通备案登记企业1 218家；整顿西单、什刹海、西长安街等7条市区级重点街区；完成西单商业街、什刹海酒吧街、长安街沿线等重点街区周边企业及德胜街道、新街口街道、展览路街道、月坛街道共488家中小型企业备案登记工作；组织各种检查137次，组织各种宣传活动80次，受理各种咨询1 000余人次，发放“不向未成年人售酒”标识牌1 300块，举办各种培训50次，培训酒类经营管理人员1 000余人次。

（廖海林）

【全国粮食清仓查库工作】2009年3月底启动粮食清仓查库工作，根据区域特点制定全国清仓查库工作实施方案，组织召开辖区涉粮企业法人及统计人员会议，布置企业清仓自查工作。领导小组督导企业自查10次，粮食企业组织自查30次。清查结果显示，辖区6家重点粮食企业，均有专人负责统计、保管粮食流通统计台账，全部做到账、报相符。

（廖海林）

【粮油市场监督管理】2009年，开展粮油市场监督检查24次，出动执法人员181人次，检查区域涉粮企业53户次，综合检查16次，清仓查库专项检查5次，统计专项检查3次，涉粮企业法制培训3次。被查企业包括辖区内国有、非国有粮食经营企业、粮油转化企业、收购企业、集贸市场以及超市。所查范围涉及粮油食品安全、价格、经营规范、统计报表和台账记录等方面。全区无粮油流通领域安全事故。

（廖海林）

对外经贸

【利用外资】2009年，辖区新设外商投资企业53家，同比下降37.65%；吸收合同外资6.11亿美元，同比增长79.06%；实际利用外资7.75亿美元，同比增长1.51%。吸收合同外资按行业位列第一的是租赁和商务服务业，合同外资为4.97亿美元，比重为81.48%；按国别和地区位列第一的是香港，合同外资为5.33亿美元，比重为87.32%。实际利用外资按行业位列第一的是制造业，实际利用外资为5.22亿美元，比重为67.38%；按国别和地区位列第一的是英属维尔京群岛，实际利用外资为5.55亿美元，比重为71.59%。

（徐　聪）

【知名企业落户金融街地区】 2009年，新设外商投资企业中不乏世界知名企业直接或间接投资。著名主权财富基金新加坡淡马锡控股公司间接投资的淡马锡投资咨询（北京）有限公司落户金融街；非洲最大商业银行南非标准银行投资设立的标银投资咨询（北京）有限公司入驻凯晨世贸中心。两家企业均从事投资咨询及商务咨询，旨在为其母公司在亚洲和中国区的投资提供战略咨询服务。

（徐　聪）

【引资规模上新水平】 2009年，外商投资企业的投资总额达9.88亿美元，同比增长46.7%。其中投资总额达500万美元以上新设企业和增资企业20家，增加投资总额9.58亿美元，占累计投资总额96.9%，引资规模上新水平。

（徐　聪）

【现代服务业主导地位巩固】 2009年，新设外商投资企业中50家企业从事现代服务业，占比94.4%，吸收合同外资5.99亿美元，占累计合同外资98.18%。从近三年现代服务业发展态势看，引资比重逐年递增，区域外资产业引导取得了很好成效。

（徐　聪）

【增资扩股】 2009年，增资情况创近三年新高，增资企业68家，同比增长172%，增加合同外资4.64亿美元，同比增长1 888.3%，增资额占累计合同外资75.9%。改善投资环境，服务现有企业工作取得明显成效。

（徐　聪）

【海外投资】 2009年，辖区内4家企业分别以独资和合资方式到美国、蒙古、香港等国家和地区投资办企业，投资总额约2 110万美元。

（章建平）

【项目目标促进】 2009年，新收集区域招商项目12个，扩充了写字楼租售、商业租售、文化创意等重点项目资源；包装推介重点项目加入北京市招商引资项目库、第十三届京港洽谈会和第十三届中国国际投资贸易洽谈会招商项目册；促成金象大药房融资、云起时珍宝花园、天美时尚商场等多个项目对接。调查收集国内外知名中介咨询机构信息，形成会计师、律师事务所、咨询机构目标信息表，更新外资金融机构信息表，掌握金融与服务业知名外资目标企业信息116家，为重点吸引高端生产性服务业企业奠定基础。

（马　岩）

【应对金融危机】 2009年，面对金融危机，强化服务帮助企业积极应对。开展“跨国公司总部项目调查”工作，深入实地了解企业现状和需求；组织区域企业参加科博会、京港洽谈会等国内外重要投资促进活动，扩大合作渠道，参加“第105届广交会内外贸企业对接洽谈会”，促进出口商品内销，刺激消费需求；宣传北京市对中小企业以及科技企业、服务外包、金融业等有关支持政策，及时提供传达共渡危机的各种信息资讯；做好南非标准银行、澳洲宝泽金融集团等重大项目跟踪服务，促进项目落户辖区。

（王　凡）

名　录

北京市西城区商务委员会

主　　任：王新　　电　　话：68013251
地　　址：西城区真武庙六里甲 6 号　　传　　真：68012342
邮　　编：100045　　电子邮箱：xchshw@sina.com

崇　文　区

概　　况

2009 年，崇文区实现社会消费品零售额 158.4 亿元，同比增长 13.5%，为全区保增长工作做出了积极的贡献。全年核准新世界 11 周年庆典等各类促销活动 67 起，是 2008 年的 4 倍，主办崇文区首届美食文化节、尼奥户外运动文化节、外资外贸企业展卖会、消夏露天休闲节等主题营销活动 4 起。投入1 000万元，推进早餐、便民菜店、再生资源回收、家政、修理、洗衣等“六进社区”工程。全年新增规范化早餐经营门店 32 家、社区菜店及规范化社区菜市场 15 家、再生资源回收网点 30 个，干洗设备升级改造 10 台，新增就业岗位 759 个。争取市级财政资金 416 万元，完成国瑞购物中心和百荣世贸商城停车设施及远程停车诱导系统建设。全面落实了规模以上零售、餐饮单位的安全生产主体责任，深入开展多次安全生产专项行动。为国庆等重大活动的举行提供了安全保障。

全年新增外商投资企业 29 家，实现外商直接投资 1.1 亿美元、外贸进出口总额超 7 亿美元，为全区保增长工作做出了积极的贡献。驻区企业全年海外投资达 1.28 亿美元，再创历史新高。加大服务企业力度，为商家排忧解难，先后协调解决了北京新世界商场内资转外资、永和大王拓展经营范围、麦嘉诚注册变更等事项。

商业流通

【召开社区商业体系建设大会】 4 月 2 日，区商务委组织召开“崇文区社区商业体系建设大会”，全区 7 个街道办事处、社区商业、社区办、社区服务中心负责人、91 个社区居委会主任，区商联会、饮、服、修行业协会和便宜坊、天天洁、成龙华天等社区商业服务企业的主管领导共计 150 余人参加了此次大会。会议为东花市北里等 5 个社区居委会授予了国家级商业示范社区和北京市商业示范社区牌匾。

【举办 2009 年美食文化节】 2009 年 4 月底至 5 月初，崇文区 2009 年美食文化节暨 2009“水立方杯”北京国际美食盛典系列活动崇文分会场活动举行。此次活动由崇文区商务委主办，区商联会、饮食行业协会协办，便宜坊烤鸭集团承办，得到了市商务委、市烹协、市饮食行业协会、国际酒家酒店评审委员会等部门的大力支持。此次活动的参与企业达到 80 多家，代表了全区餐饮业的最高水平。活动以拉动内需，促进消费，活跃崇文餐饮市场；弘扬崇文美食文化，展示传统特色技艺；延续奥运培训效果，以提升崇文餐饮消费软件水平为指导思想，以“品首都文化、享崇文美食”为活动主题，开展了一系列具体活动，收到了良好的社会效益和经济效益。

【组织企业参加青洽会】5月4日至9日，区商务委组织百荣投资控股集团、天客隆集团有限公司、华江文化发展有限公司、广崇房地产综合开发有限公司等相关企业负责人赴青海省参加青海投资贸易洽谈会。在青海期间，代表团一行参加了青洽会开幕仪式，参观了会场及各州展厅，并与部分参展企业进行洽谈，寻求合作意向。随后，代表团一行还来到崇文区对口支援单位黄南藏族自治州，向州上的尖扎县马克唐镇二完小学及泽库县王家乡中心完小学捐赠了价值近10万元的电脑、书包、体育用品，支援藏区的教育事业。

【指导企业开展综合楼宇消防应急演练】按照市商务委、区安委会开展“安全生产月”活动的统一部署，6月18日，崇文区商务委指导家乐福超市广渠门店、国美电器富贵园店及富贵园购物中心物业公司，联合开展了综合楼宇消防应急演练。演练按照企业制定的应急预案有序进行，各参演部门紧密配合、协调运行，疏散紧张有序，救援及时到位，达到了预期效果。40家规模以上商（市）场、餐饮经营单位的57名安全生产负责人到场观摩。

【崇文区企业集中办公区揭牌】7月1日，崇文区企业集中办公区揭牌仪式在崇文商务大厦隆重举行。区委常委、常务副区长王成国、副区长宋甘澍为企业集中办公区揭牌，区发改委、工商分局、国税分局、地税分局、财政局、商业网点管理处的主要领导参加活动，仪式由区商务委孟志军主任主持。崇文区企业集中办公区是全面落实区委、区政府“引企促税、招大引强”战略部署的一项具体工作举措，是崇文区为引进企业提供综合服务的平台和载体。目前已吸引200多家有实力、符合崇文区功能定位的企业入住。

【举办2009年“消夏露天休闲节”】由崇文区商务委主办的2009年“消夏露天休闲节”于7月至8月间举行。此次消夏露天休闲节以“舞动夏日清凉风，感受夜晚休闲情”为主题，由御海龙吟阁、京川大酒楼等12家餐饮企业开展消夏露天经营活动。活动期间，12家餐饮企业消夏夜市接待顾客10.2万余人，累计营业额130余万元。通过参与消夏露天休闲节，12家餐饮企业7、8两月的营业额同比增长了27.6%，比2009年5、6两月环比增长了15%。

【与SOHO中国建立前门大街招商会商机制】为了提高前门大街招商引资工作的水平，区商务委与前门大街管委会、SOHO中国公司建立了“招商会商机制”，即区商务委、大街管委会与SOHO中国公司相关负责人依据前门大街商业业态定位、市场饱和度等原则，对拟入住商户进行逐一筛选，对不符合条件的商户予以排除，确认后的名单由三方代表签字盖章，最后交由SOHO中国招商团队以市场化方式进行招商协调运作。“招商会商机制”的建立，使区委、区政府关于政府主导进行前门大街建设发展的精神得以进一步落实，为前门大街全面如期开市做出了贡献。

【召开商务行业国庆平安行动动员大会】为做好新中国成立60周年庆祝活动的安全保障工作，7月30日，崇文区商务委组织召开了商务行业国庆平安行动动员大会。七个街道办事处、前门大街管委会及区商联会、区饮食行业协会的主管安全的领导及规模以上重点88家商业零售、餐饮企业主管安全的负责人参加了会议。会上首先通报了市、区当前安全生产形势，部署了商务行业国庆安全保卫工作方案，并对隐患排查、燃气专项整治、安全志愿者招募等工作进行了部署。市商务委流通秩序管理处、安全监管处的领导对商务行业安全生产工作进行了深入的剖析和讲解。宋甘澍副区长对各企业国庆安保工作提出了具体要求。

【崇文区在全市劳动技能决赛中获得好成绩】 8月，在由市商务委、市劳动和社会保障局、市总工会、市妇联联合举办的“北京市商业服务业提升岗位技能系列服务活动”中，崇文区组队参加了羽毛球拍穿弦、收银、点钞和密码箱开锁比赛。全区共有40多个企业的1 100多名员工参与了比赛。大北照相、新世界商场、红桥市场等7个单位10名员工获得全市“服务明星”和“技术技能小能手”称号。

【举行“再生资源回收日”启动仪式】 8月29日上午，以“参与资源回收，共建绿色北京”为主题的北京首个“再生资源回收日”活动在城八区全面启动，主会场启动仪式在崇外街道国瑞城东社区举行。通过建立“再生资源回收日”，大力宣传资源节约理念，可以提高市民环保意识，倡导勤俭节约美德，促进循环经济发展。

【崇文区商务局更名为崇文区商务委员会】 9月16日，北京市崇文区商务局更名为北京市崇文区商务委员会。区委常委、组织部长夏树军，副区长宋甘澍，区商务委员会党组书记陈军义，区委组织部常务副部长魏慧明，区委组织部副部长、区人事局局长、区编办主任梁岩参加挂牌仪式。

【组织召开前门大街商户政策培训会】 9月24日上午，崇文区商务委与前门大街管委会共同组织召开2009年前门大街商户政策培训会。会上，来自区商务委、区工商分局、区发改委、区统计局等部门的工作人员向即将入住前门大街的103家商户进行了政策培训，内容涵盖大街管理、安全生产、工商管理、统计、税务等诸多领域。此次培训为大街的规范管理和商户合法合规经营打下了良好基础，受到了参训商户的高度好评。

【组织千名商务行业治安志愿者】 根据“平安北京”建设的总体要求和“国庆平安行动”的工作部署，为圆满完成新中国成立60周年庆祝活动各项安全保卫工作，壮大治安志愿者队伍，拓宽治安志愿者工作领域，崇文区商务委按照市商务委的工作要求，在商务行业内广泛开展首都治安志愿者招募登记工作。约有80余家商业零售、餐饮企业的近千名职工参与到志愿者队伍当中，为新中国60周年国庆安保工作做出自己的贡献。

【召开冬春安全生产工作会议】 为全力做好冬春商务行业安全生产工作，消除安全生产隐患，11月27日上午，商务委召开了“商务行业今冬明春安全生产工作会议”。会上，区商务委、区消防支队、区公安分局和区安监局分别对今冬明春安全生产工作进行部署，并提出明确要求：一是提高领导安全生产责任意识，落实企业主体责任。二是认真落实节日期间大型活动消防安全措施。三是“两会”期间，各单位要加强安全值班巡逻。四是做好安全生产的应急预案和演练。五是各企业开展安全生产“十个一”活动，确保2010年元旦、春节和全国“两会”期间的消防安全及生产安全。

【举办2009中国（北京）名商发展高峰论坛】 12月28日下午，由中国步行商业街工作委员会、北京市崇文区商务委员会、北京市前门大街管理委员会共同主办的2009中国（北京）名商发展高峰论坛暨三名堂商界精英新年联谊会在前门大街M餐厅隆重举办。近百个品牌商家、商业地产开发商、商业顾问单位、金融服务机构的高层代表参加了论坛。本次论坛以“推进‘名街、名店、名品’三名战略，搭建‘交流、合作、共享’高端平台”为主题，就如何推进三名战略进行了广泛、深入的探讨，对于进一步发挥商业街在扩大消费、拉动内需方面的作用，加强行业间的交流与互动产生了积极影响。

对外经贸

【举行“三会”第四次会员大会暨第八次企业沙龙】 4月15日，中国国际贸易促进委员会崇文区支会、中国国际商会崇文区商会、北京市崇文外商投资企业协会（以下简称“三会”）第四次会员大会暨第八次企业沙龙在金台夕照会馆举行。会议审议了“三会”第三届委员会、理事会工作报告。选举产生了第四届“三会”委员会、理事会。盖贝克（北京）贸易有限公司CEO田华、北京华江文化有限公司总经理陈绍枢分别做了专题发言，中央财经大学政府管理学院院长、博士生导师赵景华教授作了《企业蓝海战略》讲座。

【举办外资外贸企业商务洽卖会】 6月16日至30日，由崇文区商务委主办的崇文区外资外贸企业商务洽卖会圆满闭幕。为期14天的商务洽卖会，分两期共有37家企业和商户携带原来只向欧洲、东南亚等地区销售的商品参加本次洽卖活动。洽卖会期间，接待人数13万余人，接洽合作意向商家21家，7家参展企业与百荣世贸商城初步达成合作意向。商务洽卖会的举办促使百荣世贸商城的日均客流量增加了10%，商户营业额也呈现上升趋势。本次洽卖会的举办对全区扩大内需、拉动消费产生了积极的作用。

【清理整顿外派劳务市场秩序】 7月初，崇文区组织召开了崇文区清理整顿外派劳务市场秩序专项工作推进会。区外办、区公安分局、区工商分局、区国资委、区监察局等协调小组成员单位出席会议。会上，按照北京市清理整顿外派劳务市场秩序专项工作精神，结合区情就推进清理整顿外派劳务市场秩序专项行动进行细化方案；北京大龙建设集团有限公司、北京北国建筑工程有限责任公司等企业负责人介绍了公司外派劳务工作情况；协调小组成员单位结合各自工作职责对企业提出要求。

【指导新世界商场由内资企业转为外资企业】 自8月1日起，原北京新世界商场转由外资企业北京易喜新世界百货有限公司运营，经营团队仍由香港新世界百货有限公司负责。为了加大服务企业力度，帮助公司现有团队加快与相关部门的对接，7月31日，区商务委组织召开了北京新世界商场内资转外资情况通报会。宋甘澍副区长出席会议，区发改委、区城管委、区公安分局、区财政局、区工商局、区国税局等18个政府相关部门领导参会。宋甘澍副区长强调，在北京新世界商场内资转外资工作方面，各部门要充分认识北京新世界商场的性质变化，强化部门职责，明晰工作任务，做好业务衔接与安排；延续为企业服务的宗旨和精神，为北京新世界商场转型提供良好服务；加强对北京新世界商场的业务指导，使之尽快完成转型后续工作。

【参加第13届中国国际投资贸易洽谈会】 9月8日，副区长周永明同志带队参加了在厦门举行的第十三届中国国际投资贸易洽谈会。会上，崇文区重点宣传推介了国内外广泛关注的北京前门大街商业区及台湾会馆商务区等项目情况。区商务委、区前门大街管委会、北京天街置业发展有限公司等相关部门领导参加了本次洽谈会。

【举办京港洽谈会前门大街商业区项目推介会】 10月29日，京港洽谈会前门大街商业区项目推介会在前门大街举行。此次推介会以“京港携手在天街，终端客户进前门”为主题，面向包含国际商务联会有限公司和香港海洋公园公司的40多家香港投资商，就前门大街商业区二期和东扩招商项目拓展崇港两地经贸合作新商机。京港洽谈会前门大街商业区项目推介会由北京市投资促进局、崇文区人民政府主办，崇文区商务委员会、北京市前门大街管委会、北京天街置业发展有限公司承办。推介会通过设立展览展示区和港商洽谈服务专区、重点招商介绍、发放推介材料等形式向业内人士介绍了前门大街商业区的招商项目，充分展现了前门大街商业区集古都风貌的魅力与现代商业的活力于一体的特色商业、文化、旅游区形象。

名　录

北京市崇文区商务委员会

主　　任：孟志军

地　　址：崇文区永内东街中里13号楼

邮政编码：100050

电　　话：67116188

传　　真：67142224

电子信箱：swj@cwi. gov. cn

（撰稿人：卢承灏）

宣　武　区

概　　况

2009年，全区商务领域呈现持续稳定发展态势，市场繁荣效益提升，特色商业活力增强，市场秩序不断规范，便民服务更趋完善，安全生产形势平稳。全区实现社会消费品零售额145.3亿元，比上年增长11.3%。全区金银珠宝类零售额达到48.7亿元，比上年增长22.0%。新引进外商投资企业26家，投资总额达到2.9亿美元，增长30%；实际利用外资3 527.36万美元，同比增长21.5%。累计实现进出口总额24.2亿美元，同比增长0.8%。涉外税收5.9亿元人民币，同比增长61%。

商业流通

【3·15国际消费者权益日活动启动】 3月15日，宣武区百店“回馈顾客，诚信让利”促销暨3·15国际消费者权益日活动启动仪式在老舍茶馆举办。北京市商务局副局长程玉华、副巡视员李薇薇、宣武区委副书记杨素荣、区人大副主任杨有成、副区长李岩、

区政协副主席袁双梅等领导出席。

【马连道国际茶文化节成功举办】4月24日，在天桥剧场举行了2009北京马连道国际茶文化节开幕式，北京市副市长程红，宣武区委书记王宁、宣武区委副书记、区长王刚、农业部农业产业化办公室常务副主任黄连贵、中国茶叶流通协会常务副会长王庆等领导出席了本次开幕式晚会。此次马连道国际茶文化节还举办了肯尼亚专场茶叶推介，应对挑战、培育市场、推动茶产业发展交流研讨会，茶业科技创新与战略合作国际研讨会，福鼎白茶品茗会，国际茶文化交流品茗会等系列活动。

【重张一周年庆典启动仪式隆重举行】7月2日，由北京市商务委员会、宣武区政府共同主办，区商务局、大栅栏街道办事处、区商联会承办的2009北京市特色商业街消夏节暨大栅栏商业街重张一周年庆典在大栅栏商业街隆重举行启动仪式。副市长程红、市商务委主任卢彦、宣武区委书记王宁、区长王刚，十八区（县）商务局及全市主要特色商业街的领导，大栅栏街30多家企业领导出席了启动仪式。

【大栅栏西街重张开街】10月15日，大栅栏西街重张开街。大栅栏西街东起煤市街，西至樱桃斜街和铁树斜街东口交汇处，全长323米，平均宽6米，是一条独具历史风貌的特色斜街。大栅栏西街保护修缮工程总投资约2.44亿元，涉及总建筑面积约30 000平方米。大栅栏西街保护修缮工程的完成，为贯通大栅栏、琉璃厂两条特色街区，打造大栅栏——琉璃厂京味文化体验游项目奠定了基础。

【宣武区获得“中国商业名区”称号】10月21日，在中国商业街高峰论坛（杭州）上，本区被中国城市商业网点建设管理联合会授予“中国商业名区”的荣誉称号，成为北京第一家获得中国商业名区称号的区（县），专家对本区商业发展做出了积极评价：商业发达、网点密集、特色鲜明、名街名店汇集、商业文化厚重，在北京商业发展总体格局中具有重要的地位和影响。

【创意文化展示周举行】11月23日，第八届宣南文化节特色街、“老字号”企业创意文化展示周活动启动仪式在荣宝斋大厦举行。第八届宣南文化节借势第四届文博会，与文博会宣武区文化创意分会场活动相结合，11月23日至29日，开展了商业服务业创意文化展示和促销活动。11月24日在中国书店海王村拍卖大厅举办了民间鉴宝活动。

【社区商业建设和商业设施改造】2009年，宣武区完成了百商盛鑫菜市场和老墙根天和菜市场2家农贸市场的升级改造。截至2009年底，全区共有18家规范化社区菜市场，为百姓提供便利。富卓大厦和天虹百货商场完成了停车引导系统项目改造；华强超市二店、六店，吐鲁番，红莲烤鸭店天桥分店和金悦海鲜等5家企业完成了无障碍设施改造，其中华强超市二店、六店改造项目被列为2009年市政府为民办实事工程。

【再生资源产业化建设】2009年，新建再生资源回收亭22个，截至2009年底，宣武区共建再生资源回收亭55个。加强生活垃圾分类工作，开展了5次再生资源回收日活动中，结合家电以旧换新工作，组织家电回收和销售企业进社区对居民进行政策宣讲740人次、预约登记65人次，回收废旧物资8吨。办理备案登记的各类酒类经营户882家，累计2 043家；黄标车报废审批294辆，金额148.01万元，汽车以旧换新9辆，金额3.9万元。

对外经贸

【外商投资企业座谈会】 1月9日，宣武区商务局组织召开“2009年宣武区外商投资企业座谈会”。区商务局局长郭新通报了2008年宣武区经济发展情况、宣武区外商投资企业情况和2009年重点商务工作。工商宣武分局、区国税、地税、卫生、环保等政府职能部门的主管领导，就各部门的主要职能和工作流程进行了介绍。副区长李岩做总结发言。

【安全生产监管】 2009年，区商务局共出动检查人员1 070人次，检查企业371家次，发现安全生产隐患462项，已整改447项，整改率97%。开展商务安全生产集中宣传教育，覆盖职工2 500余人，发放宣传材料12 000余份。组建了15个安全生产促进组，召开小组会50余次，组织企业自查互查300余家次，开展应急演练30余家次。建立安全生产短信平台并利用平台向企业发出短信息2 000余条，接收企业安全生产工作“日报告”平安短信700余条。

【商务市场安全生产检查】 2月27日，为贯彻市委、市政府近期安全生产紧急会议精神和市委书记刘淇、市长郭金龙重要指示，汲取重大火灾教训，组织落实火灾隐患排查整治“雷霆行动”，区委书记王宁、区长王刚分别带队对本区六个单位进行了安全生产检查，常务副区长王永新、副区长李岩及相关部门主要领导陪同检查，区商务局、区建委、旅游局、民防局、安监局、公安、工商、卫生、质监、公安消防支队、区工会、相关街道办事处等部门领导参加检查。

名　　录

北京市宣武区商务局

局　　长：郭新

地　　址：宣武区南菜园街51号

邮　　编：100054

电　　话：83976036

传　　真：83976241

电子邮箱：shangwuju@bjxw. gov. cn

（撰稿人：杨缜钊）

朝　阳　区

概　　况

2009年，朝阳区商务委按照市商务委和区委区政府工作会部署，紧紧围绕全年经济工作“保增长、调结构、强基础、创优势”的总体要求和“保增长、保民生、保稳定”的中心工作，贯彻落实科学发展观，积极应对金融危机，着力促进消费，扩大招商引资规模，加大外贸企业帮扶力度，全面推进现代服务业发展，为确保经济平稳较快发展提供了重要支撑。全年实现社会消费品零售额1 478.3亿元，同比增长16.2%，占全市的27.8%，总量位居全市首位。新批外商投资企业602家，占全市的42.3%；吸收合同利用外资31.5亿美元，占全市的38%，同比增长3%；实际使用外资21.78

亿美元，占全市的35.6%，同比增长1%。

商业流通

【引进企业扩大市场供给】积极引进大型商贸流通企业，扩大消费市场供给规模，成功引进乐天玛特总部、赛特奥特莱斯、特力屋等商贸流通企业入驻朝阳。同时，组织重点消费聚集区和商业企业深入广交会和浙江、福建等外贸出口大省考察招商，积极协调外贸企业与内贸商业企业对接，引进优质出口产品，丰富消费市场商品种类。

【营造氛围壮大消费需求】成功举办朝阳时尚消费节、北京春季汽车消费节、朝阳国际美食节、蓝色港湾“外贸大集”、北京消夏啤酒节等系列主题活动。展示优质商业资源，塑造特色活动品牌，进一步增强区域消费信心，优化消费服务功能，打造朝阳时尚消费聚集区。

【加强市场运行监测分析】建立全区市场监测体系，对批发、零售、餐饮、洗染、旧货、典当等多个行业150余家企业的市场运行情况进行监测分析，重大节日期间，对重点行业的30多家企业进行每日监测，分析市场运行特点，掌控市场动态，保证市场稳定。

【实事工程任务全面完成】北京天丰利服装小商品批发市场有限公司等八家社区菜市场完成了升级改造工作。在特色商业街等重点地区新增刷卡消费无障碍特约商户800家，超额完成指标比率达60%。

【确保粮油产品供需平衡】为准确反映粮油市场运行情况，维持与人民生活密切相关的粮油市场稳定，对辖区内粮油流通企业近20 000项数据进行汇总，同时对8家重点企业实行粮油供需月报制度，每月监测企业粮油商品购销存信息，进行数据评估，确保市场供需平衡。

【开展粮食清仓查库工作】为全面查清国家库存粮食的数量和质量，准确掌握粮食库存的真实情况，确保国家粮食安全，按照国务院和北京市政府的统一要求，完成了对辖区内存有中央、地方储备粮或国有企业商品粮的企业和重点非国有粮食经营及转化用粮企业的自查工作。通过此次调查，明确了辖区内粮食库存基数，为粮食库存监测工作的开展提供了有力保障。

【开展安全生产监管工作】围绕建国60周年庆祝活动安全保障工作，制定了年度行业安全监管工作方案，采取多部门集中联查、领导带队检查等多种方式，对长安街沿线、三里屯、奥运村等重点地区进行了全面检查。共检查商业和餐饮企业780家，对存在违法行为的企业依法进行了行政处罚，共计处罚13万元。并对800余家商业服务业企业2 000多人次进行了专项培训。上述工作的有效开展确保了国庆期间的安全保障，为营造良好的商业消费环境、维持社会稳定提供了有力支撑。

【专项整治行动取得成效】按照市区政府的要求，积极开展商贸流通行业“合围攻坚行动”、“雷霆行动”、“消防安全隐患排查治理专项集中整治工作”、“安全生产月活动”等专项行动，累计排查隐患3 205个，有效降低了潜在事故的发生概率，提高了企业的安全意识，为建国60周年庆祝活动营造了良好的安全环境。

【大力抓好食品安全工作】积极协调区食品办、农委、公安等部门，有力打击了私屠滥宰生猪的违法行为。同时，与属地联合加大对《生猪屠宰管理条例》、《食品安全法》等法规的宣传，督促屠宰企业加强无害化处理设施的建设和病害猪无害化处理的监管，提高了辖区内食品行业的安全水平。

【重点防控甲型 H_1N_1 流感疫情】按照市区防控甲型 H_1N_1 流感疫情工作的要求，实施了对辖区内商业企业流感疫情的防控工作，部署疫情防控措施，组织防控督导，重点强化商业企业的防控力度，对区域内 176 家重点商品流通企业实现了全覆盖。同时加强市场监测，维护疫情发生期间的商品供应平稳。上述工作的开展，为及时发现疫情提供了畅通的信息渠道，为有效避免疫情蔓延提供了强有力的保障。

对外经贸

【帮扶企业度过金融危机】根据市政府 29 条帮扶措施，制订详细对接计划，完善区内外贸企业帮扶机制，对企业进行摸底调查，及时发现企业经营中遇到的困难和问题，提出相应的帮扶办法和解决途径，召开帮扶政策说明会，帮助企业申请各类扶持资金。已协助外贸企业申请开拓国际市场扶持资金共计 2 639万元，协助服务外包企业申请国家级支持资金 447 万元，有效缓解了企业运营的资金压力。

【帮助外贸企业开拓国内市场】通过调研走访，了解企业库存压力，为外贸企业开拓国内销售渠道。在蓝色港湾等消费聚集区组织“雅宝路外贸大集”和“北京外贸商品大集”，搭建外贸企业商品的内销平台。积极组织外贸企业参加内外贸两个市场、两种资源对接会，帮助其拓宽国内产品市场，减少对海外市场的依赖，降低金融危机对外贸企业的不利影响。

【搭建新型企业融资平台】为缓解金融危机下中小外贸企业面临的融资压力，协助其开拓国际市场，并有效降低可能面临的投资风险，联合中国出口信用保险公司和中国银行共同推出短期出口信用保险项下的融资新业务（简称“融信达”），由中国银行根据企业在中国出口信用保险公司投保短期出口信用保险的贸易额，给企业提供无担保、无抵押的贸易融资贷款。北京毕捷电机有限公司已成功获得首笔每年约为 600 万美元的贷款资金。

【境外投资上升势头良好】根据商务部新颁布的《境外投资管理办法》，朝阳区加大投资便利化力度，强化引导服务水平，全区境外投资快速增长。2009 年全区共受理境外投资初审项目 37 项，同比增长 94%，境外直接投资达 1.71 亿美元，同比增长近 3 倍。

【简化手续提高服务质量】积极完善外资审批流程，加快新设外商投资企业的入驻和手续办结，并完善电子政务，公布、规范网上审批材料范本，将新设企业审批时限由原来的 20 天缩短至 3 个工作日。审批效率的提高带动了服务质量改善，为引进外资企业创造了良好投资环境。北京市的 5 家外资汽车金融企业全部落户朝阳，占全国的 50%，分别是大众汽车金融、丰田汽车金融、梅赛德斯-奔驰汽车金融、沃尔沃汽车金融和东风标致雪铁龙汽车金融，投资总额达 5.26 亿美元。

【专业招商促进产业升级】根据产业发展需求，针对重点行业和重点区域，组织小型化、专业化招商活动，并取得了积极成果：6 月份美国新霓空斥资1 800万美元在朝阳开展研发和运营总部业务；8 月底，全球最成功风能开发公司之一的 UPC 风力大笔增资，投资总额从 55 万美元增至3 600万美元。针对产业链发展需求，整合各方资源，吸引卡特彼勒金融公司落户朝阳，引导施耐德将分公司升级为地区总部，协助三星公司开展销售统合转型，将旗下的5个销售分公司和2个生产企业的IT销售业务统合到三星中国总部直接管理。

【总部经济战略地位凸显】全年新设华彬投资、太古地产等5家投资性公司，共投入合同外资1.61亿美元。截至目前，朝阳区具有总部性质的投资性公司达到131家，占全市的77%；跨国公司地区总部47家，其中世界500强投资企业40家。

【加强现代服务业政策引导】重新修订了《朝阳区关于鼓励跨国公司地区总部及现代服务业发展专项扶持资金管理办法（试行）》，并于7月份正式实施。组织跨国公司地区总部及现代服务业企业召开了以“机遇·合作·发展”为主题的新政策发布会，统筹发布了现代服务业、楼宇经济和招商引资三个新政策，进一步凸显了政策的引导和鼓励作用。

【增强重点产业扶持力度】紧抓CBD东扩、电子城北扩、航空商务区和大望京商务区规划发展的机遇，加强总部经济政策研究，充分发挥地区总部联盟作用，全力配合北京市出台跨国公司地区总部设立政策，把原有的3 000万产业扶持资金扩大到1亿。组织策划在第10届CBD国际商务节上举办跨国公司地区总部发展论坛，推动中国外商投资企业协会与北京商务中心区管理委员会开展战略合作。

【拓展产业发展合作机制】针对金融危机下重点产业发展的新情况、新问题及未来发展的新趋势，加强在招商引资、市场开拓、人才培养等方面的产业研究。充分利用社会智囊机构的外脑作用，联合北京新世纪跨国公司研究所、北京WTO事务中心等研究机构，为相关工作的开展提供智力支持。

【完善公共信息平台建设】开通“北京现代服务业信息平台”，为政策发布、动态研究、在线招商等方面提供了有力支撑。完成现代服务业楼宇监测分析系统一期开发工作，对区域内297座商务楼宇进行全面调查与数据收集，并开发相应的软件系统对基础信息数据进行统计分析。

名　录

北京市朝阳区商务委员会
主　　任：张勇
通讯地址：北京市朝阳区日坛北街33号
邮政编码：100020
电　　话：65099185
传　　真：65094325

（撰稿人：王娜）

海　淀　区

概　况

北京市海淀区商务委于2004年7月组建，原名商务局，于2009年9月更名为商务委。目前，海淀区商务委设8个内设机构：办公室、对外经贸科、审批登记科、贸易促进科、行业管理科、粮食办公室、社区商业科、综合执法科。所属事业单位2个：海淀区商业网点管理处（北京市海淀区流通信息中心），中国国际贸易促进会海淀支会（国际商会海淀商会）。

2009年，海淀区商务委积极开展商圈建设改造，努力推进内外贸经济平稳发展，保持了区域市场安全、稳定、繁荣，社区商业服务体系进一步完善，全区商务环境得到明显提升。2009年，海淀区全年实现社会消费品零售额1 026.4亿元，同比增长16%，居民消费规模持续稳定增长。2009年，全区新批外商投资企业146家，合同外资额7.7亿美元，同比增长1.6%；实际利用外资4.8亿美元，同比增长49.8%（不含海淀园）。年内，全区完成外贸进出口总额270亿美元，同比下降9.4%。

商业流通

【加快推进商圈改造和社区商业中心区改造】 公主坟商圈改造项目将对该区域进行交通、景观、商业定位的全面升级，将其打造成为“文化、绿色、现代、时尚”的京西首席生态商圈和中心城综合商业区，预计2011年底基本完成改造任务。甘家口社区商业中心改造工作从商业定位、城市景观、交通等方面入手，力争在2010年底前将其打造成为方便、舒适、美观、规范的社区商业示范区，成为集购物消费、情感交流、心理舒缓为一体的社区居民“第三生活空间”。

【积极打造特色商业】 支持商业面积达1.8万平方米、汇聚29家特色餐饮企业的畅春园食街招商开业；完成了香山买卖街和以餐饮为特色的西北旺餐饮一条街的前期调研及商业定位概念性规划；鼓励并协调海淀图书城开展节日期间促销活动，推进图书城夜景照明和户外广告宣传改造。

【推动消费品市场平稳较快发展】 落实国家和北京市各项拉动消费措施，全年开展了“中关村国际美食节”、“海淀品牌消费节”、“海淀区商业服务业风采大赛”、“赶外贸大集”等43项促销活动，带动海淀区餐饮行业销售收入增长16.6%，对全区社会消费品零售额增长贡献率达到55%。积极推进家电下乡、家电以旧换新和汽车、摩托车下乡工作，全年共销售家电下乡产品10 673件，实现销售额2 107万元；销售家电以旧换新产品78 983件，实现销售额3.39亿元；销售汽车、摩托车下乡产品2 257辆，实现销售额8 239万元。

【完善社区商业服务体系】 完成4家菜市场的升级改造，指导锦绣大地农副产品批发市场完成“双百市场”升级改造工作。全面启动了海淀区早餐经营示范店建设工作。规范36个机关大院回收网点，在苏家坨镇、上庄镇的4个回收站点进行农村回收站点建设试点。完成韩家川分拣中心的项目建设，完善了电子废弃物无害化拆解分拣功能。指导区内近30家大型商业企业、果蔬批发市场开展垃圾分类工作，完成了畅春园食街餐厨垃圾就地处理的试点工作，在学校、商场等公共场所免费安装了60台饮料瓶罐有偿回收机。

【支持企业发展】 建立了“困难反映零障碍、沟通交流零距离、落实政策零折扣、解决问题零延迟”的“四零”帮扶体系。走访调研区内百余家企业，及时协调解决企业反映的问题50余个。协助企业申请市级商业专项资金8 497.54万元；收集海淀区商业服务业专项资金支持项目100余个，第一批支持资金 790.5 万元，第二批拟拨付资金 721 万元，拟支持服务外包产业发展项目 23 个，支持资金共计 611 万元。

【服务核心区建设】指导电子市场进行软硬件升级，指导海龙电子市场推行价格指数体系和统一收银试点。指导 22 个企业消夏露天餐饮经营场所进行备案，对违法、违规消夏夜市开展专项集中整治。完成商业服务业无障碍改造 20 家、停车引导系统改造 2 家、节能改造 2 家。

【开展安全生产监管】开展了“国庆平安行动”、消防“合围攻坚行动”、新中国 60 周年商务行业安全生产执法“护航”等专项行动。组织企业负责人进行 8 次安全生产培训，发放政策法规、宣传材料 6 000 余份，“酒类告知单”900 余份，设置应急疏散温馨提示牌 300 块。全年执法检查 2 200 余人次，检查各类企业 1 100 余家次，整改隐患 560 余个。全年实施行政处罚 4 家次，处罚金额 4.5 万元。收缴假冒劣质食盐 1 330 公斤。

【加强生活必需品应急供应保障工作】对区内重点商业企业的生活必需品储备量、销售量等情况进行调查。制定了《防控甲型 H_1N_1 流感物资供应应急预案》，成立物资组应急指挥机构，完善了防控甲流物资采购办法，对 200 余家重点商业服务业企业进行甲流防控培训。制定了《海淀区商务局国庆物资保障工作方案》，提出了建立生活必需品应急保障预备资金的建议。

【粮食酒类监管工作】完成粮食清仓查库等专项工作，检查了全区 35 家粮食企业。完成对酒类备案企业相关统计数据的制作及分类，开展酒类流通专项整治情况的检查验收工作，为 646 家酒类流通经营者办理了备案登记。

【完成典当行业核查】完成对典当行注册资本实收情况、资金来源、与股东资金往来、业务结构及放款、对绝当物品的处理、当票使用和息费收取等情况的核查。2009 年，全区新设典当行 2 家，全区典当企业达到 22 家，其中分支机构 6 家。

【举办海淀品牌消费节】“魅力海淀・2009‘雪莲’海淀品牌消费节和 2009 北京秋季汽车消费节”于 2009 年 9 月 16 日至 10 月 30 日举办。其中，海淀品牌消费节由北京市海淀区人民政府主办，这是消费节举办 5 年来，首次提升到如此高规格；2009 北京秋季汽车消费节为北京购物季的重要活动板块，由北京市商务委员会、海淀区人民政府共同主办。两节均由海淀区商务局、海淀区商业联合会承办。

对外经贸

【利用外资】全年共新批外商投资企业 146 家，合同外资额 7.7 亿美元，同比增长 1.6%；实际利用外资 4.8 亿美元，同比增长 49.8%（不含海淀园）。

【对外贸易】792 家企业取得了外贸经营权，年内预计辖区内企业完成外贸进出口总额 270 亿美元，同比下降 9.4%。审核加工贸易合同 118 个，合同进出口总值 3.1 亿美元，同比增长 8.8%，其中出口成品总值 1.8 亿美元，进口料件总值 1.3 亿美元，为 31 家企业出具了生产能力证明。

【支持服务外包产业发展】通过了《关于努力完成海淀区 2009 年外经外贸经济指标增长的促进意见》，出台《海淀区促进服务外包产业发展实施办法》，制定《海淀服务外包示范区发展规划》，对 29 家重点企业进行了跟踪服务，积极争取国家及市有关部门的支持，做好商务部、北京市及海淀区服务外包支持资金项目申报的服务工作。服务外包企业共获得扶持资金5 857.3万元。全年，离岸外包收入达到6.78亿美元，同比增长45.2%，占北京市的57.5%，区域外贸发展方式正在进一步转变。

名　录

北京市海淀区商务委员会

通讯地址：海淀区四季青路6号海淀招商大厦4层东
邮政编码：100195
电　　话：88496768、88496779
传　　真：88496790
网　　址：www.hdboc.gov.cn

（撰稿人：崔常楠）

丰　台　区

概　况

2009年，丰台区商务委员会深入学习实践科学发展观，认真贯彻市、区“保增长、保民生、保稳定”的总体部署，消费促进、招商引资、外经外贸、市场监管、机关建设等各项工作顺利推进，促进了区域经济又好又快发展。2009年，实施了多项促进消费增长的措施并取得实效，居民消费心理稳定，城乡市场保持活跃态势。圆满完成了“保增长、保民生、保稳定”任务，全年实现社会消费品零售额635亿元，同比增长16.9%。完成商业、服务业、旅游业行业税收15.6亿元，同比增长11.1%，为区域经济发展贡献力量。2009年，丰台区利用外资、对外贸易和经济合作发展态势良好，全年新引进外商投资企业38家，比去年同期增长8.57%，共吸引外商投资总额累计7.06亿美元，同比增长173.45%。对外贸易从年初的低谷逐渐趋于好转。据海关数据初步统计，全年进出口总额达58.07亿美元，同比增长7.86%。

商业流通

【大型商业设施建设】2009年，丰台区马家堡的家乐福、城南大道的乐天玛特、丰体时代的物美大卖场、超市发青塔店等近15万平方米的大中型商业项目开业。

【多种措施促进消费增长】2009年，丰台区商务委采取多种促消费、保增长措施，组织、策划和开展形式多样、特色鲜明的主题促销活动，有效地促进了消费品市场的繁荣活跃。一是积极贯彻落实家电下乡政策，举办3次大型家电下乡推广活动，开通了“家电下乡”放心购物直通车，接送农民到家电销售网点看货、选货，开创了家电下乡新方式，印制家电下乡宣传材料12万份，以家电下乡为契机，全面拓展农村地区消费市场。二是成功举办北京市第三届“外贸大集”，共有75家外贸企业的百余种特色产品亮相，期间累计销售157万元。三是策划组织“2009北京汽车消费文化节”。自10月16日至11月13日，举办了长达一个月的“2009北京汽车消费文化节”，共有50多个国内外品牌、100多种车型参与展出，汽车类商品实现零售额34.23亿元，同比增长70.4%。

【积极落实惠民政策】2009年，丰台区商务委认真贯彻落实国家先后出台的家电下乡、家电以旧换新、汽车下乡和汽车以旧换新等4项惠民政策，共刺激直接消费3.68亿元。一是已备案家电销售企业经营网点57家，完成定点企业补贴审核1 239份，共销售家电下乡产品9 489台（部），销售金额1 780余万元。二是现有家电以旧换新回收企业14家、销售企业170家，共销售家电以旧换新产品52 128台（部），销售金额2.01亿元，完成定点企业补贴审核1 239份。三是已备案汽车下乡销售企业7家，销售汽车下乡产品3 435台，销售金额1.44亿元。四是实现汽车以旧换新30台，销售金额450万元。

【大红门服装商务区】5月，为了促进重点功能区的发展，经丰台区编办正式批准成立了大红门服装商务区工作领导小组，办公室设在丰台区商务委员会。

【推进特色街建设】促进万丰餐饮街建设，指导商业街明确功能定位。完成万丰路餐饮街整条街主体工程建设，引进中华传统小吃、北京便宜坊集团独一处等“老字号”企业及权金城、楚老锅等知名企业7家。

【扶持商业企业发展】2009年，争取市商务委农批市场改造、“双百市场”改造、标准化菜市场建设、“老字号”企业扩大再生产、商业设施改造、社区回收建设及举办促销活动等专项扶持资金1 700多万元，有力地促进了丰台区商业企业的发展。

【酒类流通管理工作】2009年，采取网站、开会、组织宣传日活动等途径宣传《酒类备案管理办法》，张贴《北京市商务委员会关于实施酒类流通管理的通告》2 000余份，提高百姓和酒类经营者对酒类流通管理的认识，全年累计完成酒类备案登记4 267户，其中2009年度新增登记1 142户，办理购买酒类流通随附单手续150余起。

【商业设施改造】推动大型商场、超市和餐饮企业进行无障碍设施和停车引导系统等基础设施改造，年内完成欧尚、资和信百货、儒宴等6家商业企业的无障碍设施改造工作，完成资和信百货和新世纪商城2家企业停车引导系统改造。

【开展典当企业核查】完成了辖区内9家典当企业经营管理情况的核查工作。对典当企业的基本情况、经营状况、3万元以上绝当物品处置及人力资源情况进行了核查，完成了核查报告，提出了初审中发现的问题及解决建议。

【回收和洗染经营者备案工作】按照《再生资源回收管理办法》和《洗染业管理办法》的规定，对辖区内回收和洗染业经营者进行备案，通过备案了解掌握辖区内基本情况，有针对性地加强对行业的协调、指导、监督和管理。目前，全区再生资源回收企业备案94家，洗染业企业备案0家。建设改造2家分拣中心，设立140家社区回收站点。

【开展商业服务业技能比赛活动】2009年，为强化特色服务、展示商业形象、扩大消费需求，组织丰台区商业服务业企业一线员工3万余人进行了包括点钞、收银、密码箱开锁、摆盘、安全及礼仪知识等比赛，并选拔出优秀人员参加北京市比赛。

对外经贸

【利用外资】2009年丰台区新引进外商投资企业38家（含迁入企业），比去年同期增长8.57%。增资企业14家，合同外资累计

3.09亿美元，同比增长85.97%；实际利用外资累计1.06亿美元，同比减少8.93%。

【外商投资行业分布】2009年，丰台区引进的外商投资企业在行业分布上以批发零售业为主，占引进企业数量的31.4%，其次为信息传输计算机服务和软件业，所占比例为25.7%，第三位是租赁和商务服务业，所占比例为22.86%。行业分布逐渐向服务业领域倾斜。

【重点企业快速发展】2009年，新引进外商投资企业中投资总额2000万美元以上的企业共6家，占外资企业总数的15.79%；投资总额6.43亿美元，占全区吸引外资总数的91.08%；注册资本5.99亿美元，占总数的93.01%；合同外资2.9亿美元，占总数的93.85%。

【对外贸易趋于好转】据海关数据初步统计，2009年丰台区进出口总额达58.07亿美元，同比增长7.86%。其中进口总额为47.38亿美元，同比增长11.42%，出口总额为10.69亿美元，同比减少5.5%。

【扶助服务外包企业发展】2009年，协助昊威天成申请到北京市服务外包企业培训资金53.1万元，为企业发展解决部分资金问题。截至2009年底，丰台区服务外包企业共4家，均是以信息技术为主的中小企业，全年离岸服务外包协议金额为507.98万美元，占全市服务外包金额的0.25%。

【企业境外投资稳步增长】2009年，丰台区共有7家企业在9个国家和地区设立了14家境外公司或办事机构，同比增长275%；投资总额近4200万美元，同比增长15%；注册资本近2000万美元，同比降低20%。其中，中矿资源勘探股份有限公司在境外设立了6家公司，主要从事矿产资源勘探、开发、加工和销售。

名　录

北京市丰台区商务委员会
主任：周新春
地址：北京市丰台区东安街三条6号
邮编：100071
电话：63838670
传真：63838670

（撰稿人：陈华芳）

石景山区

概　况

北京市石景山区商务委员会（简称区商务委）是主管本区内外贸易和对外经济合作的区政府职能部门。内设办公室、法规综合科、外资外贸管理科、物流产业促进科、市场秩序科和安全科6个职能科室，行政编制21人，机关工勤编制2人。2009年，在区委、区政府的领导下，区商务委全面贯彻中央经济工作会议精神，认真学习落实科学发展观，以商务功能区建设为依托，以招商引资为突破口，以便民工程建设为出发点和落脚点，狠抓党的建设和安全生产等各项工作，圆满完成了全年各项工作任务。2009年，全区实现社会消费品零售额175.9亿元，同比增长16.1%，增幅位列城八区第三；实际利用外资 1.2 亿美元，同比增长 408%；新批外商投资企业 45 家，同比增长 32%。

商业流通

【商务功能区建设】六个商务功能区建设稳步推进，大体量商业项目不断涌现。2009 年，全区新增商业面积 10 余万平方米，商业整体档次明显提升。继 2008 年底石景山万达广场落户开业之后，2009 年 9 月，当代商城入驻鼎城商务区并开业，填补了石景山区中高档百货市场的空白。截至 2009 年底，全区共有各类商业网点5 000余个，其中各类型商业零售业门店3 000余家，餐饮店 700 余家，专业市场 40 余个，其他类型商业服务业门店1 000余家。

（刘珊、张震）

【商业设施便利化改造】2009 年，对全区 80 余家规模以上商业零售、餐饮企业组织无障碍设施情况调查。根据调查结果组织实施并完成对神农庄园、万达广场家乐福超市、万千百货、运动 100、国美电器等重点商铺及商街的无障碍设施系统化改造。推进大型停车场改造工作，万达广场投资 280 万元完成地下停车场标准化改造，获得市级补助资金 95.1 万元。

（刘珊、张震）

【重点时期物资供应】按照区委、区政府的工作部署和要求，区商务委作为甲型流感及国庆期间物资保障组牵头单位开展了大量工作，联合区发改委、药监局等相关部门，通过了解企业进货渠道、增加安全库存、加强市场监测、完善应急投放体系等多项措施，确保甲型流感第一波疫情及国庆 60 周年庆典期间生活必需品及重点医药用品供给充足、调配迅速、价格稳定。

（杨光、邓磊）

【粮食清仓查库检查】3 月底，区商务委牵头成立了由副区长付生柱同志为组长的石景山区粮食清仓查库工作领导小组，研究制定了《2009 年石景山区粮食清仓查库工作实施方案》，明确了检查范围和内容、时点和方式、进度和要求，按照“有仓必到、有粮必查、有账必核、查必彻底”的原则，组织开展全区粮食清仓查库自查工作。4 月 19 日开始，区商务委协助市清仓查库检查组对京石大谷粮油供应站等 9 家重点涉粮企业进行了检查，检查情况良好。

（杨光、邓磊）

【社会粮食供需平衡调查】4 月，区商务委完成了 2008 年度石景山区粮食供需平衡调查，共调查城镇居民 64 户、粮食经营企业 29 家（含国有粮食经营企业 1 家）、粮食转化企业 3 家、单位食堂 20 家。通过调查，基本掌握了 2008 年全区粮食及油脂消费、流通和库存情况，为加强粮食宏观调控提供了重要的决策参考依据。

（杨光、邓磊）

【酒类流通行业监管】2009 年，继续推进全区酒类流通备案及随附单使用工作，共备案酒类流通经营者1 200余家；对涉及游园活动的公园周边地区酒类流通经营者开展了大规模专项整治工作，共检查酒类经营者近 200 家，取得了良好的效果。

（杨光、邓磊）

【典当企业核查】按照市工作部署，区商务委于 2009 年 5 月完成了石景山区典当企业核查工作，共核查典当企业 9 家，内容涉及注册资本实收情况、资金来源、与股东资金往来情况、放款情况、绝当物处理情况、当票使用情况、息费收取情况等。截至2009年10月，全区共有典当企业9家，资产总额超过1.7亿元。

（杨光、邓磊）

【**成品油行业年检**】为保证油品质量，确保成品油行业健康发展，区商务委对辖区内16家成品油站点经营资质进行严格审查，共有14家加油站提交的年检材料通过初审并上报市商务委，其他2家加油站因为申请变更事项将推迟年检。

（杨光、邓磊）

【**首钢实业公司中标北京新早餐工程**】北京首钢实业有限公司中标2009年北京早餐示范工程，成为北京2009年三家早餐工程试点企业之一。北京首钢实业有限公司将从2009年开始用三年时间，进一步提高早餐生产加工配送能力，并着力发展更适合居民需求的早餐经营门店，力争三年建成成熟早餐经营门店50个，配合原有200余个早餐亭（车）形成更完善的早餐经营网络，更好地服务于北京早餐市场。公司2009年投资900余万元，重点用于完善信息管理系统、食品安全技防设施、冷链食品配送中心、物流配送系统和销售终端等方面。

（刘珊、张震）

【**商务行业安全监管工作**】按照市商务委和区委、区政府的工作部署及要求，以确保商务行业安全和建国60周年安全稳定，着力构建安全生产长效机制为工作目标，把“增强能力提绩效，解决问题求实效，监管创新出成效，安全发展建长效”作为商务行业安全工作的主线，开展了商务行业安全隐患排查整改工作，消除行业安全隐患，确保商务行业安全零事故。商务委循环检查企业1 030余家次，出动检查人员3 000余人次，查出安全隐患79处，现已全部整改完毕。全区商务行业没有在市、区挂账的安全隐患企业。

（迟小丽、张弋）

【**商务行业安全培训工作**】2009年，继续沿用了奥运工作机制，开展有针对性的安全培训和宣传活动。利用《北京市商业零售经营单位安全生产规定》和《北京市餐饮经营单位安全生产规定》实施两周年、《北京市商业零售经营单位促销活动管理规定》实施一周年、安全生产月等有利时机，多渠道、全方位地做好宣贯工作。在2009年4月1日和6月9日咨询日活动中，共发放宣传材料2 000余份，对商业企业及过往群众300余人进行了广泛的宣传和教育。开展对企业法人的专门培训，聘请了消防、安监专业人员进行安全、消防知识培训，共培训企业法人和一线员工5 000余人，培训工作效果显著。

（迟小丽、张弋）

对外贸易

【**外贸出口**】2009年1月至11月份，石景山区进出口总额4.56亿美元，同比下降41%。其中出口总额2.36亿美元，同比下降55%。出口商品以工业制成品为主，主要销往美国、香港、南非、日本、新加坡、荷兰、英国、德国等8个国家和地区，占全区出口总量的72%。

（刘玉杰、徐沫）

【**利用外资**】2009年，全区实际利用外资1.2亿美元，同比增长408%，增幅名列全市第一，达历史最好水平；新批外商投资企业45家，同比增长32%，累计投资总额达到1.85亿美元，同比增长85%；注册资本1.42亿美元，同比增长23%；合同外资

1.03 亿美元，同比增长 23%；平均投资规模 410 万美元，同比增长 39%；开业外商投资企业新增投资总额3 903万美元，其中外资1 997万美元，开业外商投资企业共完成税收 4.21 亿元。

（刘玉杰、徐沫）

【外资结构】截至 2009 年底，全区开业外商投资企业 186 家。按企业生产方式划分，生产型企业 64 家，非生产型企业 122 家，非生产型企业比重同比增长 9%；按合作方式划分，合资企业 70 家，独资企业 114 家，合作企业 2 家。2009 年，石景山区新批外资企业中，合资企业 13 家，外资企业 32 家。从产业结构上分，新批外资企业全部符合全区产业发展定位，其中现代服务类 16 家，文化创意类 18 家，高新技术类 11 家，分别占新批外资企业总数的 36%、40%和 24%。投资涉及的主要行业有动漫数码、信息软件、商业批发、商务服务、信息咨询、能源环保技术研发等。

（刘玉杰、徐沫）

【外资来源】2009 年，石景山区外资主要来源于 30 个国家和地区。其中，最多的为中国香港，共设立“三资”企业 71 家，外资额为36 553万美元；其次为美国，共设立“三资”企业 17 家，外资额为2 252万美元。第三位为日本，共设立“三资”企业 15 家，外资额为56 466万美元；三个国家和地区的投资企业数分别占全区外资企业总数的 38%、9%和 8%。

（刘玉杰、徐沫）

【外资项目规模和质量不断优化】2009 年，引进外资项目在规模和质量上不断优化。新批项目中，投资总额1 000万美元以上的大项目有 6 个，500 万美元以上的有 4 个，累计投资总额 1.48 亿美元，注册资本 1.09 亿美元，合同外资7 410万美元，分别占全部新批项目的 83%、80%和 75%。其中，世界五百强企业埃森哲在石景山区投资设立的中通服软件科技有限公司，将成为引领全区文化创意产业发展的风向标。目前已有沃尔玛、家乐福、日本电气、新日铁、阿尔斯通、理光、保时捷、埃森哲等 8 家世界知名大企业在石景山区落户。

（刘玉杰、徐沫）

【境外投资再创突破】2009 年，石景山区企业北京秦麦技术工程有限公司获商务部批准，在印尼设立印尼 QHD-MESTA 选矿实验中心。该公司投资总额 105 万美元，等额注册，主要从事矿产资源的勘探、开发、采选、实验及相关设备设计等业务。这是目前石景山区的第四家对外投资企业，全区企业“走出去”的速度不断加快，全区外经工作势头良好。

（刘玉杰、徐沫）

【获对外贸易经营者备案登记权】2009 年，区商务委获国家商务部授权，成为新一批对外贸易经营者备案登记机关之一。这一授权简化了审批环节，提高了办事效率，有助于进一步扩大企业进出口经营主体，为全区企业开拓国际市场创造了有利条件。

（刘玉杰、徐沫）

【签署外贸企业通关合作备忘录】2009 年，区商务委与中关村海关签署合作备忘录，建立日常沟通机制和外贸企业通关绿色通道，为全区外贸企业提供了通关便利和业务指导，促进全区对外贸易又好又快发展。

（刘玉杰、徐沫）

【北方中惠国际中心落户石景山】2009 年 5 月 20 日，中国北方工业公司旗下的北方万坤置业有限公司联合中惠熙元房地产集团有限公司参加石景山区银河商务区F地块竞标，取得土地使用权，双方计划在F地块投资建设北方中惠国际中心。北方中惠国际中心占地面积18 905平方米，建筑面积110 000平方米，其中地上建筑面积85 000万平方米，建设总投资约12亿元。项目建成后，中国北方工业公司旗下的北方国际合作股份公司、北方万邦物流有限公司、北方车辆有限公司、北方万坤房地产有限公司等多家成员企业将入驻该中心，形成“中国北方工业公司民品总部”。2009年底，北方中惠国际中心已基本完成开工前各项准备工作，计划于2010年底完成主体工程。北方中惠国际中心落户石景山，对于银河商务区的崛起、推动全区总部经济的发展、促进北京CRD的建设具有重要作用。

（于金锁、董华）

【北京台湾街开工建设】北京台湾街座落于石景山区北京国际雕塑公园西园，商街总长500米，占地面积2.1万平方米，建筑面积约4.3万平方米。北京台湾街包括十大主题馆、一条街中街、一座艺术会馆，集餐饮、娱乐、休闲、观光、夜市、购物、文化体验于一体，定位于汇集两岸文化商业精粹、打造北京特色商业街区、引领北京精致化时尚生活潮流。北京台湾街于2009年5月28日正式开工建设，2009年底已完成主体工程和二次结构，计划于2010年上半年正式开街。北京台湾街的建设得到了市委、市政府、国务院台办、市台办、区委、区政府的大力支持，受到台湾岛内的广泛关注。台湾国民党荣誉主席连战先生题写街名，亲民党主席宋楚瑜主席为街内的“玉山会馆”题赠牌匾。建成后的北京台湾街对于丰富首都文化娱乐休闲区（CRD）内涵、提升北京西部商业文化品味、打造两岸合作交流平台、促进祖国和平统一具有积极意义。

（于金锁、董华）

名　录

北京市石景山区商务委员会
地址：北京市石景山路18号
邮编：100043
电话：68607225
传真：88683281

门头沟区

概　况

2009年，门头沟区商务系统在区委、区政府和市商务委领导下，在全区各部门及行业企业的大力支持下，认真贯彻落实党的十七大和十七届三中、四中全会精神，以科学发展观为指导，全力履行部门职责，大力落实“保增长、保民生、保稳定”工作要求，使各项行业建设发展工作不断推进。商业设施内外环境明显改观，服务水平、便利程度不断提高，逐步缩小与全市差距。消费品市场持续繁荣。实现社会消费品零售额21.6亿元，同比增长16.4%，城镇居民人均消费15 953万元，同比增长7.2%。全力落实保增长任务目标，推出“倾情门头沟、快乐我消费”大型主题促销活动，42 家重点企业热情参与，发放宣传材料 3 万多份。“家电下乡”、汽车以旧换新等惠民政策积极推进。对外交流不断增强。全年实际利用外资1 281万美元，外贸出口总额 3.8 亿美元，审批加工贸易合同 60 份，合同总额达 600 万美元。充分利用国际招商平台，组织 20 个优质项目参加厦门招商会、京港洽谈会等大型招商会。引导地区中小企业积极参与国际市场竞争，落实项目资金 160 多万元，缓解企业开拓国际市场压力，进一步拓宽创收渠道。

商业流通

【迎国庆商业街区环境整治】落实门头沟区迎国庆百日环境整治要求，商务委以主要大街沿线为重点，在商户中广泛开展“美丽国庆，从我做起”活动，会同有关单位进行拉网式排查，规范经营行为，纠正乱粘乱挂、店外经营等不良现象1 000多起，使 600 多家商户经营环境得到改善。

【深化落实安全生产规定】积极参与“国庆平安行动”，围绕人员密集场所监控、安全生产规定落实等方面，全面加大行业安全监督管理力度，组建 210 多人的行业安全志愿者队伍，累计检查企业 330 多户次，不合格项整改合格率 100%，实现“平安商务”目标。

【行业岗位服务技能提升】门头沟区商务局联合区商联会举办行业岗位服务技能大赛和行业服务明星推选工作，通过以赛代训方式，共有 151 人取得初级职业资格证书，15 人取得中级职业资格证书，27 人取得高级职业资格证书，2 人获得全市服务行业服务明星称号，1 人获得全市行业小能手荣誉称号。

【加强全区盐务管理】2009 年，门头沟区实现碘盐销售2 521吨，超过计划指标 20 个百分点，地区碘盐覆盖率、合格碘盐食用率分别达到 95.8%和 93.1%，各项指标均达到全市统一要求。

【有形市场健康发展】门头沟区黑山、三家店等 2 家社区菜市场完成建设和改造，新增经营摊位 80 多个，其中蔬菜、肉类、水果等群众生活必需品经营摊位 40 多个，解决就业 200 多人，有效缓解周围地区群众买菜难、购物不便等问题。

【农村连锁商业稳步发展】门头沟区山区农村连锁便民服务功能进一步提升，统一采购、网络订货等先进流通技术得到推广，新发展紧密型直营店 40 家，实现食品、日化用品配送率 100%，年销售额保持1 500万元以上，为农村地区食品安全提供有力保障。

【回收站点整治得到新进展】门头沟区商务委牵头开展对全区 32 家回收站点的综合治理，开展从业人员培训，签订依法管理责任书，为新型再生资源回收体系建设创造条件。

【主题促销活动】1 月 16 日，门头沟区“家家户户备年货，欢欢喜喜过大年”春节促销活动启动，围绕统一活动主题，区内各大商场、超市、餐饮企业结合自身特点，推出年货一条街等不同形式的年货集中展卖活动。4 月 24 日，由门头沟区委宣传部、商务委主办，区商联会、行业协会承办的“倾情门头沟、快乐我消费”大型主题促销活动在星座新桥商厦举行启动仪式，活动以“政府引导、行业组织、企业参与、务求实效”为指导思想。10月，门头沟区商务委组织全区“洗衣行业迎国庆，夏日惊‘洗’大酬宾”及“迎国庆、赏明月、惠百姓”大型主题促销活动，全力落实保增长目标任务完成。

【家电下乡工作】 1月24日，门头沟区商务委联合区委宣传部、农委、财政、工商、质监等单位召开家电下乡工作会，建立联动机制，春节前启动试点销售。2月1日，门头沟区家电下乡工作全面启动。3月10日、21日、22日，门头沟区商务委联合区工商、农委、质监等单位在门头沟区斋堂镇、清水镇开展送家电进山、送服务到家的现场咨询销售活动，3次下乡活动累计销售商品共计40件，销售收入5.5万余元。9月16日，召开门头沟区家电下乡销售网点新政策宣讲会，对销售网点工作人员进行业务培训。据统计，截至12月31日，门头沟区家电下乡产品类别齐全，已售出8类家电下乡产品4 501件，累计实现销售额904万元。

【推进酒类流通备案登记工作】 9月1日至9月2日，门头沟区商务委深入门头沟区斋堂镇、清水镇的爨底下、江水河等4个自然村，通过审核材料、备案登记、系统录入、现场制证工作，共为深山区81户酒类经营者现场办理酒类流通备案登记证，发放宣传材料和标示牌各200份，加强酒类相关知识的宣传。

【更名商务委员会】 8月25日，根据《北京市门头沟区人民政府机构改革方案》通知精神，门头沟区商务局更名为门头沟区商务委员会。9月24日，门头沟区商务委员会正式举行挂牌仪式。

【领导任命】 9月16日，经门头沟区第十四届人民代表大会常务委员会第32次会议决定任命王立宇同志为门头沟区商务委员会主任。经门头沟区委组织部批准，王立宇同志任门头沟区商务委员会党组书记。经门头沟区政府任命，王立宇同志任门头沟区粮食局局长。

【汽车以旧换新工作】 8月24日，根据市政府统一部署，黄标车淘汰政策与汽车以旧换新政策对接施行，车主可在两项政策当中任选一种方式申领补贴。11月19日，门头沟区委常委、常务副区长罗斌同志主持召开全区汽车以旧换新工作协调会，听取门头沟区商务委关于落实《北京市汽车以旧换新补贴资金管理暂行办法》实施方案的汇报，并提出具体工作要求。12月2日，门头沟区商务委组织召开汽车以旧换新政策工作领导小组联席会议，全面部署汽车以旧换新工作。12月4日，门头沟区商务委在门头沟区军庄镇、妙峰山镇率先开展汽车以旧换新专题宣传活动，设计制作宣传展板150块、各类宣传单页1万余份，现场进行政策解答。12月8日，门头沟区商务委牵头在区影剧院门前举行门头沟区汽车以旧换新启动仪式，区委常委、常务副区长罗斌同志及成员单位主管领导参加活动。

【低收入农户增收帮扶工作】 门头沟区商务委积极开展对口扶贫村帮扶工作，领导带队深入帮扶村会商增收措施，慰问村干部、困难群众，引导企业帮助村集体发展经济，实现门头沟区清水镇小龙门村35户、双涧子村18户低收入农户人均纯收入比2008年度增长10%以上工作目标。

【完成粮食清仓查库工作】 4月13日至4月22日，按照全市粮食清仓查库工作统一部署，北京市粮食清仓查库第九普查组共18人入区检查，按照“有仓必到、有粮必查、有账必核、查必彻底”的检查原则和检查要求，对门头沟区的粮食库存进行检查，检查结果显示，门头沟区粮食库存数量真实，账实相符，质量符合国家有关规定，储存安全，粮食补贴拨补情况良好，库贷对应，资金占用合理，库存管理较为规范。

对外经贸

【参加外贸大集】3月24日至3月31日，门头沟区商务委组织区内外贸企业北京中基贸发进出口有限公司参加由市商务委主办的“逛SOLANA蓝色港湾，赶外贸大集”活动，帮扶区内外贸出口企业开拓国内外两个市场，应对国际金融危机带来的冲击。

【加强对外宣传】以《门头沟区投资指南》为推介载体，收集整理资源项目，更新项目册，组织门头沟区内20个优质项目参加厦门招商会、京港洽谈会等大型商贸洽谈活动。

【开展业务培训】5月20日，门头沟区商务委举办区内重点外贸企业业务培训班，向企业宣传市、区政府对外贸企业各项扶持政策，并承诺不断改进行政服务水平，提高工作效率。8月6日，门头沟区商务委联合区工业局、工商联举办企业经理人培训，区内60多家工业和商业企业的经理参加培训，引导企业经营者开拓视野，了解并利用部分金融机构响应国家缓解中小企业“资金链”紧张的一系列政策而推出的产品和服务。

【举办外经贸企业座谈会】门头沟区商务委组织区内重点外资、外贸企业举办门头沟区2009年度外经贸企业座谈会。企业代表介绍及沟通应对金融危机措施，并对政府工作提出意见建议。

名　录

北京市门头沟区商务委员会

地址：北京市门头沟区新桥大街36号

电话：69842571

邮编：102300

（撰稿人：孟那）

房　山　区

概　述

2009年，房山区商务工作在区委、区政府的正确领导和北京市商务委员会的大力指导下，坚持以学习实践科学发展观为统领，以推进“三化两区”建设为目标，突出促进投资、拉动消费、扩大出口、强化市场监管等重点工作。2009年，全区实际到位外资3644.3万美元，与2008年同期持平；外贸出口总额完成18.9亿元，同比增长12.6%；全区批发零售业、服务业（不含金融、保险、交通运输、仓储、邮政、电信等行业）、限额以上三资企业税收合计完成15.3亿元，同比增长58.7%，占区域税收总额的11.5%，税收规模在全区七个重点行业中保持第二位；圆满完成国庆60周年市场供应工作，积极为企业办理商业货运车辆通行证，准备各类节日商品6 000余种、粮油3 000余吨。惠民实事工程扎实开展。全年新建、升级改造11家农村集贸市场和社区菜市场，新增营业面积5万平方米，完成年度计划的220%。

商业流通

【产业发展速度加快】2009年，全区社会消费品零售额预计完成98亿元，同比增长8%；实际到位外资3 644.3万美元，与2008年同期持平；外贸出口总额完成18.9亿元，同比增长12.6%。全区批发零售业、服务业（不含金融、保险、交通运输、仓储、邮政、电信等行业）、限额以上三资企业税收预计突破17亿元，同比增长50%以上，占区域税收总额的11.5%左右，税收规模在全区七个重点行业中保持第二位。

【商贸设施规模快速扩张】截至2009年底，全区商业、服务业网点总数已达到1.9万个，总建筑面积190万平方米。其中：建筑面积1万平方米以上的大型网点达到了30家，1 000平方米以上商业零售经营企业共有70家，500平方米以上餐饮经营企业共有83家，拱辰、西潞、城关、燕山4个重点地区共有限上商业零售、餐饮经营企业125家，占限上企业总数的82%，初步形成了以房山新城良乡组团为核心、燕房组团为骨干、百家龙头企业为支撑，以连锁超市、综合商场、交易市场为主力业态的大中小并举、高中低档结合、各种经济成分竞相发展的流通产业格局。

【商贸环境水平不断提升】几年来陆续引进和发展连锁店、便利店400家，引进、发展店铺数量为2003年前的2倍。截至2009年底，全区累计引进和发展生活服务超市、专卖店、便利店600家，其中国内外知名品牌连锁店、专卖店达到了100余家，大部分区域性、全国性品牌连锁企业的店铺均被引进房山，连锁覆盖率社区、乡镇、千人以上大村均达到了100%，居民生活质量得到明显提升。

【农村现代流通体系强化提升】一是农村生活服务连锁网络进一步完善。本区已发展农村生活服务连锁店铺439个，二级配送点30个，使全区乡镇、千人以上大村、行政村连锁网点覆盖率分别达到100%、100%和95%。二是农资连锁网络进一步完善。本区已发展农资连锁门店260家，农产品主产区和生产基地连锁网点覆盖率达到95%，放心农资市场占有率达到90%，彻底扭转假冒伪劣农资充斥市场的坑农害农局面。三是农产品流通网络进一步完善。全区已建设完成农村集贸市场27个；培育、提升贸工农一体化龙头企业、农产品出口龙头企业、农产品专业合作组织10家。

【现代服务业发展加速】北京石油交易所项目快速推进，目前已入驻企业380余家，招收网络会员企业450家，南京、南通、广州、西安、沈阳、济南、成都、大庆等10余城市申请成为北京石油交易所“区域交易中心”。行业合作进一步深化，分别与五大石化央企、中国工商银行、中国农业银行确认了战略合作协议内容，行业竞争和影响力不断增强。北京良乡西南物流基地建设扎实推进，道路等基础设施不断完善；北京集装箱结点站项目落户窦店，高端商贸城招商工作有序推进。再生资源回收体系建设进展顺利，分拣加工中心一期工程建设完成，西潞园、北潞园、行宫园、太平庄等主要社区回收网点已投入使用。北京彭湃汽车主题公园功能进一步完善，二手车鉴定评估机构和经营资质获得批准，基础设施建设有序推进。北京粮油交易所正式注册，西南金港物流中心、三江宏利肉鸭配送、卓宸畜牧冷链物流等一批重点项目相继竣工，有效地提升了本区现代服务业的发展水平。

【退耕还林补助粮供应工作圆满完成】截止2009年10月29日，房山区圆满完成涉及16个乡镇、办事处，退耕面积79 600.56亩的2008年退耕还林补助粮供应工作，累计发放补助面粉5 572.0392吨。

【进一步加强区级储备粮轮换出库监管】为进一步加强区级储备粮质量管理，确保区级储备粮品质良好和储存安全。7月27日，区商务委副主任许志增带领粮食中心有关人员对区级储备粮轮换出库工作进行检查。已到储存年限的第一期5 000吨玉米轮换出库工作已经展开，预计半个月时间轮换完成。通过对出库现场的检查，正在出库的区级储备玉米品质良好，储存安全，数量真实。

【家电下乡再创新高】房山区家电下乡工作于2009年春节正式开始。2月6日上午，由区商务委主办、北京华冠商贸有限公司承办的家电下乡工程在华冠购物中心正式启动，它标志着本区家电下乡工作全面展开。2009年全区审核备案家电下乡销售网点共计78家，网点累计销售包括冰箱、洗衣机、空调、彩电、手机、计算机、热水器、微波炉、电磁炉等家电产品2.4万件，销售金额达5 024.13万元，居全市第一。

对外经贸

【圆满完成外贸出口任务】2009年，全区外贸出口总额完成了18.9亿元，比2008年同期上升12.6%。

【全面提高企业品牌意识】为帮助企业了解品牌、市场营销等相关知识，提高企业的品牌意识和市场营销水平，1月7日商务委邀请了北京市经济管理干部学院著名教授韩庆祥为本区相关企业进行了品牌、市场营销知识讲座。韩教授通过独特的销售主张、设计新的营销模式、树立先进的营销理念三个方面为企业讲解了品牌与市场营销等知识。近百家企业参加了讲座。

【进一步推进农业产业升级和结构调整】本区三家企业获得农产品贸易促进资金项目支持。为推动农业产业升级和结构调整，提高农产品出口质量，增强企业国际竞争力，商务委组织本区农产品出口企业积极申报2008年度农产品贸易促进资金项目申报工作，其中北京卓宸畜牧有限公司、北京格瑞拓普生物科技有限公司、北京香豆豆食品有限公司三个企业申报了3个建立出口农产品质量可追溯体系项目，截止到8月底3个项目全部通过验收，共获得104万元的资金支持。

名　　录

北京市房山区商务委员会

地址：北京市房山区良乡工业开发区金光路1号

邮编：102488

电话：69372702、69372703

传真：69371704

邮箱：shangwu@bjfsh.gov.cn

（撰稿人：白雪）

通 州 区

概 况

2009年，面对严峻的外部环境，通州区商务委在通州区委、区政府及市商务委的正确领导下，紧紧围绕市、区“保增长、保民生、保稳定”的重大决策部署，以科学发展观统领全局，明确方向、细化任务分工、全力服务企业，迎难而上保增长、全心全意保民生、凝聚合力保稳定，努力为全区商务工作发展做出新贡献。2009年商业经济指标再创历史新高，全区社会消费品零售额实现162亿元，同比增长10.6%，继续保持各郊区（县）第一，各类市场成交额实现45.9亿元，同比增长9.5%。2009年，全区合同利用外资8 345万美元，同比下降50%；实际利用外资8 043万美元，同比下降39%。全年进出口金额15.3亿美元，同比下降18.6%。其中出口创汇实现9亿美元，同比下降13.5%。各项数据虽全为负增长，但降幅按季度逐步收窄，表明本区外向型经济正逐步回暖。

商业流通

【成功举办商务年会】本届商务年会本着虚实结合、统筹活动部署、统筹宣传工作、注重创新，提升影响为原则，在形式和内容上不断创新，对年会组织形式上进行了改革，把各专场活动做为年会的主导方式，集中一个多月的时间，先后成功举办了5个专场活动。

【加大重点商业项目投资促进力度】对全区商业资源进行了摸底调查，进一步完善和丰富了商业资源库。重点加大了北苑商务区、北京华联总部、日本永旺等重点商业项目的促进力度。在区商务委的积极努力和协调下，北京华联上市公司总部正式落户本区，预计年纳税过亿元；中国照相馆、东兴楼等“老字号”企业签约入驻；北苑商务区项目已开始全面拆迁。

【全力推进市场改造】按照全区市场改造计划，2009年全区共7家社区菜市场和3家农村集贸市场开工建设，全年完成固定资产投资5 930万元。2009年，半壁店市场、梨园东里市场、百菜园菜市场、高辛庄市场、大稿村市场等5家社区菜市场均已通过北京市标准化社区菜市场验收，共申请市财政补助资金250万元。运河通源市场已完工，根据市商务委验收安排，2010年进行验收；台湖农贸市场、永乐店柴厂屯农贸市场、于家务渠头农贸市场均已完工，待工商手续齐全后即可参加验收。

【繁荣全区消费市场】区商务委积极组织商业企业，充分考虑百姓购物特点和消费需求，在商品种类、促销方式、价格定位等方面以充分满足百姓购物需求为根本，支持企业通过准备充足货源、采取多样化的促销方式、物美价廉的商品，丰富繁荣消费市场。

【进一步培育扩大农村消费市场】继续大力扶持福兰德超市加快农村现代流通体系建设，新建农村连锁超市157个，超额完成全年新开农村连锁超市100家的目标任务。在管理上，要求福兰德总部对加盟店加大培训力度，根据市场需求及时调整商品种类，使其更加注重商品质量，购物环境和服务水平的提升，在保持加盟店数量快速增长的同时，不断提高商品统一配送率。

【积极推进“家电下乡”等惠民工程】全区共设立“家电下乡”销售网点84个，家电“以旧换新”销售点24个，覆盖全区各乡镇。严格监测各销售网点，实现销售额1亿元，补贴资金3 000万元；逐件审核苏宁、国美“家电以旧换新”产品20万余件；办理黄标车淘汰手续7 196件，其中转出4 287件、报废2 874件，并办理汽车以旧换新补领差额（已报废黄标车以旧换新补领差额）35件，累计发放补助资金4 605.64万元；审核备案“汽车摩托车下乡”销售网点15个，累计销售下乡汽车1 147辆，销售金额4 260万元。

【积极筹办“外贸大集”活动】第三期外贸大集活动于2009年7月9日至20日在贵友通州店举办，历时12天的“逛通州贵友赶外贸大集”活动累计接待消费者16万人次，外贸商户共实现销售400万元。贵友通州店营业额实现512万元，同比增长42%，日客流达2.5万人次，增幅45%。此外，家乐福、苏宁电器、周边商铺均呈现商业旺季的消费局面。

【加强生猪屠宰监管】从源头抓起，加强对生猪定点屠宰厂监管，要求本区两家定点屠宰企业高度重视甲型H_1N_1流感的预防工作，进一步完善应急预案、预防措施预案等。对私屠滥宰窝点举报一起，核实一起，发现一起，取缔一起，确保百姓吃上放心肉。2009年，共取缔生猪屠宰窝点69个，查没生猪172头。对全区14家市场进行联合执法，没收问题猪肉834.2公斤。

【继续加大盐业酒类备案管理工作】继续加大对违法销售私盐的打击和整治力度，确保百姓吃上放心盐。处理盐业违法案件155起，罚没私盐57 533公斤。全面启动酒类备案登记管理工作和酒类流通随附单制度，确保酒类销售安全。

【全力推进商务领域安全生产工作】一是加大对商市场的安全执法检查力度，共检查企业1 016户次，查出各类安全隐患问题1 278项。二是加大安全生产宣传力度，开展“安全在我心中”知识竞赛和消防安全宣传活动，发放宣传海报和材料4 000余份、教育光盘400余份。三是举办20场安全生产培训，培训企业负责人及员工3 600余人次。四是开展消防应急演练，要求企业制定和完善消防应急预案，开展应急演练，现场监督指导17家企业进行消防应急演练。五是对重点区域、重点企业进行执法巡查，确保安全生产万无一失。

【确保商市场顺利通过验收】根据区委、区政府的统一部署，将商市场行业创卫工作作为工作的重中之重扎实推进。加大对商务系统除四害工作、控烟工作、职工健康教育、商市场创卫升级等各项工作的督察力度；投资420万元对隆乔兴、杨家洼、北机、果园等四家菜市场进行创卫改造和提升；加强与区创卫办、工商局、城管大队等部门的沟通协调与合作，强化对无照经营、小商小贩的联合执法，进一步清理整治商业环境，确保了本区创卫工作整体通过北京市验收。

【保障阅兵村商品供应】通过竞标等方式选定了6家企业，每天动用40辆车、120人，负责12项商品供应、5项服务保障、3项技术支持。自3月30日正式供应至10月8日结束，本区6家企业累计供应金额达到4 909.5万元。

【做好粮食清仓查库工作】 按照"有仓必到，有粮必查，查必彻底"的原则，对通州辖区内12个存储库点的存储粮食实物进行了普查，共计查粮491个货位366 313吨，其中：小麦280 433吨，玉米29 743吨，稻谷17 844吨，大豆38 885吨，绿豆9吨。使用测量计算法查粮406个货位360 365吨，抽包检斤法查粮85个货位5 948吨。

【完成粮食供需平衡状况调查】 圆满完成2008年全区社会粮食供需平衡状况调查工作，理清了全区社会粮食供需基本状况。

【完成食用植物油供需平衡状况调查】 按照市粮食局的部署，此次调查分四类（农业和城镇居民、餐饮企业、单位食堂、经营和转化企业）抽样调查，调查样本199个（居民144户，企业55家）。经过近三个多月的努力，初步了解全区社会食用植物油供需平衡状况。

对外经贸

【外资来源于15个国家和地区】 2009年，本区新批31家外商投资企业分别来自德国、香港各5家，韩国、法国各3家，美国、新加坡、日本、加拿大各2家，台湾、意大利、瑞典、马来西亚、蒙古、阿联酋及投资公司各1家。

【利用外资行业结构变化明显】 2009年，全区新批31家外商投资企业所属行业为制造业12家，批发零售业10家，商业服务业8家，房地产业1家。外商投资第三产业所占比重上升明显。

【30家重点外贸企业出口创汇降幅收窄】 2009年，全区30家重点外贸企业共出口5.73亿美元，同比下降3%，较全区外贸出口降幅低10.5个百分点。

【外商投资企业仍占外贸出口主导地位】 30家重点出口企业中，外资企业共16家，2009年共完成出口创汇36 551万美元，占出口总额的64%，内资企业出口20 772万美元，占出口总额的36%。外商投资企业在全区扩大出口方面发挥着重要作用。

【外贸出口产品主要集中在六大行业】 通过对全区30家重点外贸企业出口产品的监测分析，全区外贸出口产品主要集中在六大行业。分别为金属机械及电气、信息技术及材料、合成材料及化工、木材加工及家具制造、纺织服装、专业贸易公司出口。排名前三位的金属机械及电气、信息技术及材料、合成材料及化工行业，分别出口21 676万美元、18 173万美元、10 893万美元。

【积极应对金融危机】 为积极帮扶企业应对国际金融危机，帮助企业缓解困难、度过难关，确保本区商务经济平稳较快发展，区商务委进一步深化了《商务领域重点企业联系制度》，加大对50家重点企业的跟踪服务力度。并制定了《关于帮扶企业应对国际金融危机工作方案》，对企业进行逐一走访，将企业反映的问题进行分解，明确任务到人、责任到人，为重点联系企业协调解决生产经营中遇到的困难。

【继续推进外资联席会制度】 通州商务委坚持每季度组织发改委、环保局、统计局、工商局、国税局、地税局、劳动局、财政局召开外资企业联席会，由联席会成员单位通报外商投资企业各方面情况，共同研商企业运行的难点问题，进一步为外商投资企业创造良好发展环境。

【帮助企业申请各项扶持资金】房山商务委将2009年度开拓资金调整政策以《信息专刊》形式发放给所有外经贸企业负责人，并于6月18日，举办了百余家企业参加的中小企业开拓国际市场的申报培训会，鼓励企业开拓国际市场，解决订单下降问题，帮助企业共度难关。共审核2008年度通州企业64家，拨付资金480万元。审核2009年度通州企业96家，共578个项目获得批准，涉及8大类支持方向，其中各类认证项目163项，境外考察112项，宣传推介112项，境外展览91项，广告商标注册50项，创建网站43项,国际市场分析6项,培训1项。

【帮助加工贸易企业降低经营成本】积极与北京海关协调，共帮助5家企业减免台账保证金和风险担保金1 000余万元。5家企业分别为：北京二十一世纪包装制品公司、北京北欧管道制造公司、北京友珍汽车配件公司和蒙特康贝服装公司、尼玛克焊接技术（北京）有限公司。

【积极为企业搭建平台】一是组织113家外经贸企业参加了出口信用保险培训；二是组织企业与中国出口信用保险公司进行了三次小规模出口信用保险对接会；三是组织了4次由30家企业参加的应对金融危机座谈会；四是组织100余家外贸企业参加中小开拓资金培训会，宣讲2009年政策变化和申报程序；五是帮助33家企业申请了62个105届、106届广交会摊位，成交金额近2 000万美元。

【帮助企业在建大项目列入绿色审批通道】帮助七家企业在建大项目列入北京市绿色审批通道，这七家企业分别是：北京阿科玛化学有限公司、宝德伟业（北京）物流公司、北京博格华纳汽车传动器公司、华润物流（北京）公司、北京乔治费歇尔管路系统公司、北京天宇朗通通信设备股份公司、北京雨润食品公司。

【提高审批效率】对外商投资企业的地址、名称、投资者名称等非实质性变更事项，审批时限由原来的3个工作日改为立等可取；对董事、监事和纯属企业内部制度性约定等合同章程条款的一般变更事项，由审批改为简易备案方式；审批权限由原来的3 000万美元以下扩大到5 000万美元以下；限额（5 000万美元）以下外商投资企业从事非限制类商品批发和佣金代理业务的相关设立与变更事项的审核权由市商务委下放至区商务委，并由区商务委代发批准证书；对外贸易经营者备案登记的审核权由市商务委下放至区商务委。

【加大实际到位资金催缴力度】针对新《公司法》颁布后企业入资期限最长为两年的情况，2009年，区商务委对2007年以来未入资企业进行逐一排查，采取多种方式催缴入资。一是通过深入企业和电话催缴方式督促企业入资；二是利用工商局年检的时机，要求企业提供验资报告，联合催缴；三是借助乡镇、园区的力量共同催缴。通过努力，2009年，共催促99家企业入资，外资入资金额为8 043万美元。

【全面完成外商投资企业年检工作】截至2009年7月，实际参加年检的外商投资企业共450家，比2008年增加5家。投资总额合计20亿美元，注册资本合计12亿美元，合同利用外资合计9亿美元。投资总额在500万美元以上企业共85家，占参检企业总数的18.8%。2008年共实现纳税额15.7亿元，同比增长46%。其中，纳税额100万元以上的企业共104家，纳税额合计为15.07亿元，占总纳税额的95.9%。

名 录

北京市通州区商务委员会
主任：王士杰
地址：北京市通州区新华北路161号
邮编：101149
电话：69543319
传真：69521735

（撰稿人：高士增）

顺 义 区

概 况

2009年是新中国成立60周年，是全面贯彻落实党的十七大、十七届三中全会精神的重要一年。顺义区商务工作在市商务委的指导下，区委、区政府的正确领导下，围绕顺义区总体发展战略，以服务花博为中心，以发展会展经济为重点，以改善民生为主线，以优化结构为动力，以规范管理为保障，以项目建设为抓手，切实加强招商引资，统筹协调产业发展，各项工作取得显著成效。消费增速跃居全市第二位。全年共实现社会消费品零售额155.2亿元，同比增长16.7%；利用外资再创历史新高。全年实际利用外资3.96亿美元，同比增长3.6%，绝对值位居全市第五，总量占据全市十个远郊区（县）的45.5%；外贸出口力克时艰，总量继续保持明显优势。全年完成出口供货额303.1亿元，降幅较年初收窄12个百分点，占远郊区（县）出口总量六成以上。

服务区域经济发展

【商务经济贡献日益增强】2010年顺义区商业服务业实现税收28.5亿元，涉外企业实现税收91.8亿元，分别占全区税收总额的15.4%和49.5%。

【圆满完成第七届中国花卉博览会住宿接待工作】按照“参照奥运接待标准、但不拘泥于奥运接待模式”的原则，指定8家花博会接待酒店和18家推荐接待酒店，并按照人员类别的不同，分别制定接待标准。花博会期间累计接待34个省市1 054人，其中代表团339人，参展团715人；接待中国花协、北京花协及花博会评委47人；接待媒体记者228人。充分细致的准备得到市政府办公厅领导的高度评价，高品质的接待服务得到各界宾客的好评。

【组织第七届中国花卉博览会餐饮供应工作】根据展馆的安排，先后制订多套餐饮区域规划设计方案以及商亭规划方案，制定《商亭供应商准入标准》并与企业逐一签订了《食品安全责任书》，联合相关部门对餐饮服务企业进行监督检查，确保食品安全。花博会期间，3家餐饮供应企业累计为观众、志愿者和工作人员供餐210 213份。

商业流通

【农村流通体系规模不断扩大】完成10家农资连锁建设，1 000平方米农资配送中心建设完成并投入使用；新发展隆华购物中心直营店30个，通过宣传引导和资源整合推进便利连锁体系由拓展网络规模到强化网络可控性的转变。11个农贸市场升级改造工程按标准完成。完成赵全营镇赵全营村、西水泉村和南彩镇洼里村村民免费洗浴和免费理发工程建设。

【推进新农村早餐网点建设】赵全营镇北郎中和联庄村300平方米早餐店内部精装修工作全部完成；10个农村集贸市场众望主食销售专柜全部建设完成；滨河小区众望早餐“撤亭进店”改造工程全部完成，已正式营业。仓上小区新建早餐店建设工程全部竣工。

【加强再生资源回收市场安全体系建设】完成3.8万平方米经营区和2万平方米生活区安全监控系统的建设工作及经营区130个摊位安全隐患整治工作。

【有序推进家电补贴政策】家电下乡工作在全市启动最早、销量最大，累计销售“家电下乡产品”1.7万台，实现销售额近3 500万元，兑付补贴资金444万元。家电以旧换新工作在市商务委支持下，成为全市唯一将区内百货业态企业列为中标企业的区（县），其中国泰中百成为销售和回收双中标企业。顺义区以旧换新销售新家电7 361台，实现销售额2 926万元。家电补贴政策的落实在为居民提供便利的同时，有效聚集了客流，带动家电类商品销售同比增长近三成。

【重点商业项目进展顺利】金街区域土地招拍挂工作已完成，建设方案正在完善修改中，顺鑫商务楼项目正式投入使用，商业部分3.3万平方米正在进行招商，博联时代广场二期已和香港新世界签订租赁合同，集美益源家居广场实现试营业。

【完成社会粮食供需平衡调查】对农村居民固定调查户一季度的记账情况逐一检查，确保了2009年度粮情调查的准确性。

【积极落实“两个安全生产规定”】全面加强商务系统安全生产管理，针对“两个安全生产规定”发放宣传材料650余份，教育从业人员900余人；与区内103家规模以上商业零售、餐饮企业签订安全生产责任书；出动执法人员600人次，共出动执法车辆166台次，检查生产经营单位500余家次，发现并消除各类生产安全隐患870余处。

【大力推进各行业监督管理】对区内两家定点屠宰企业进行定点屠宰资质认证；共出动盐业执法人员500人次，查处各类违法商户30余家，没收非法食用精盐16 000余公斤；完成酒类流通备案登记550余户，累计备案比例达到47%；清理再生资源回收营业执照到期商户44家、无证无照商户30家。

会展产业

【打造会展上下游产业链条】以“扩内需，保增长”为目标，引导会展上下游企业入驻顺义区。将顺义区供餐企业引至新国展供餐，并协调解决场地、进门、营业手续等问题。帮助百万庄园餐饮有限公司西餐销售部在顺义区完成工商注册和税务登记。

【制定政策促进会展产业发展】充分发挥《顺义区促进会展业发展政策扶持意见》的政策优势，吸引北京时代龙马国际会议展览有限公司到顺义区注册落户。新国展共举办15个展会，展出面积近81万平方米，接待观众累计超过75万人。

对外经贸

【不断盘活外商闲置资产】对北京特莎瑞实业发展有限公司、爱华齐（北京）生物工程有限公司、北京高丽亚投资顾问有限公司的资产进行盘活，为再招商打下基础。

【开展政策培训宣讲活动】积极应对金融危机，对近60家出口外商投资企业进行政策宣讲；组织各二级单位进一步探讨“如何保增长、促发展，做好招商引资工作”；实地走访松下通信公司等70多家区内重点外商投资企业，同时进行后期跟踪；组织召开“韩资企业高级管理人员座谈会”。

【利用中介机构招商见效益】共引进外商投资企业3家，吸引合同外资2 377.5万美元，比2008年全年多吸引合同外资1 674.4万美元。

【鼓励跨国公司总部在顺义设立地区总部】制定完成《顺义区关于鼓励跨国公司在顺义设立地区总部的工作推进方案》。

【组织参加各类商务促进活动】2009年组织各个园区及相关单位参加“第十二届科博会”、顺义区啤酒节等招商活动，科博会期间，天竺综合保税区在中国能源战略高层论坛开幕式上签约3个项目。

【鼓励企业走出去】2009年顺义区设立海外企业10家，累计达到26家，遍及10余个国家和地区。

【帮扶企业应对金融危机】帮助罗森伯格、江河幕墙等企业减免征收了风险担保金，帮助顺美通过国家质检总局免验审核工作组最终审查，企业每年可节约出口商品检验费用60万至80万元人民币。

名　录

北京市顺义区商务委员会
主　　任：王福印
通讯地址：顺义区站前街顺鑫国际商务中心十层
邮　　编：101300
电　　话：69443513
传　　真：69443513

（撰稿人：李沛恩）

大 兴 区

商业流通

【零售额完成情况】年内全区社会消费品零售总额累计完成115.3亿元，同比增长15.1%，平均每月完成零售额9.61亿元。绝对额在5个发展新区排第3名，增幅第4名。

【搭建农超对接平台】“西瓜节”期间精心组织了“农超对接”活动，北京市商务委副主任闫小彦在发展处陪同下参加了来自全区的23家农民合作组织和10家农产品深加工企业与市区20余家商场、超市参加的对接会，达成17余项供销协议，日供货近86.5吨（其中西甜瓜32吨，蔬菜23吨，其余为杂粮、红薯等多种农产品），年供货量可占区内全年同期产量的20%。

【“两网一平台”商业模式初步形成】从2008年起，提出“两网一平台”建设目标，通过积极推进，现已取得新进展，2009年已将位于庞各庄镇的原绿甜公司用地盘活，作为建设“两网一平台”和实现农超对接的配送平台。“两网一平台”商业运行模式，将进一步有效地促进城乡商品双向流通，切实为农村消费者带来实惠、使社区居民享受便利。“两网一平台”工作同时得到市领导的认可，副市长程红就此项工作做了重要批示，北京市商务委副主任李薇薇在发展处陪同下到大兴区社区实地考察在线经营情况并提出新的发展模式。

【农村流通网络建设】年内兴糖公司升级改造全额配送店30家；绿得利公司升级改造农资连锁店20家。改造了5家农村集贸市场，使区内重点大镇达到“一镇二市场”，升级改造了西沙窝产地市场，增加了2座交易大棚和600平方米冷库等设施。

【保障市场运行安全】每月监测区内39家重点商场、餐饮、商品交易市场的经营情况、市场动态，为深入了解区内消费市场运行情况提供重要依据。此外为掌握相关商品储备情况，商务委对规模以上的商场超市、连锁企业、农贸市场、社区菜市场的生活必需品情况进行了调查摸底，掌握库存情况，为生活必需品应急储备、市场运行稳定提供了有力保障。

【新增商业项目】吉星德亿商城：商业面积1.4万平方米，于6月21日开业；吉星德亿商业中心：5月16日开业，1.3万平方米；天上天超市：10月1日开业，1万平方米；彩虹新城西侧5 538平方米商业设施：物美超市12月25日开业；旧宫朝龙五金建材城：6万平方米，12月进行了试营业；物美综超北兴路店：5 500平方米。年内新开业商业项目10.8万平方米。

【家电下乡成效明显】积极落实“家电下乡”政策，通过多种形式宣传，确保家电下乡政策家喻户晓。有46家销售网点完成备案，销售家电下乡产品11 276台，累计金额2 700余万元。

【对屠宰企业严格检查】针对2009年2月9日山西省临汾市洪洞县出现生猪感染高致病性猪蓝耳病疫情这一情况，大兴区商务局商务监督检查所联合市商务局执法办，对区内两家生猪定点屠宰企业进行了执法检查。检查中，执法人员对企业的检疫、检验、无害化处理设施及生猪产地等几个重要环节进行重点检查。对检查中发现的安全隐患逐一提出整改要求，要求企业限期整改。同时市、区两级商务部门要求两家企业提高宰前疫情防控意识，加大检疫、检验力度，并协同动物防疫部门制定应急预案，建立逐级上报制度，对发现的病害猪及时进行无害化处理。

【屠宰企业进行重新审查认定】根据新修订的《生猪屠宰管理条例》和商务部办公厅《关于生猪定点屠宰证书和标志牌统一编码、制作和换发工作的通知》（商秩字〔2008〕6号）文件精神，经北京市商务委员会和大兴区商务委对本区两家定点屠宰企业的条件进行重新审查认定，本区的两家定点屠宰企业符合相关法律、法规要求，经征求北京市商务委员会同意，为北京中瑞食品有限公司、北京资源亚太食品有限公司两家定点屠宰企业换发了由大兴区人民政府颁发的定点生猪屠宰厂（场）标志牌及生猪屠宰证书。

【两家定点屠宰企业完成升级改造工作】为全面贯彻落实《生猪定点屠宰厂（场）病害猪无害化处理管理办法》，积极推进屠宰企业病害猪无害化处理制度，加强环节控制，年内市商务委安排专项资金500万元，鼓励全市定点屠宰企业加快病害猪无害化处理设施升级改造速度。区内两家屠宰企业（北京中瑞食品有限公司、北京资源亚太食品有限公司）积极响应，狠抓落实。目前两家屠宰企业均已完成无害化处理设施升级改造工作，并已投入使用。此次升级改造工作共投资180万元，无害化处理能力均达到600公斤/次。在此基础上，建立病害猪无害化处理监管系统，实现对无害化处理过程的实时监控，提高监管技术水平，做到病害猪处理“三规范”，即规范处理设施、规范企业行为、规范监督检查。严防病害猪肉流入市场，保证上市猪肉产品质量安全，保障百姓吃上“放心肉”。

【全年执法情况】全年共做出行政处罚101件（其中盐政执法93件，生猪屠宰执法8件），其中简易程序处罚99件，一般程序处罚2件，共没收违法盐产品17 400公斤，罚款人民币3 950元，取缔私屠滥宰黑窝点8处，没收生猪及其产品130头，屠宰工具46件，捣毁地锅8口。全年对涉及全区零售经营单位全面检查，出动执法人员45人次，共检查企业8家，对促销活动的时间、方式、应急预案进行了检查，对促销活动中存在的问题提出了整改意见。

【完成区内粮食清仓查库工作】粮食是关系国计民生的重要商品，为准确掌握粮食库存的真实情况，更好地落实宏观调控任务，国务院决定在2009年上半年在全国范围内开展粮食清仓查库工作。本次清仓查库共涉及区内10个部门、10多家国有粮食企业和多家非国有重点粮食经营企业。此工作荣获“2009年北京市粮食清仓查库优秀组织奖”和“2009年全国粮食清仓查库先进单位”。

【加强粮油市场价格信息监测】以“反应灵敏、判断准确、传递迅速”为目标，密切监测区粮食市场供求数量和价格变化，每天对遍布区内的28家监测点的粮油价格进行监测，并对其中市局信息中心委托的3家监测点的价格情况每天及时上报，同时加强了粮油市场价格的分析工作。

【开展“安全生产月”活动】6月1日至30日，以7项内容在全区商务行业开展2009年“安全生产月”活动：一是开展“安全生产月宣传咨询日”活动。二是开展集中培训活动。三是继续开展征文活动。四是开展应急预案演练周活动。五是开展知识竞赛活动。六是开展安全生产教育活动。七是积极开展“安全生产三项行动”。坚决查处违法行为，开展安全管理实践教育和培训，提升经营单位安全生产管理水平。并通过商务委短信平台、商务委网站等媒体扩大对安全生产政策、法律法规、工作动态等的宣传。

【开展安全生产联合大检查】6月24日，区商务委联合大兴区安监局、质监局、公安消防支队对本区北京吉星德亿商业中心有限公司、华堂商场大兴店、青年餐厅大兴店进行了安全生产联合检查。检查组每到一处都仔细了解了企业各项安全生产制度的落实情况、企业员工安全生产的教育培训情况；实地察看了企业消防设施设备的运行情况以及安全通道、安全标识的设置情况等。针对企业存在的安全标识缺失、安全通道堆放杂物、安全门设置不合理、电梯故障报警处置不及时等问题，检查组提出了当场或限期整改要求。

【开展安全生产大检查专项行动】9月23日至28日，区商务委全员动员，出动30名工作人员、6台车辆，按照“检查一家不漏、问题一个不留”的原则，对全区153家规模以上商业零售、餐饮经营单位开展了为期5天的“迎国庆、保平安”安全生产大检查。检查组兵分6路，深入全区14个镇、3个街道办事处每一家企业，对企业的安全生产制度建立情况、无购物出口设置情况、饭店排油烟管道清洗情况、管制刀具下架情况、酒类流通备案情况、安全标识、安全通道、消防器材完好情况、液化气使用规范情况等十个方面开展了深入细致的排查。检查共发现存在问题企业 33 家，各类隐患问题 55 项，其中当场整改32项，期限内整改14项，其余9项也将在9月30日前全部整改完毕。

【完成《“十二五”时期物流产业发展规划》】 12 月 30 日，大兴区京南物流基地召开开展全区物流产业调查及编制《大兴区“十二五”时期物流产业发展规划》工作开题会，全面部署全区范围内物流企业调查工作。

对外经贸

【外经贸概况】 年内全区实际利用外资10 205万美元，同比增长 74.8%，实际利用外资额在北京市城市发展新区的六个区域中排名第三位。外贸出口 29.12 亿元，同比下降 7.77%。全区共有外资企业 370 家，累计实际利用外资 6.87 亿美元，投资方向以三产为主，比例逐年增加，服务业领域投资加大，外商投资工业规模以上企业工业总产值占全区规模以上工业企业总产值的 1/3。外贸出口产品结构逐步优化，外经外贸成为全区经济发展的重要支撑。

【外资项目】 年内新批项目 24 个，投资总额13 959万美元，同比下降 35.2%，注册资本13 815万美元，同比下降 8.3%，合同外资13 494万美元，同比增长 18.3%，这些项目投向第二产业占 45.8%，第三产业占 54.2%，利用外资领域进一步拓宽。在新设立的外商直接投资项目中，世界五百强宜家商务服务业项目落户大兴，注册设立北京英特宜家置业有限公司，投资总额9 074万美元，合同外资9 074万美元。

【外资企业纳税】 年内外商投资企业税收（增值税、消费税、企业所得税、个人所得税）达 8.82 亿元，同比增长 18.2%，占全区企业税收的 14.5%。其中外商投资工业企业上缴税金 7.57 亿元，同比增长 16.1%；外商投资租赁和商务服务业企业上缴税金3 946万元，同比增长 189.93%。

【外贸进出口结构】 年内全区外贸出口总额达到 29.12 亿元，同比下降 7.77%。贱金属及其制品、毛皮制品、农副产品、纺织服装、印刷包装、机电产品等“十一五”规划确定的重点发展行业成为全区出口的主体，出口总额占全区外贸总额的 46.35%。出口结构得以改善，除金属制品、服装纺织、肠衣、毛皮、印刷包装等传统的出口产品外，高新技术产品、机电产品的出口额也在增长，其比例已达出口总额的 10%。在高新技术产品和机电产品的出口中，高科技的天然纤维制品、保健品、信息化产品和数字化移动医疗检测系统等产品出口结构进一步优化。

【农副和高新技术等产品进出口】 农副产品出口 3.02 亿元人民币，占全区外贸出口总额的 10.37%。高新技术产品和机电产品出口 6.35 亿元人民币，占全区外贸出口总额的 21.81%。

【帮助企业开拓市场】 积极帮助企业寻找内需市场，为企业争取贸易机会，给予企业开拓国际市场资金支持，为企业减免风险担保金，帮助企业规避市场风险，组织区内12家企业参加市商务委举办的“外贸大集”活动。

【争取政策性资金支持】 组织区内外贸企业申报中小企业国际市场开拓资金、出口机电产品研究开发资金、服务外包发展资金等资金支持，年内共申请资金支持 500 万元。

【包装和推出招商项目】 年内筛选了 55 个项

目，项目不仅涵盖了基地、标准厂房、闲置资产等，还增加了企业合作类项目的比例。对已经组织好的项目，编制项目册（收录项目33个）、投资促进专业网站推出项目33个、活动推介发布项目8个。

【积极争取市级支持资金】大兴区在境外组织的投资贸易促进活动取得了市级财政的支持，生物医药基地赴美开展系列项目推广活动，市商务委员会给予资金支持27万元；新媒体基地赴日本参加东京电玩展，北京市商务委员会给予资金支持5万元。

名　录

北京市大兴区商务委员会

主任：张丽英

地址：北京市大兴区兴华中路甲12号

电话：69245321

邮编：102617

网址：http：//www.dxsw.cn

（撰稿人：王永学）

昌　平　区

概　况

2009年，在区委、区政府的正确领导和市商务委的指导帮助下，昌平区商务委紧紧围绕全区“双十、双八”的增长目标，积极应对国际金融危机，突出重点扩内需，强化服务保民生，转变方式抓引资，部门联动促项目，狠抓各项工作落实，圆满完成了各项工作任务，为打造商务花园城市、建设一流现代化城市发展新区做出了不懈努力。

商务经济指标稳步增长。社会消费品零售额实现145亿元，同比增长26.3%，增幅位居全市第一；进出口总额实现17.6亿美元，同比增长8%；实际利用外资8 801万美元，同比增长6.2%；商业和三资企业实现税收20.5亿元，同比增长32.5%，占全区税收总额的18.3%；商业增加值实现40.5亿元，同比增长11.5%，占全区GDP的11.9%；商业从业人员约18万人。

为民办实事工程完成圆满。新建农村再生资源回收站130个、社区再生资源回收点18个。北京广利福源再生资源回收市场有限公司完成了废纸分拣打包车间及消防管网建设；规范、改造、新建了10个社区菜市场。完成2家农贸市场地面硬化、交易厅棚的建设改造；40余家企业申报并实施2009年商业流通发展项目，23家企业进行商业无障碍设施改造并达标验收。

国庆阅兵等服务保障工作完成出色。国庆前后，围绕安全生产、假日促销等工作，展开地毯式检查，对重点地区、重点单位、重点环节严密盯防，确保了商务领域安全稳定。加强供应组织工作，保证了国庆期间市场供应稳定和部队供应工作的圆满完成。

商业流通

【消费品市场快速增长】2009年，成功举办首届美食旅游文化节和汽车文化节，有效整合了区内优势资源，极大地活跃了餐饮、汽车、旅游等消费市场；积极落实家电、汽车、摩托车下乡和以旧换新等扩大内需政策，支持企业举办多场“大篷车送家电下乡”销售活动。全年累计备案74家销售网点，家电下乡和以旧换新活动分别实现销售额2 920万元和8 077.23万元；组织了10多场生活用品展销会及形式多样的节日促销。“四大节”期间，销售额同比增长20.7%。

【贯彻“三重点、四联系、六属地”服务机制】2009年，制定并落实了商业服务行业“三重点、四联系、六属地”协调工作方案。成立招商引税协调办公室，专项负责重点项目、重点企业的引进协调。家乐福实现在昌平纳税。永旺商业有限公司在昌平完成工商注册和税务登记；成功承办了京港洽谈会服务外包专场、昌平商业地产专场推介会，推介了未来科技城等重点招商合作项目，有效宣传了昌平良好的投资发展环境；大力协调解决中环绿舟、诺华制药、永旺商业、翠微百货等重点企业的实际困难。协调海关解决昌平区“三重点”企业海关事务问题，为企业持续快速发展创造有利条件。

【流通服务水平不断提高】2009年，积极落实“十一五”商业发展规划，协助金融街公司、北京万达、苏宁电器等知名商业地产商进行项目选址和调研，同时做好佳莲时代广场店、西关京客隆等商业项目的协调服务工作；组织企业申报商业流通发展资金支持，40余家企业申报并实施了2009年商业流通发展项目，23家商业企业无障碍设施改造通过达标验收；组织城北回龙观交易市场申报商务部“双百”市场；完成70家成品油零售企业经营资质年检，对成品油市场运行进行监测。加大典当行业监管，5家企业2008年度核查中全部评为A类，完成4家新企业初审上报。完成洗染业备案7户。

【行业监管有效到位】2009年，对规模以上商场超市和餐饮企业进行全覆盖高频率的安全执法监督检查，全年共出动商务执法检查人员3 720人次，检查企业1 240家次，整改问题和隐患185起；加强生猪屠宰、食盐销售和酒类商品安全监管，全年销售食盐1.4万吨，碘盐覆盖率达99.67%。累计为5 695家商户办理了《酒类流通备案登记证》；主动做好粮食流通管理，维护了粮食市场稳定供应的好形势。通过积极工作，区商务委被北京市确定为首批商务系统综合执法试点单位。

【粮食管理工作规范】2009年，对行政区内所有国有粮食企业存储的中储粮、地储粮和区级储备粮按照“有仓必到、有粮必查、有账必核、查必彻底”的原则，完成全面普查工作，做到账账相符、账实相符，全面准确地掌握了全区粮食库存数量、质量和各项管理工作的真实情况。做好军粮供应管理、服务工作，走访慰问并征求部队的意见，进一步提高工作质量和水平。做好行政审批的后续监管工作，共进行粮食检查63次，出动147人次，有效维护了粮食流通秩序。完成“退耕还林”粮食补助发放工作。完成昌平区2008年度社会粮食供需平衡调查。

对外经贸

【积极应对金融危机】积极应对国际金融危机，为外贸企业提供多元化服务。对福田汽车、中环绿洲、诺华制药等重点进出口企业跟踪服务；利用网站等渠道快速向企业传达惠民助企政策和相关贸易政策信息；组织100多家企业参加中小企业开拓国际市场专项资金项目申报辅导会、进出口企业业务操作实务培训会，辅导企业申报商务部、北京市中小企业国际市场开拓资金；支持3户企业申报北京市高新技术出口企业公共服务平台建设和共性技术研究开发项目，帮助企业降低贸易成本；支持企业参加广交会等国内外贸易会展活动；全年为企业办理来华邀请函46件。2009年，新备案拥有进出口经营权的内资企业96户，全区拥有进出口经营权企业达1 055户，其中实际有进出口活动的企业400余户。

【服务外资企业】积极协调有关部门，较大程度缩短美国健赞项目审批时间，加快了首期注册资金1 600万美元的入资进度，该项目于9月17日奠基。帮助解决京元太公司转股、赛迪公司和神雾公司并购等问题，促进企业健康发展。全力支持有发展潜力企业增资壮大，宝日医、永旺商业、北控宏创、康比特等10家公司共增加投资9 950万美元，其中注册资本5 311万美元。积极组织企业参加第十三届中国国际投资贸易洽谈会、第十三届北京香港经济合作研讨洽谈会、第六届中国—东盟博览会。

【大力实施“走出去”战略】北京宏福建工集团有限公司在利比亚盖尔扬市承包的项目已开工建设，外派管理人员、工人300余人。办理了汇佳学校新加坡公司北京学校有限公司增资200万美元、福田公司日本公司转股、利德华福公司在印度和俄罗斯设立办事处的审批工作。助推企业尽快健全、完善境外售后服务渠道，促进企业参与国际经济合作。

【服务外包快速发展】2009年，制定发布了《昌平区促进服务外包发展若干政策规定》；分别与市商务委及保诺科技（北京）有限公司等八家服务外包骨干企业签署了“共建北京服务外包示范区协议”；组织企业申报商务部2009年支持承接国际服务外包业务发展资金，有4家企业共获得商务部人才培训资金170.1万元、企业认证资金5.7万元，431人获得市级服务外包配套资金86.2万元。2009年服务外包收入实现25.05亿元，同比增长18.1%。

名　录

北京市昌平区商务委员会

主任：沈树祥

地址：北京市昌平区南环路55号

电话：69746220

传真：69746220

邮编：102200

网址：http：//www.cpbc.gov.cn

（撰稿人：赖金坚）

平　谷　区

概　况

2009年，平谷区商务委在区委、区政府和北京市商务委的领导下，以实现“保增长、保民生、保稳定”为目标，积极应对国际金融危机，努力改善城乡购物环境，提高百姓消费便利化程度，卓有成效地开展了服务全区人民生产、生活和外资外贸等相关工作，并取得了全区社会消费品零售总额43.3亿元，同比增长12.1%，被北京市商务委授予“2009北京市促消费贡献突出单位”称号；实际利用外资4 073.1万美元；合同利用外资7 678.1万美元；实现出口创汇1.4亿美元的优异成绩。

商业流通

【农村消费快速增长】家电、汽车摩托车下乡工作扎实推进，并取得在全市生态涵养发展区（县）中排名第一，在全市13个郊区（县）中排名第五的好成绩。全年共设立家电下乡销售网点44个，销售1.5万件，带动销售2 957万元，发放补贴300万元。审批汽车摩托车下乡销售企业6家，销售下乡汽车摩托车745辆，销售2 140万元，发放补贴234.6万元。落实区政府专门出台电脑补贴政策，在国家补贴13%基础上，区财政再补贴7%。共销售补贴电脑1 272台，补贴资金30.6万元。家电以旧换新工作实现“送新收旧”一条龙服务，销售新家电6 097件，销售额2 260万元。回收旧家电4 695件。

【消费环境进一步改善】2009年平谷商务委申请市级、区级资金2 100万元完成了5个菜市场的改扩建工程。其中投资900万元新建西寺渠、胜利街两个综合市场，升级改造镇罗营镇、夏各庄两个农村集贸市场，投资1 200万元完成北大市场基础设施改造，消费环境进一步提升，有力带动了消费增长。经过改造的北大市场，2009年实现销售收入1.8亿元，同比增长26%。

【百姓消费更加便利】完成20家规范社区便民菜店和康乐街、乐园西小区2个临时售菜点建设；改造农资连锁规范店40家，累计完成108家；新发展农村连锁便利店30家，规范农村连锁全额配送店20家；在封闭小区建设废品回收亭10个。

【农产品销售取得新成绩】2009年全区销售大桃5.7亿斤，销售收入6.1亿元，比2008年提高13%。以桃为主，积极开展农超对接，并初见成效。2009年全区合作组织又与北京物美集团、天津津工集团、厦门沃尔玛等近20家商超连锁集团建立供需关系，新增销售3 000多万斤，农超对接销售总量达1.2亿斤。新搭建上海、杭州、重庆等5个外埠销售平台，区外大桃交易平台总数达到15个，通过交易平台销售大桃1.1亿多斤。创新宣传形式，塑造品牌形象。积极参与平谷大集进京城，通过组织农超对接洽谈、吃桃大赛、桃王拍卖等活动，全面提升平谷大桃的品牌形象和知名度。开展外埠宣传促销活动，进一步提高当地市场、经销商及消费者对平谷大桃认知度。组织“平谷大桃采摘节”活动，通过发放采摘券等形式，销售大桃2 700万斤，销售收入1.3亿元。印制大桃营销手册2万份。

【商务行政执法工作经受了新考验】平谷商务委继续落实各项安全生产规定，对规模以上零售和餐饮经营单位的安全生产检查达到全覆盖。围绕60周年大庆，开展了“雷霆行动”、“合围攻坚行动”、安全生产“执法护航行动”等专项整治行动，加强对行业重点企业的安全生产工作的监督检查，保障了商务领域安全稳定。强化生猪屠宰、食盐、粮食流通、再生资源、酒类流通等专项安全监管工作，做到常年执法不间断。圆满完成典当和成品油经营单位的变更、年检初审及行业的日常监管工作。全年共出动商务执法检查人员2 500人次，查处并整改各类问题和隐患180多个；取缔私屠滥宰户1户，没收生猪产品2吨；没收私盐2.08吨；完成酒类备案919户。商务行政执法工作做到了全年无一起安全事故发生，无一起行政复议。

【创建国家卫生区工作】圆满完成全区28家商场超市的健康教育档案整理、规范门前三包和车辆停放管理、社区便民菜店建设等工作，8月底顺利通过北京市爱卫会的考核验收。

【粮食安全进一步提升】一是圆满完成社会粮食供需平衡调查和食用油调查。对全区城镇居民户、农户、国有粮食经营企业、非国有粮食经营企业和粮食转化企业进行了调查，进一步掌握全区粮食库存、流通情况。开展通过食用油调查，摸清了全区2008年全区食用油年初库存总量，为掌握食用油市场动态信息奠定基础。二是城乡粮情固定调查户工作进展顺利。2009年为了使调查范围更加合理和数据更加准确，对10户农村调查户进行调整。为了使农村固定调查户台账填写更加准确，对40户调查户进行系统的检查、指导，确保台账填写准确，真实反映全区城镇农村居民粮食流通、库存情况。三是做好退耕还林补助粮监督检查工作，保护退耕农户的利益，将国家“惠农政策”落到实处。军粮供应全面落实。四是开展区粮食清仓查库自查工作。认真组织安排区内6家国有企业及15家非国有企业开展自查，顺利通过市普查组的普查。积极组织人员参加全市粮食清仓查库普查工作，圆满完工作任务。五是加大粮食法律法规的宣传，使粮食行业法律、法规深入人心，保证全区粮食流通市场的有序发展。六是做好粮食价格信息监测，时时掌握粮食动态信息。七是认真做好具备粮食收购许可证审批和后续监管工作。八是加强区级储备粮轮储、监管工作，保障全区粮食安全。

对外经贸

【加大企业开拓国际市场服务力度】一是用活用足中央、北京市的各种鼓励进出口的优惠政策，狠抓中小企业国际市场开拓资金管理，积极为进出口企业争取扶持资金，缓解企业资金压力。在充分调研的基础上，组织召开了平谷区出口企业政策宣介会。组织出口企业参加了北京市商务委举行的中小企业开拓资金培训。二是组织企业申报平谷区2008年国际市场开拓资金项目，用好区内扶持政策。三是为了帮助企业应对金融危机，更好地开拓国际市场，搭建对外贸易平台。2009年，东兴乐器有限公司在美国加利福尼亚建立了分公司；长安乐器建立了网络销售平台“哆来咪乐器网”。

【推动陆港建设】积极推动马坊物流园和平谷国际陆港建设，做好相关的协调和服务工作。2009年，物流基地口岸围网区的电子闸口完成施工建设并完成系统调试；集装箱堆场、监管仓库的操作信息系统完成建设并完成系统安装调试。

【优化投资环境助推外资投资】不断加大服务力度，通过积极关注政策变化、加强调研力度、做好协调工作等方式，帮助企业解决实际困难，尤其加大对3 000万元以上大项目的跟踪服务，实实在在为企业办事，营造良好的利用外资软环境。完成2008年重点招商引资项目的审核评估工作。根据区政府考核奖励办法，由财政局评审中心委托的万隆亚洲会计师事务所有限公司出具《北京市平谷区2008年重点招商引资项目引进资金形成的固定资产投资汇总审核报告》的评审结论，确定符合奖励标准的项目5个。

名　　录

北京市平谷区商务委员会
主　　任：晏志和
地　　址：北京市平谷区府前街 7 号
邮政编码：101200
电　　话：69962955
传　　真：69962955
电子邮箱：bjpgswj@163.com

（撰稿人：崔博然）

怀　柔　区

概　　况

2009 年，国际金融危机负面影响集中释放，保增长任务艰巨，对外贸易压力增大。面对严峻的形势和复杂艰巨的工作任务，全区商务系统广大干部职工在区委、区政府的正确领导下，深入学习实践科学发展观，紧密围绕区域经济社会发展大局，以拉动消费为主线，积极推进城乡现代流通体系建设，不断扩大对外开放，使全区商务经济保持了持续健康发展的良好态势。

各项经济指标平稳增长。社会消费品零售额 48.6 亿元，同比增长 13%，圆满完成了年初目标任务；实际利用外资7 134.8 万美元，相当于全市五个生态涵养区利用外资总量的一半；进出口总额 6 亿美元，增长 2.7%，居五个生态涵养区之首。

商务经济贡献日益显著。商务领域税收，包括批发零售、餐饮、洗染、物流、居民服务和商务服务业等行业税收共计 12.5 亿元，占全区税收的 21.8%；涉外企业税收 23.4 亿元，占全区税收的 40.7%；全区商业服务业从业人员约 3.5 万人，占全区从业人员的 31.5%；外商投资企业从业人员约 2.2 万人，占全区从业人员的 19.9%。此外，商务工作在扩展国内外市场、引进先进技术、资金、人才和管理经验、促进国际交流与合作、提升和改善商务环境等方面都发挥了不可替代的重要作用。

商业流通

【开展“消费大行动”】以拉动消费为主线，开展“怀柔区消费大行动”，采取政府搭台、企业联动、内外贸融合的消费促进机制，成功举办了“外贸商品大展卖”、“家电下乡赶大集”、“消夏饮食夜市”、“惠民购物节”等促消费活动，丰富了怀柔市场，吸引区内外游客来怀消费。消费大行动期间，全区社会消费品零售额增幅由一季度的 8.5%提高到 13%。

【健全城乡双向商品流通网络】争取市、区政策资金，继续支持二兴益、北京农升两家农村连锁经营龙头企业，发展农村连锁店、便利店。截至 2009 年底，累计发展农村超市 346 家，发展农资连锁店 122 家，全区 284 个行政村已实现超市全覆盖，形成了以城区中心店为龙头、镇乡店为骨干、村级店为基础的商品下乡流通网络；积极引导大星发建成标准化社区菜市场，采取农超对接方式，将采购端直接延伸至“田间地头”，初步构建了农产品进城销售网络。使全区形成了遍布城市、辐射农村的流通网络和商业网点，为商品流通提供了重要载体和畅通渠道，繁荣了农村消费。

【落实国家鼓励汽车家电消费政策】商务、财政、工商、各镇乡等多部门联动，开展政策宣传、完善网点布局、组织适销货源、加强对企业的日常监管，使“汽车、家电下乡”、“以旧换新”及“黄标车淘汰”各项惠民政策落到实处，促进了商品销售稳定增长。截至12月31日，全区共审核通过家电下乡指定销售店17家，家电下乡共计销售11 728台，销售金额2 238.2万元，补贴9 630台，发放补贴金额240.7万元，补贴兑付率82%；审核通过汽车摩托车下乡销售企业10家，销售汽车摩托车下乡产品4 209辆，销售金额7 511.2万元；家电以旧换新5 003台，销售金额1 888万元；办理汽车以旧换新报废车辆1 977辆，拨付金额699.83万元，办理黄标车汽车以旧换新2辆，拨付金额9 000元。

【发展便民早餐连锁】以北京老江阿泰餐饮有限公司为便民早餐工程的龙头企业，在城区大型居民区、中小学校、机关企事业单位附近及庙城、雁栖、桥梓、杨宋等镇乡开设早餐连锁店20家，实现了餐饮品牌化经营，解决了全区早餐“网点少、环境差、品种少”问题，方便了百姓生活，带动了全区早餐业发展。截至2009年底，怀柔城区内经营早餐的网点已增至74家。

【继续实施农村集贸市场改造建设】完成了怀柔镇、喇叭沟门、北房、怀北等镇乡的7个农村集贸市场改造及琉璃庙特色农副产品商业街改造建设。截至2009年底，全区14个镇乡已全部实现“一乡一集市”，同时结合特色农副产品、特色旅游商品、手工艺产品资源，完成了琉璃庙特色农副产品商业街、红螺寺旅游商品市场、原商业街及青春菜市场改造建设，改善了市场环境，为来怀游客消费提供了便利。形成了以天毅裕农农副产品批发市场为主导，以青春路、南关市场为主体，以大星发、京客隆、社区便利店和“一乡一集市”为网点的批发、零售、便民三级市场体系。

【积极推进再生资源回收体系建设】支持引导雁栖聚宝再生资源回收公司，完成3 000平方米再生资源回收分拣中心建设，初步形成了回收、分拣、再利用的产业化链条。

【加强食品安全管理】推进全区生猪定点屠宰厂升级改造达到国家三星级标准，打击私屠滥宰，提高了肉品安全程度；采取宣教、严打、配送、堵源“四位一体”监管模式，实现了合格碘盐食用率连续七年保持100%；主动上门服务落实酒类流通备案登记和溯源制度，全区4 537家企业完成了酒类经营备案登记，酒类流通随附单使用率达80%以上；完成了粮食清仓查库和粮食平衡调查工作，为健全粮食储备、保障粮食安全奠定了基础。

【加强企业安全监管】在按照商业零售和餐饮经营单位两个安全生产规定、抓好安全生产的基础上、又依据商业零售经营单位促销活动管理规定，加强促销安全监管。在国庆60周年大庆和节假日促销活动密集期间，扎实做好60家商业单位的安全检查和隐患排查工作，全年出动安全执法人员661人次，死看死守，消除安全隐患。经过各部门各企业的通力配合，实现了“应急供应零中断，运行监测零延误，安全事故零发生”。

【商业服务行业健康发展】2009年与区旅游

局推出首届餐饮技能大赛，挖掘了怀柔特色菜品，打造了怀柔特色美食品牌，展示了行业形象，促进了全区餐饮业发展水平提档升级；组织商业一线员工参加北京市商业服务业系列岗位竞赛活动，提高了商业员工服务技能；完成了503名家政服务人员岗前培训，提高了家政服务从业人员的职业技能和综合素质；成立了酒类协会，加强行业自律，推动怀柔酒业持续快速发展；完成大星发、权金城、金盏百合、眉州东坡、家盛福等6家企业商业无障碍设施改造；直销、典当、拍卖等服务行业稳步发展，8家直销企业、3家典当企业通过年检，商业行业服务水平不断提升。

【保障应急物资供应】申请政府应急储备资金，支持物美京北大世界、农升、源益盛等3家承储企业按照政府储备计划增加了应急商品库存和储备品种。面对突如其来的森林大火，区商务委第一时间组织企业调集物资，在接到紧急命令后半小时内，物美京北大世界、北京农升生产资料有限公司两家企业就按要求调运面包、手电筒等急用物资送往救火现场，发挥了商务保供应作用。

【完善市场监测体系】搞好市场运行监测、商品供求监测以及外经贸经济数据统计是商务委的重要职能，监测数据的质量不仅关系政府对市场动态的把握和调控，对帮助企业根据市场变化情况进行科学的经营决策也具有积极作用。近年来，区政府对市场监测工作给予了高度重视。2009年，区商务委制定了《商务数据统计管理办法》，在资金上加大对企业数据报送的支持力度，并建立了商务信息监测数据库，为监测工作上水平提供了有力保障。

对外经贸

【新批企业情况】新批外商投资企业11家，投资总额13 400万美元，同比下降48.52%；注册资本7 952.38万美元，同比下降59.03%；合同外资7 637.55万美元，同比下降53.21%。企业类型主要涉及物业管理、活动策划、文化咨询等行业。

【外商投资企业增资情况】2009年共有13家外商投资企业实现增资，投资总额增加5 606.98万美元，同比下降58%；合同外资增加额1 458.9万美元，同比下降66.96%。下降主要原因是受国际金融危机影响，企业生产经营受困，外方投资热情降低。2009年由东城区和朝阳区迁入的外商投资企业2家，分别为英国独资的北京艾路卡体育咨询有限公司和台湾独资的北京晨恩食品有限公司，两家公司累计投资总额、注册资本和合同外资均为80万美元。

【加工贸易情况】1至12月份共审批加工贸易合同271份，同比减少170份。全区加工贸易实现进出口总额6 065.87万美元，同比下降52.88%。其中出口4 544.9万美元，同比下降49.34%；进口1 520.97万美元，同比下降61%。

【搭建招商活动平台】帮助企业协调广交会展位，精心做好广交会、科博会等展会的企业组织工作，依托各类展会，帮扶企业应对国际金融危机，开拓市场，促进商业流通、利用外资、国际贸易和“走出去”业务发展。征集、包装了11个会展物流招商项目在怀柔项目招商月推介，举行专场招商推介会，大力推介怀柔投资环境、产业优势和重点项目。

【搭建信息对接平台】充分发挥商务媒介和桥梁作用，加大信息发布、政策宣传力度，帮助企业用足用好政府的各项优惠政策和资金支持，让企业受惠、受益。2009 年，帮助 33 家外贸企业申报 75 个项目，获得政策资金支持 232 万元。加强与市商务委、贸促会、海关、检验检疫等部门的配合，畅通联系和沟通渠道，及时研究解决企业反映的出口保障金、贷款抵押、融资、信用担保、出口结汇等方面的困难和问题，为企业办实事、办好事。建立了怀柔区商务委信息网，通过网络平台实现内外贸相关政策、业务公开等方面的信息资源共享，为企业提供更快捷的服务。

名　录

北京市怀柔区商务委员会
主　　任：周福枢
地　　址：怀柔区迎宾中路 21 号
邮　　编：101400
电　　话：69645258
传　　真：69647234
电子邮箱：sw@bjhr. gov. cn

（撰稿人：李元元）

密　云　县

概　况

2009 年，面对国际金融危机的严峻考验，密云县商务局在危机中寻找转机，在压力中寻求动力，通过促销费、引外资、扩出口等措施，实现了内外贸经济稳步发展，超额完成了各项经济指标。全年完成社会消费品零售额 56.98 亿元，比上年增长 13%，连续九年保持两位数以上的增长速度；完成实际利用外资额4 204万美元，比上年增长 23.8%；完成出口总额 1.38 亿美元，比上年增长 2.1%。

商业流通

【连锁超市初步形成网络运营】2009 年，2 家超市下乡加盟店转变全额配送加盟店。在偏远山区增加连锁便利店 20 家，密云县累计发展连锁加盟店铺 373 家，二级分销站点 6 个，安排就业1 300人，总营业面积达到 2.3 万平方米。2009 年连锁店实现销售额 8 643万元，其中商品配送额6 049万元，商品配送率达到 80%。累计发展生产资料连锁超市 100 家，2009 年，农资连锁店实现销售收入2 100万元，市场占有率达到全县农资市场的 70%。

【农村集贸市场升级改造工作稳步推进】2009 年，对密云县内未改造的农村集贸市场继续进行升级改造，完成了新城子镇曹家路、北庄镇黄岩口、河南寨镇提辖庄和溪翁庄镇永强鱼市场等 4 家农村集贸市场的升级改造工作。全县累计完成了 27 家集贸市场的升级改造工作。

【家电汽车下乡工作开局良好】按照财政部、商务部家电下乡政策有关规定和市政府的统一部署，密云县启动了家电下乡、汽车下乡工程。截至 2009 年底，全县 25 个家电下乡销售网点共销售家电下乡产品11 772台，销售额2 461万元，累计销售汽车、摩托车下乡产品 723 辆，销售额2 320万元。

【再生资源分拣中心完成主体建设】2009 年，密云县商务委员会落实了《再生资源回收管理办法》，对再生资源经营者进行了备案登记。再生资源专业分拣打包中心建设项目完工，打包机等设备到位。分拣中心建成后将逐步形成由回收、物流配送、专业分拣打包组成的一条龙回收体系。

【真情消费月活动取得成果】为扩大内需，促进消费，提振消费信心，密云县十几家大中型商业零售企业联手开展各类节日促销和“2009・密云真情消费月”活动，约 150 家餐饮企业参加了露天餐饮活动，成功举办了“鱼王美食街・青岛啤酒消夏节活动。“露天餐饮节”期间共拉动消费1 000余万元。

【特色商业街区建设有所进展】位于密云县溪翁庄镇的鱼王美食街在几年的建设基础上已初具规模，一期工程总投入 2.5 亿元，建成美食馆 37 家，2009 年接待顾客约 57.5 万人次，实现餐饮销售额1 947万元。北庄镇综合商业街建设顺利，2009 年完成工程总量的 60%。

【行业实现安全运营】2009 年是新中国成立 60 周年，密云县商务系统以此为安全工作重点，加强领导，认真完善落实安全生产责任制，实行目标管理，完善系统动态安全监管网络，加强安全宣传教育培训，深入宣传贯彻本行业安全法律法规，积极开展各项安全专项整治活动，全行业已连续六年无安全事故。2009 年，共出动执法人员3 773人次，出动车辆1 006台次，有 32 户违法经营者受到处罚（其中立案 2 起），没收盐产品1 443公斤，罚款7 720元。

【酒类备案工作进展顺利】密云县商务委员会以备案登记和酒类溯源为重点开展工作，加大宣传力度，提升服务水平，累计备案登记酒类经营者3 685家，备案登记率达到79%。

【粮食管理工作扎实推进】2009 年，完成对县域内粮食市场的监测工作，并及时上报领导和市粮食局。对县级储备粮进行轮换，在轮换过程中不断完善竞拍、出入库手续，做到公平、公正，保证县级储备粮的质量、数量；按时完成全县社会粮食供需平衡调查工作；全面完成退耕还林补助粮供应工作。2009 年，密云县商务委员会粮食清仓查库工作荣获北京市优秀组织奖。

对外经贸

【建立重点企业联系制度】2009 年，由于国际金融危机，内外贸企业受到不同程度的影响，为了帮助企业解决实际问题，密云县商务委员会加强了与各部门沟通、协调，重点研究和解决涉及商务发展和群众关注的热点问题。建立了重点企业联系制度，定期组织重点内外贸企业座谈，征求意见，改进工作，并会同北京海关平谷办事处、商检局顺义分局召开“属地申报，口岸通关”模式推介会和外经贸食品企业座谈会，进一步帮助企业获得较好的商检和通关条件。

【做好行政审批工作】2009 年，共审批加工贸易合同及其变更业务审批总计1 313项，加工贸易企业生产能力证明 40 家，外商投资企业合同、章程及董事会人员组成的变更服务项目总计 61 项，新发和换发批准证书 10 项、服务满意率达 100%。

【引资又有新突破】2009 年，密云县新设立外资企业 12 家。合同外资额3 495万美元，其中注册资本在 100 万美元以上的企业 4 家，生产型企业仍是外商投资的主要领域。加大了对知名餐饮企业的引进力度，引进了鲟香来绿色生态园、聚云舫烤鸭店等企业。

名　　录

北京市密云县商务委员会
主　　任：彭兴宝
通讯地址：北京市密云县檀西路 21 号
邮政编码：101500
电　　话：89089310
传　　真：89089320

（撰稿人：赵恩林、胡婷婷）

延 庆 县

概　　况

2009 年是商务发展较为艰难的一年，在县委、县政府的正确领导和市商务委的具体指导下，商务系统广大干部职工紧紧围绕全县工作大局，深入学习实践科学发展观，坚定信心，攻坚克难，积极应对国际金融危机，调结构、促消费、保增长，圆满完成了各项工作任务，全县内外贸保持了平稳、较快发展。

商业流通

【消费品市场平稳较快增长】2009 年，面对国际金融危机的不利影响，各商业企业积极调整经营结构，转变经营方式，紧紧抓住元旦、春节及消夏避暑节、冰雪旅游节的契机，采取有力措施，广泛开展促销扩销活动，保证了商品销售和商业税收平稳增长。全年社会消费品零售额完成 40.9 亿元，同比增长 13.2%；商业税收 2.2 亿元，同比增长 10%。

【农村连锁配送功能增强】发挥农村连锁配送功能，采取有效措施，开拓农村市场。2009 年惠百公司共为农村便利店配送商品 30 个大类2 000多个品种，配送额达4 346.8 万元，同比增长 46.8%。为增强配送中心的配送能力，提高配送效率，进行了网络订货配送系统建设，使全县 80 家乡村连锁便利店实现了网上采购，采购额达 300 余万元。

【家电下乡工作成效显著】为扩大销售，方便农民，县商务委组织大中电器、苏宁电器等销售企业先后到千家店、永宁、四海、旧县等 9 个乡镇 80 多个乡村开展“家电下乡到山村”展销活动，现场销售并办理补贴申领手续，受到农民的欢迎。全年销售家电下乡产品7 900件，销售额达1 400万元；销售以旧换新家电4 665件，销售额达1 600万元；销售指定品牌汽车、摩托车 40 台，销售额达 65 万元。

【农副产品进京城活动取得实效】充分利用延庆县与朝阳区开展经济合作的机遇，积极组织延庆县有机蔬菜进京销售，顺利促成了延庆县绿富隆公司与北京京客隆商业集团签订 1 万吨无公害蔬菜销售协议，绿富隆公司全年向京客隆连锁超市供应无公害蔬菜3 200吨，销售额达 365.2 万元。

【商业设施建设全面推进】金锣湾商业中心工程从 2005 年 8 月开始，历经四年时间建设，整个工程到 9 月底基本竣工，并通过相关部门验收。苏宁电器、沃尔玛超市分别于 4 月 25 日、6 月 25 日入驻开业。外贸商业楼续建工程已完成设备安装和室内装修。再生资源分拣中心已完成主体结构施工。新建和改造后的商业设施，从规模和档次上有了较大提高，从而为延庆商业的发展奠定了良好基础。

【农村集贸、集期市场升级改造继续推进】大榆树镇、旧县镇两个农村集贸市场建设已完成，5月20日通过了市商务委验收，共投资746.35万元，进行了交易厅棚、门面房、上下水建设，硬化了交易场地、设置公共厕所等设施。2009年投资390万元完成了小风营蔬菜交易市场和日上市场升级改造，对交易大棚进行了改造，对场地、道路进行了硬化，并增加了信息发布、安全监控系统。

【生态商业建设成效显著】按照县委、县政府生态文明战略建设目标，积极打造生态商业。一是引导商业企业开展节能降耗工作，中踏广场投资374万元，对中央空调和5部电梯进行了节能改造。新风、燕春等5家餐饮企业投资6万元，对60台燃气灶进行了节能改造，初步统计，改造后，每台炉灶平均节约燃气15%，每年可节约费用10余万元，在降低企业费用的同时减少了污染物排放，保护了大气环境。二是继续加大对商业“限塑”工作的监督检查，联合工商局共查处违规使用超薄塑料袋案件3起，没收超薄塑料袋3.5万条，目前大型商场、超市使用合格的环保购物袋情况良好。三是在各餐饮企业推广节约用餐，健康消费，各餐饮单位免费提供餐盒并帮助客人打包。四是认真落实市委、市政府关于做好淘汰黄标车实施办法，会同环保、交通、财政等部门建立联合办公窗口，全年办理黄标车报废补贴1 925辆，补贴资金554.7万元。

【无障碍设施改造顺利完成】投资240万元，重点对人民商场、中踏广场和新风大酒店等企业的无障碍设施进行了改造，增加了坡道、低位收款台和残疾人专用厕所等，进一步方便了特殊消费群体。

【国庆60周年服务保障圆满完成】为保障建国60周年期间延庆县成品油和生活必需品的充足供应，保证社会稳定，区商务委制定了《延庆县人民政府关于国庆期间商业保障工作方案》和《关于新中国成立60周年庆祝活动期间商业公共安全风险控制的工作方案》，设置生活必需品供应网点49个，另设粮油应急投放点7个，价格监测点13个，保证了国庆60周年县市场供应。组建志愿者队伍438人，向各重点商业零售、餐饮经营单位发放了“国庆平安行动”首都治安志愿者袖标300个以及国庆安全保卫社会面防控工作培训手册300册。

【加大安全生产监管力度】检查排查各种安全隐患，全年共出动执法人员1 215人次，检查商业、餐饮企业及美容美发等五小企业412家次，消除各种安全隐患425项。同时，积极组织商业企业广大员工开展安全知识培训和消防演练，提高广大干部员工的安全意识，确保商业经营场所安全。

【食品安全得到落实】加大对食盐、生猪定点屠宰、酒类流通市场的监管，全年共出动执法检查人员170人次，检查食盐销售商户76家，处理违法购销食盐案件5起，没收私盐475公斤，使全县合格碘盐食用率达到94.44%，高于全市合格碘盐食用基本标准；加强生猪定点屠宰管理，推进猪肉销售厂场挂钩制度，确保市场销售猪肉100%来自定点屠宰企业；加强酒类备案登记，累计完成酒类备案登记商户1 545家，全年发放酒类随附单1 093册。

【开展食品安全宣传活动】利用“3.15 消费者权益宣传日”和“5.15 碘缺乏危害宣传日”，共发放《酒类流通管理办法》、《食盐专营办法》及真假食盐、酒类、奶制品等商品的鉴别知识宣传资料 1.6 万份，接访咨询群众2 000多人次。

【做好粮食收购】受国际金融危机等因素的影响，年初，国内粮食市场出现波动，玉米销售价格一路走低。为保证广大农民顺利销售玉米，县委、县政府及时决策，由县财政补贴，对全县农民的玉米实行保护价收购，圆满地完成了全县玉米收购工作，最大限度地维护了广大农民的切身利益。截至 4 月底，全县共收购玉米75 245吨，其中国有粮食企业收购46 375吨，占全县玉米收购总数的 61.6%，个体粮食收购企业收购28 870吨，占全县玉米收购总数的 38.4%。

【清仓查库工作圆满完成】按照中央和北京市的有关要求，积极做好粮食清仓查库工作，对中央、北京市和本县三级储备粮在延庆县的储备情况进行了自查，并抽调专人参加了全市的粮食储备大检查。通过清查，本县的粮食储备做到了账实相符、账账相符、账款相符，粮食质量安全、保管措施齐备、安全设施完好有效，整体运行状况良好，受到上级好评。

【加强粮食监管】认真监测粮油市场信息和社会粮油平衡调查，为政府决策提供可靠依据。加强粮食收购监管，确保粮食流通秩序稳定，加强县级储备粮监管，确保粮食储得实、调得出、用得上。

【商业企业改革稳步推进】按照县政府决定，合理资源利用，调整结构，对大榆树肉联厂进行了改制。召开了职工大会，对 28 名职工解除劳动合同进行了经济补偿，并妥善安置了职工，改制工作顺利完成。

对外经贸

【外经贸发展取得新进展】2009 年，全县合同外资达到 893 万美元，同比增长 32.5%，实际利用外资 614 万美元，完成直接进出口总额 1.6 亿美元，同比增长 30.2%。

【促进外经贸企业平稳发展】面对国际金融危机对外经贸企业的不利影响，有针对性地提出了商务系统具体的帮扶措施及应对办法，帮助企业解决项目审批、融资担保等难题。积极组织相关企业开展业务知识培训和创业培训，组织北京龙乡针织、北京雪莲时尚等企业参加全市企业巡回展销会、外贸大集、网上出口商品交易会等各种形式的展销会，帮助企业开辟新的国内外市场。针对德菲电气有限公司以及北京长城广昊腐植酸厂在海关方面出现的问题，积极协调工商局、中关村海关等部门，妥善解决了企业报关问题，为企业节省了大批费用和时间。据不完全统计，2009 年为全县 23 家外经贸企业申请到了“中小企业国际市场开拓资金”约 50 万元，为北京雪莲时尚纺织有限公司争取专项资金 100 万元，确保了全年进出口任务的完成。

名　录

北京市延庆县商务委员会

主　　任：张春

地　　址：北京市延庆县新城街 2 号

邮　　编：102100

电　　话：69101551

传　　真：69144243

电子邮箱：Jiang8082@sina.com

（撰稿人：段文江）

第六部分

统　计　资　料

一、商业流通

1-1 社会消费品零售额

金额单位：亿元

项　　目	2009 年	2008 年	同比增长（%）
总　　额	**5 309.9**	**4 589.0**	**15.7**
1. 按商品用途分			
吃类商品	1 251.5	1 138.9	9.9
穿类商品	496.6	430.6	15.3
用类商品	3 202.0	2 659.9	20.4
烧类商品	359.8	359.6	0.1
2. 按行业分			
批发、零售贸易业	4 686.3	4 044.4	15.9
餐饮业	477.7	411.1	16.2
住宿业	102.8	93.8	9.6
其他	43.1	39.7	8.4
3. 按地区分			
城镇	4 676.5	4 038.3	15.8
农村	633.4	550.7	15.0

（宋　威）

1-2 城乡居民收入情况

项　　目	2009 年	同比增长（%）
城镇居民人均家庭总收入（元）	**30 674**	**10.8**
工资性收入	20 598	9.9
经营性收入	1 034	32.9
财产性收入	587	29.6
转移性收入	8 455	9.7
城镇居民人均可支配收入	26 738	8.1
农村居民人均纯收入（元）	**11 986**	**11.5**
工资性收入	7 274	14.5
家庭经营收入	1 720	−17.1
财产性收入	1 402	16.9
转移性收入	1 590	42.2

（宋　威）

1-3 城乡居民支出情况

城乡居民支出	2009年	同比增长（%）
城镇居民人均家庭总支出（元）	**25 413**	**14.8**
消费性支出	17 893	8.7
其中：服务性消费支出	4 969	9.0
食品	5 936	6.7
衣着	1 796	14.2
居住	1 290	0.3
家庭设备用品及服务	1 226	11.8
医疗保健	1 389	−11.1
交通和通信	2 768	20.7
教育文化娱乐服务	2 655	11.4
其他商品和服务	833	18.3
财产性支出	233	529.7
转移性支出	2 543	1.6
社会保障支出	3 076	36.0
购房与建房支出	1 668	90.6
农村居民人均生活消费支出（元）	**9 141**	**19.4**
食品	2 961	12.6
衣着	700	17.3
居住	1 774	37.4
家庭设备用品及服务	598	24.1
交通和通讯	1 108	24.9
文教娱乐用品及服务	959	9.4
医疗保健	864	14.1
其他商品及服务	177	30.1

（宋　威）

1-4 历年北京市社会消费品零售额一览表

金额单位：亿元

年　份	社会消费品零售额	食品类	衣着类	日用品类	燃料类
1995	950.4	405.7	138.9	387.9	17.9
1996	1 061.6	427.5	152.5	461.8	19.8
1997	1 208.5	447.9	161.6	565.6	33.4
1998	1 373.6	399.8	167.2	764.2	42.4
1999	1 509.3	430.4	178.8	852.9	47.2
2000	1 658.7	471.4	198.8	932.0	56.5

（续）

年　份	社会消费品零售额	食品类	衣着类	日用品类	燃料类
2001	1 831.4	528.7	221.9	1016.9	63.9
2002	2 005.2	540.2	219.9	1167.4	77.7
2003	2 296.9	596.4	252.3	1356.4	91.8
2004	2 626.6	644.9	242.1	1538.3	201.3
2005	2 902.8	748.7	281.5	1638.7	233.9
2006	3 275.2	813.8	312.8	1841.3	307.3
2007	3 800.2	931.8	356.0	2185.1	327.3
2008	4 589.0	1138.9	430.6	2659.9	359.6
2009	5 309.9	1251.5	496.6	3202.0	359.8

（宋　威）

1-5　历年北京市物价指数一览表

（以上年价格为 100）

年　份	居民消费价格总指数
1995	117.3
1996	111.6
1997	105.3
1998	102.4
1999	100.6
2000	103.5
2001	103.1
2002	98.2
2003	100.2
2004	101.0
2005	101.5
2006	100.9
2007	102.4
2008	105.1
2009	98.5

（宋　威）

1-6　重点商品品牌市场占有率

1-6-1　服装类

1-6-1-1　女装

序　号	品牌名称	占总零售额累计百分比（%）
1	VERO MODA	2.38
2	ONLY	2.33
3	白领	2.06

（续）

序　号	品牌名称	占总零售额累计百分比（%）
4	玫而美	1.84
5	ESPRIT	1.65
6	宝姿	1.57
7	朗姿	1.40
8	玛丝菲尔	1.35
9	欧时力	1.24
10	卡利亚里	1.20

1-6-1-2　男衬衫

序　号	品牌名称	占总零售额累计百分比（%）
1	皮尔卡丹	5.86
2	萨巴蒂尼	4.50
3	雅戈尔	4.06
4	金利来	2.60
5	杰克琼斯	2.12
6	康纳利	2.04
7	奥德臣	2.04
8	绅士	1.91
9	辛柏林	1.88
10	沙驰	1.58

1-6-1-3　男西服

序　号	品牌名称	占总零售额累计百分比（%）
1	观奇洋服	5.21
2	萨巴蒂尼	5.04
3	康纳利	4.79
4	威克多	3.29
5	依文	3.21
6	五木	2.62
7	胜龙	2.55
8	皮尔卡丹	2.55
9	奥德臣	2.32
10	Armani Collezioni	2.23

1-6-1-4 童装

序　　号	品牌名称	占总零售额累计百分比（%）
1	水孩儿	8.28
2	阿迪达斯	6.25
3	派克兰帝	5.99
4	耐克	4.90
5	安奈儿	3.81
6	小猪班纳	3.72
7	丽婴房	3.12
8	昱璐	2.34
9	梦特娇	2.23
10	海辰贝贝	1.64

1-6-1-5 羊毛衫

序　　号	品牌名称	占总零售额累计百分比（%）
1	人头鸟	4.12
2	恒源祥	3.53
3	瑞群	3.48
4	海尔曼斯	3.41
5	鄂尔多斯	3.26
6	珍贝	2.71
7	比其	2.47
8	克利雅	2.31
9	圣地欧	2.23
10	尼特维尔	1.82

1-6-1-6 羊绒衫

序　　号	品牌名称	占总零售额累计百分比（%）
1	珍贝	14.78
2	鄂尔多斯	12.61
3	雪莲	8.50
4	帕罗	8.09
5	米皇	7.08
6	鹿王	4.94
7	皮尔卡丹	3.91
8	梦特娇	3.28
9	兆君	3.18
10	银舸	3.00

1-6-1-7 皮衣

序 号	品牌名称	占总零售量累计百分比（%）
1	白领	10.99
2	庄子	3.36
3	邢氏	1.85
4	ED ENROSE	1.68
5	应大	1.59
6	名媛	1.52
7	安姬奥	1.48
8	双豹	1.44
9	奥斯卡丹	1.31
10	赛美	1.29

1-6-1-8 女士内衣

序 号	品牌名称	占总零售额累计百分比（%）
1	爱慕	14.94
2	华歌尔	10.24
3	黛安芬	8.75
4	安莉芳	6.90
5	欧迪芬	5.75
6	曼妮芬	5.60
7	婷美	4.33
8	古今	3.92
9	桑扶兰	2.33
10	舒雅	2.27

1-6-1-9 针织内衣

序 号	品牌名称	占总零售额累计百分比（%）
1	小护士	6.49
2	纤丝鸟	6.35
3	舒雅	5.27
4	铜牛	4.34
5	世王	3.21
6	爱慕	3.01
7	三枪	2.24
8	浩沙	2.23
9	朵彩	2.08
10	宜而爽	1.65

1-6-2 化妆品类

1-6-2-1 美容护肤品

序 号	品牌名称	占总零售额累计百分比（%）
1	欧珀莱	11.35
2	兰蔻	8.60
3	欧莱雅	7.82
4	雅诗兰黛	6.59
5	玉兰油	5.91
6	CD	5.75
7	娇兰	4.03
8	资生堂	3.60
9	FANCL	2.53
10	CHANEL	2.47

1-6-2-2 洗发护发品

序 号	品牌名称	占总零售额累计百分比（%）
1	潘婷	13.31
2	飘柔	9.60
3	海飞丝	8.19
4	资生堂	7.05
5	力士	5.89
6	霸王	5.29
7	沙宣	4.71
8	欧莱雅	3.82
9	清扬	3.76
10	舒蕾	3.76

1-6-2-3 香水

序 号	品牌名称	占总零售额累计百分比（%）
1	CD	22.23
2	CHANEL	21.32
3	HUGO BOSS	5.47
4	GIVENCHY	4.68
5	兰蔻	4.28
6	阿迪达斯	3.39
7	KENZO	2.88

（续）

序　　号	品牌名称	占总零售额累计百分比（%）
8	CK	2.57
9	娇兰	2.25
10	阿玛尼	2.19

1-6-3　黄金珠宝首饰类

1-6-3-1　黄金

序　　号	品牌名称	占总零售额累计百分比（%）
1	周大福	26.53
2	菜百	6.97
3	老凤祥	6.96
4	宝福	6.54
5	宝亨达	4.97
6	明牌	4.28
7	翠绿	3.55
8	中国黄金	3.04
9	老庙	2.95
10	周生生	2.72

1-6-3-2　铂金

序　　号	品牌名称	占总零售额累计百分比（%）
1	明牌	25.33
2	周大福	24.27
3	菜百	6.30
4	周生生	5.01
5	谢瑞麟	4.60
6	凯恒	3.79
7	福麒	3.76
8	瑞恩	2.80
9	天禧	2.40
10	老凤祥	2.28

1-6-3-3　翡翠

序　　号	品牌名称	占总零售额累计百分比（%）
1	恒昌	26.04
2	晶玉良	11.89

（续）

序　　号	品牌名称	占总零售额累计百分比（%）
3	紫云	10.28
4	和玉缘	8.20
5	东方晓鸣	4.35
6	雪行	3.97
7	珍瑞	2.93
8	豪雅	2.92
9	宝乐临	2.01
10	梦达	1.60

1-6-3-4　镶嵌

序　　号	品牌名称	占总零售额累计百分比（%）
1	周大福	15.75
2	瑞恩	11.87
3	周大生	8.38
4	谢瑞麟	7.83
5	戴梦得	6.95
6	金象	4.44
7	老凤祥	1.87
8	瑰宝	1.80
9	千叶	1.64
10	ENZO	1.62

1-6-4　鞋类

1-6-4-1　男鞋

序　　号	品牌名称	占总零售额累计百分比（%）
1	ECCO	6.78
2	金利来	4.87
3	骆驼	3.74
4	CARTELO	3.16
5	梅尔代格	3.11
6	花花公子	3.08
7	皮尔卡丹	2.99
8	沙驰	2.95
9	宾度	2.93
10	凯萨大帝	2.72

1-8-4-2 女鞋

序 号	品牌名称	占总零售额累计百分比（%）
1	百丽	8.06
2	接吻猫	4.85
3	天美意	4.32
4	ECCO	3.76
5	圣琪儿	3.34
6	TATA	2.99
7	萨瑞儿	2.44
8	STACCATO	2.34
9	宾度	2.20
10	米莲诺	2.03

（杨湾湾）

二、地区企业对外贸易

2-1 海关进出口商品类别及构成

2-1-1 海关出口商品类别及构成

金额单位：万美元

类 别	2009年		2008年		增减（%）
	金额	比重%	金额	比重%	
总值	**4 836 261**	**100.0**	**5 745 424**	**100.0**	**−15.9**
初级产品	782 664	16.2	993 742	17.3	−21.3
工业制成品	4 053 597	83.8	4 751 681	82.7	−14.8
机电产品	3 080 944	63.7	3 361 075	58.5	−8.4
高新技术产品	1 752 264	36.2	1 947 121	33.9	−8.1

注：数据摘自北京海关统计月报

（李 倩）

2-1-2 海关进口商品类别及构成

金额单位：万美元

类 别	2009年		2008年		增减（%）
	金额	比重%	金额	比重%	
总值	**16 640 014**	**100.0**	**21 425 763**	**100.0**	**−22.2**
初级产品	9 608 011	57.7	14 485 873	67.6	−33.5
工业制成品	7 032 004	42.3	6 939 890	32.4	1.2
机电产品	5 194 603	31.2	4 998 824	23.3	3.9
高新技术产品	2 358 230	14.2	2 490 722	11.6	−2.7

注：数据摘自北京海关统计月报

（李 倩）

2-2 海关进出口商品分类金额

2-2-1 海关出口商品分类金额

金额单位：万美元

商 品 名 称	2009 年	2008 年	同比（±%）
总 值	**4 836 261**	**5 745 424**	**−15.9**
第 1 章 活动物	2 444	2 827	−13.5
第 2 章 肉及食用杂碎	390	1 009	−61.4
第 3 章 鱼及其他水生无脊椎动物	1 250	1 011	23.6
第 4 章 乳；蛋；蜂蜜；其他食用动物产品	710	1 353	−47.5
第 5 章 其他动物产品	3 287	2 756	19.3
第 6 章 活植物；茎、根；插花、簇叶	487	573	−15.2
第 7 章 食用蔬菜、根及块茎	8 075	9 383	−14.0
第 8 章 食用水果及坚果；甜瓜等水果的果皮	1 160	1 441	−19.5
第 9 章 咖啡、茶、马黛茶及调味香料	1 615	975	65.6
第 10 章 谷物	36 782	45 611	−19.4
第 11 章 制粉工业产品；麦芽；淀粉等；面筋	691	360	91.8
第 12 章 油籽；子仁；工业或药用植物；饲料	8 170	10 008	−18.4
第 13 章 虫胶；树胶、树脂及其他植物液、汁	3 007	3 345	−10.2
第 14 章 编结用植物材料；其他植物产品	36	90	−59.7
第 15 章 动、植物油、脂、蜡；精制食用油脂	965	532	81.2
第 16 章 肉、鱼及其他水生无脊椎动物的制品	9 361	8 053	16.1
第 17 章 糖及糖食	938	1 503	−37.6
第 18 章 可可及可可制品	1 617	6 339	−74.5
第 19 章 谷物粉、淀粉等或乳的制品；糕饼	2 366	3 533	−33.0
第 20 章 蔬菜、水果等或植物其他部分的制品	17 375	22 981	−25.0
第 21 章 杂项食品	2 420	3 059	−20.7
第 22 章 饮料、酒及醋	647	486	31.6
第 23 章 食品工业的残渣及废料；配制的饲料	911	1 955	−53.4
第 24 章 烟草、烟草及烟草代用品的制品	147	64	128.7
第 25 章 盐；硫磺；土及石料；石灰及水泥等	14 701	29 408	−50.0
第 26 章 矿砂、矿渣及矿灰	203	1 434	−85.9
第 27 章 矿物燃料、矿物油及其产品；沥青等	659 558	823 575	−20.0
第 28 章 无机化学品；贵金属等的化合物	28 519	67 179	−57.5
第 29 章 有机化学品	65 802	82 897	−20.7
第 30 章 药品	11 012	11 939	−7.9
第 31 章 肥料	51 067	74 879	−31.8

（续）

商 品 名 称	2009年	2008年	同比（±%）
第32章 鞣料；着色料；涂料；油灰；墨水等	4 443	4 194	5.5
第33章 精油及香膏，芳香料制品，化妆盥洗品	1 995	2 460	－18.9
第34章 洗涤剂、润滑剂、人造蜡、塑型膏等	3 657	3 934	－7.4
第35章 蛋白类物质；改性淀粉；胶；酶	1 895	1 439	31.6
第36章 炸药；烟火；引火品；易燃材料制品	6 377	4 945	26.3
第37章 照相及电影用品	1 205	2 456	－50.9
第38章 杂项化学产品	35 115	41 150	－14.9
第39章 塑料及其制品	43 126	56 455	－23.6
第40章 橡胶及其制品	24 317	27 511	－11.6
第41章 生皮（毛皮除外）及皮革	22	24	－6.9
第42章 皮革制品；旅行箱包；动物肠线制品	5 755	8 138	－29.2
第43章 毛皮、人造毛皮及其制品	2 765	3 686	－25.1
第44章 木及木制品；木炭	8 377	10 995	－23.9
第45章 软木及软木制品	0	9	——
第46章 编结材料制品；篮筐及柳条编结品	2 744	2 986	－8.1
第47章 木浆等纤维状纤维素浆；废纸及纸板	478	1 634	－70.7
第48章 纸及纸板；纸浆、纸或纸板制品	8 815	9 108	－3.3
第49章 印刷品；手稿、打字稿及设计图纸	6 997	6 744	3.6
第50章 蚕丝	1 905	2 762	－31.0
第51章 羊毛等动物毛；马毛纱线及其机织物	5 864	6 692	－12.4
第52章 棉花	3 266	5 335	－38.8
第53章 其他植物纤维；纸纱线及其机织物	193	369	－47.6
第54章 化学纤维长丝	3 064	4 478	－31.6
第55章 化学纤维短纤	6 347	8 764	－27.6
第56章 絮胎、毡呢及无纺织物；线绳制品等	3 582	3 373	6.2
第57章 地毯及纺织材料的其他铺地制品	8 035	8 326	－3.4
第58章 特种机织物；簇绒织物；刺绣品等	2 068	2 405	－14.0
第59章 特种机织物；簇绒织物；刺绣品等	1 740	2 472	－29.5
第60章 针织物及钩编织物	595	690	－13.7
第61章 针织或钩编的服装及衣着附件	54 252	68 655	－20.9
第62章 非针织或非钩编的服装及衣着附件	92 275	111 004	－16.9
第63章 其他纺织制品；成套物品；旧纺织品	12 878	14 884	－13.7

（续）

商 品 名 称	2009 年	2008 年	同比（±%）
第 64 章 鞋靴、护腿和类似品及其零件	11 537	14 414	－20.0
第 65 章 帽类及其零件	5 131	5 904	－13.1
第 66 章 伞、手杖、鞭子、马鞭及其零件	80	158	－49.6
第 67 章 加工羽毛及制品；人造花；人发制品	606	765	－20.8
第 68 章 矿物材料的制品	10 583	14 473	－26.9
第 69 章 陶瓷产品	23 934	30 695	－21.9
第 70 章 玻璃及其制品	15 537	20 594	－24.7
第 71 章 珠宝、贵金属及制品；仿首饰；硬币	54 213	69 775	－22.5
第 72 章 钢铁	89 483	269 840	－66.9
第 73 章 钢铁制品	259 959	302 770	－14.2
第 74 章 铜及其制品	3 302	4 858	－32.1
第 75 章 镍及其制品	209	537	－61.2
第 76 章 铝及其制品	17 916	34 491	－48.2
第 78 章 铅及其制品	101	2 595	－96.1
第 79 章 锌及其制品	273	413	－33.9
第 80 章 锡及其制品	176	233	－24.3
第 81 章 其他贱金属、金属陶瓷及其制品	5 780	23 429	－75.3
第 82 章 贱金属器具、利口器、餐具及零件	9 307	10 795	－13.8
第 83 章 贱金属杂项制品	8 854	9 000	－2.1
第 84 章 核反应堆、锅炉、机械器具及零件	576 245	658 005	－12.4
第 85 章 电机、电气、音像设备及其零附件	1 807 986	1 956 610	－7.7
第 86 章 铁道车辆；轨道装置；信号设备	22 008	24 414	－14.4
第 87 章 车辆及其零附件，但铁道车辆除外	138 567	197 946	－30.1
第 88 章 航空器、航天器及其零件	38 948	38 598	0.9
第 89 章 船舶及浮动结构体	216 821	107 391	104.0
第 90 章 光学、照相、医疗等设备及零附件	126 541	169 680	－25.6
第 91 章 钟表及其零件	674	578	16.5
第 92 章 乐器及其零件、附件	5 393	7 313	－26.3
第 93 章 武器、弹药及其零件、附件	565	521	8.4
第 94 章 家具；寝具等；灯具；活动房	37 406	42 541	－12.1

（续）

商品名称	2009年	2008年	同比（±%）
第95章　玩具、游戏或运动用品及其零附件	10 570	16 105	－34.4
第96章　杂项制品	4 899	5 875	－16.6
第97章　艺术品、收藏品及古物	247	439	－43.9
第98章　特殊交易品及未分类商品	42 552	55 033	－22.3

注：数据摘自北京海关统计月报

（李　倩）

2-2-2　海关进口商品分类金额

金额单位：万美元

商品名称	2009年	2008年	同比（±%）
总　值	**16 640 014**	**21 425 763**	**－22.2**
第1章　活动物	6 211	6 794	－8.6
第2章　肉及食用杂碎	9 189	28 903	－68.2
第3章　鱼及其他水生无脊椎动物	18 520	9 258	100.1
第4章　乳；蛋；蜂蜜；其他食用动物产品	6 926	8 354	－17.1
第5章　其他动物产品	1 780	862	106.5
第6章　活植物；茎、根；插花、簇叶	1 991	2 005	－1.0
第7章　食用蔬菜、根及块茎	3 170	2 839	11.6
第8章　食用水果及坚果；甜瓜等水果的果皮	2 723	2 808	－3.0
第9章　咖啡、茶、马黛茶及调味香料	334	501	－33.4
第10章　谷物	19 036	6 958	173.2
第11章　制粉工业产品；麦芽；淀粉等；面筋	624	393	58.8
第12章　油籽；子仁；工业或药用植物；饲料	171 507	464 676	－63.1
第13章　虫胶；树胶、树脂及其他植物液、汁	1 125	1 174	－6.3
第14章　编结用植物材料；其他植物产品	443	417	6.4
第15章　动、植物油、脂、蜡；精制食用油脂	78 453	221 739	－64.6
第16章　肉、鱼及其他水生无脊椎动物的制品	64	58	9.4
第17章　糖及糖食	24 094	23 598	2.1
第18章　可可及可可制品	7 029	12 221	－42.6
第19章　谷物粉、淀粉等或乳的制品；糕饼	1 202	1 289	－6.8
第20章　蔬菜、水果等或植物其他部分的制品	1 872	2 196	－14.8
第21章　杂项食品	2 213	2 289	－2.3
第22章　饮料、酒及醋	5 928	4 619	28.3
第23章　食品工业的残渣及废料；配制的饲料	22 908	18 152	26.2
第24章　烟草、烟草及烟草代用品的制品	79 709	74 839	6.5

（续）

商 品 名 称	2009 年	2008 年	同比（±%）
第 25 章 盐；硫磺；土及石料；石灰及水泥等	11 928	29 655	−59.7
第 26 章 矿砂、矿渣及矿灰	1 074 351	1 144 949	−5.8
第 27 章 矿物燃料、矿物油及其产品；沥青等	7 829 532	12 202 526	−35.7
第 28 章 无机化学品；贵金属等的化合物	113 928	99 853	14.1
第 29 章 有机化学品	166 506	191 826	−13.4
第 30 章 药品	115 039	91 548	25.7
第 31 章 肥料	143 732	211 290	−32.0
第 32 章 鞣料；着色料；涂料；油灰；墨水等	8 669	10 155	−14.6
第 33 章 精油及香膏，芳香料制品，化妆盥洗品	3 004	3 434	−12.5
第 34 章 洗涤剂、润滑剂、人造蜡、塑型膏等	6 815	6 478	5.2
第 35 章 蛋白类物质；改性淀粉；胶；酶	4 180	4 199	−0.4
第 36 章 炸药；烟火；引火品；易燃材料制品	827	428	93.2
第 37 章 照相及电影用品	7 562	7 589	−0.4
第 38 章 杂项化学产品	133 879	128 938	3.8
第 39 章 塑料及其制品	137 785	105 992	29.9
第 40 章 橡胶及其制品	37 625	37 026	1.6
第 41 章 生皮（毛皮除外）及皮革	2 235	2 118	5.5
第 42 章 皮革制品；旅行箱包；动物肠线制品	3 574	3 477	2.8
第 43 章 毛皮、人造毛皮及其制品	1 409	1 298	8.6
第 44 章 木及木制品；木炭	25 372	16 591	53.0
第 45 章 软木及软木制品	481	466	3.4
第 46 章 编结材料制品；篮筐及柳条编结品	7	5	54.1
第 47 章 木浆等纤维状纤维素浆；废纸及纸板	29 810	28 712	3.8
第 48 章 纸及纸板；纸浆、纸或纸板制品	25 341	32 232	−21.4
第 49 章 印刷品；手稿、打字稿及设计图纸	26 110	26 347	−0.9
第 50 章 蚕丝	208	214	−3.2
第 51 章 羊毛等动物毛；马毛纱线及其机织物	33 476	32 113	4.2
第 52 章 棉花	45 900	40 606	13.0
第 53 章 其他植物纤维；纸纱线及其机织物	5 654	4 436	27.5
第 54 章 化学纤维长丝	4 693	5 614	−16.4
第 55 章 化学纤维短纤	58 439	44 075	32.6
第 56 章 絮胎、毡呢及无纺织物；线绳制品等	3 390	3 383	0.2
第 57 章 地毯及纺织材料的其他铺地制品	935	1 449	−35.5
第 58 章 特种机织物；簇绒织物；刺绣品等	1 490	2 085	−28.6

（续）

商品名称	2009年	2008年	同比（±%）
第59章　特种机织物；簇绒织物；刺绣品等	2 261	2 109	7.2
第60章　针织物及钩编织物	1 419	1 637	−13.3
第61章　针织或钩编的服装及衣着附件	3 753	2 882	30.2
第62章　非针织或非钩编的服装及衣着附件	5 793	5 347	5.2
第63章　其他纺织制品；成套物品；旧纺织品	1 072	1 860	−42.4
第64章　鞋靴、护腿和类似品及其零件	3 824	3 243	17.9
第65章　帽类及其零件	160	140	14.1
第66章　伞、手杖、鞭子、马鞭及其零件	32	36	−12.3
第67章　加工羽毛及制品；人造花；人发制品	23	9	155.5
第68章　矿物材料的制品	2 380	3 151	−24.5
第69章　陶瓷产品	4 589	4 674	−1.4
第70章　玻璃及其制品	21 373	36 301	−41.2
第71章　珠宝、贵金属及制品；仿首饰；硬币	133 933	144 133	−7.1
第72章　钢铁	240 584	179 262	34.2
第73章　钢铁制品	152 112	217 950	−29.8
第74章　铜及其制品	170 812	146 591	17.2
第75章　镍及其制品	11 196	21 515	−47.9
第76章　铝及其制品	24 677	24 430	1.0
第78章　铅及其制品	229	138	66.6
第79章　锌及其制品	12 684	6 423	97.5
第80章　锡及其制品	2 772	2 445	13.3
第81章　其他贱金属、金属陶瓷及其制品	14 028	11 875	18.1
第82章　贱金属器具、利口器、餐具及零件	15 938	11 310	41.0
第83章　贱金属杂项制品	12 535	12 895	−3.3
第84章　核反应堆、锅炉、机械器具及零件	1 271 125	1 158 430	9.6
第85章　电机、电气、音像设备及其零附件	1 809 589	1 881 874	−4.0
第86章　铁道车辆；轨道装置；信号设备	86 778	86 975	−0.3
第87章　车辆及其零附件，但铁道车辆除外	1 045 302	948 418	10.2
第88章　航空器、航天器及其零件	244 714	242 601	0.9
第89章　船舶及浮动结构体	152 257	95 559	58.0
第90章　光学、照相、医疗等设备及零附件	477 738	473 693	0.3
第91章　钟表及其零件	6 000	7 911	−24.2
第92章　乐器及其零件、附件	1 220	900	35.7
第93章　武器、弹药及其零件、附件	472	278	70.1

（续）

商 品 名 称	2009年	2008年	同比（±%）
第94章 家具；寝具等；灯具；活动房	15 164	14 796	2.4
第95章 玩具、游戏或运动用品及其零附件	2 853	2 475	15.3
第96章 杂项制品	2 203	2 496	－12.2
第97章 艺术品、收藏品及古物	715	816	－12.3
第98章 特殊交易品及未分类商品	154 776	250 139	－38.1

注：数据摘自北京海关统计月报

（李 倩）

2-3 按洲别（地区）分海关进出口贸易额

2-3-1 北京地区出口到各洲情况一览表

金额单位：万美元

	出 口	同比增减额	同比变化（%）	比重（%）
亚洲	2 652 148	－369 768	－12.2	54.8
东盟	670 780	74 547	12.5	13.9
中东	476 592	11 429	2.5	9.9
欧洲	1 027 130	－261 898	－20.3	21.2
欧盟（27国）	927 802	－184 402	－16.6	19.2
非洲	428 788	－25 390	－5.6	8.9
北美洲	356 063	－165 809	－31.8	7.4
拉丁美洲	230 057	－119 590	－34.2	4.8
大洋洲	142 076	28 407	25.0	2.9

注：数据摘自北京海关统计月报

（李 倩）

2-3-2 北京地区从各洲进口情况一览表

金额单位：万美元

	进 口	同比增减额	同比变化（%）	比重（%）
亚洲	7 568 134	－2 874 157	－27.5	45.5
东盟	930 453	－115 116	－11.0	5.6
中东	3 427 788	－1 819 641	－34.7	20.6
欧洲	3 111 859	－226 265	－6.8	18.7
欧盟（27国）	2 163 326	22 994	1.1	13.0
非洲	2 776 357	－1 162 526	－29.5	16.7
北美洲	1 388 455	－59 169	－4.1	8.3
拉丁美洲	1 216 613	－530 912	－30.4	7.3
大洋洲	578 495	93 549	19.3	3.5

注：数据摘自北京海关统计月报

（李 倩）

2-4 按国别（地区）分海关进出口贸易额

金额单位：万美元

国别（地区）	进出口	出口	进口
总值	**21 476 276**	**4 836 261**	**16 640 014**
沙特阿拉伯	1 669 372	63 750	1 605 622
美国	1 557 188	323 156	1 234 033
日本	1 481 933	278 681	1 203 252
安哥拉	1 353 670	45 131	1 308 539
德国	1 302 294	135 217	1 167 077
韩国	1 135 104	246 664	888 440
俄罗斯联邦	775 497	56 812	718 686
澳大利亚	642 930	80 815	562 115
巴西	620 298	48 134	572 164
伊朗	558 604	87 718	470 885
印度	500 973	223 611	277 362
香港	488 714	311 577	177 137
苏丹	424 184	44 368	379 816
阿曼	415 838	12 340	403 498
新加坡	393 482	197 292	196 191
印度尼西亚	376 862	128 814	248 048
哈萨克斯坦	338 314	94 041	244 274
伊拉克	329 821	23 696	306 125
利比亚	319 954	15 417	304 537
马来西亚	313 578	60 750	252 829
委内瑞拉	288 574	15 892	272 682
科威特	280 246	10 428	269 817
台湾省	264 315	115 663	148 652
英国	263 061	123 223	139 839
中华人民共和国	256 534	0	256 534
南非	234 812	34 641	200 171
意大利	232 418	50 738	181 680
法国	214 986	68 314	146 672
阿拉伯联合酋长国	209 251	104 653	104 597
越南	201 216	146 251	54 965
加拿大	186 890	32 711	154 178
芬兰	167 945	96 589	71 356
刚果	156 622	8 823	147 800

（续）

国别（地区）	进 出 口	出 口	进 口
匈牙利	149 793	133 534	16 259
瑞士	137 316	9 849	127 467
荷兰	134 090	69 348	64 742
菲律宾	131 865	50 735	81 130
赤道几内亚	118 610	23 463	95 147
泰国	116 699	38 066	78 633
土耳其	111 548	79 552	31 996
瑞典	109 364	35 494	73 870
也门共和国	107 313	3 159	104 154
阿尔及利亚	91 232	31 991	59 242
阿根廷	90 850	4 882	85 968
奥地利	87 061	10 537	76 523
墨西哥	82 104	30 601	51 502
比利时	75 623	15 578	60 045
西班牙	74 804	37 349	37 455
乌兹别克斯坦	73 676	60 332	13 344
巴基斯坦	72 170	48 017	24 153
尼日利亚	71 510	33 135	38 375
埃及	70 664	20 302	50 361
古巴	66 524	42 323	24 201
罗马尼亚	62 034	56 841	5 193
波兰	55 750	16 741	39 009
卡塔尔	55 621	6 954	48 667
赞比亚	55 134	5 425	49 710
智利	54 662	13 823	40 840
哥伦比亚	51 626	3 811	47 815
厄瓜多尔	51 500	2 902	48 598
挪威	48 681	10 764	37 917
缅甸	40 655	35 634	5 021
以色列	40 383	18 546	21 837
爱尔兰	39 951	5 735	34 216
秘鲁	38 411	6 674	31 736

（续）

国别（地区）	进 出 口	出 口	进 口
丹麦	37 977	17 778	20 199
巴布亚新几内亚	36 670	31 224	5 447
利比里亚	35 393	35 392	1
白俄罗斯	34 303	1 560	32 744
斯里兰卡	32 709	31 598	1 111
孟加拉国	32 523	27 439	5 084
乌克兰	31 501	8 609	22 892
朝鲜	31 112	29 580	1 533
喀麦隆	28 640	2 013	26 627
毛里塔尼亚	24 068	684	23 385
埃塞俄比亚	23 758	18 650	5 109
蒙古	23 599	5 778	17 822
阿塞拜疆	23 593	16 723	6 870
乌拉圭	23 196	1 836	21 360
土库曼斯坦	22 230	22 198	32
安提瓜和巴布达	20 102	20 097	4
新西兰	18 959	8 055	10 904
澳门	18 768	18 559	208
马绍尔群岛共和国	18 366	18 366	0
约旦	17 925	9 204	8 721
加蓬	17 764	3 838	13 926
纳米比亚	17 487	4 471	13 016
希腊	16 824	15 734	1 090
叙利亚	16 177	15 983	194
乍得	16 097	10 048	6 049
民主刚果	15 441	4 179	11 262
塞浦路斯	14 931	13 903	1 028
摩洛哥	14 746	5 656	9 091
巴哈马	14 248	14 248	0
哥斯达黎加	14 006	1 169	12 837
老挝	13 998	9 953	4 045
巴拿马	13 993	12 778	1 214
尼日尔	13 935	13 933	2
捷克	13 025	3 543	9 482
津巴布韦	12 328	2 405	9 923

（续）

国别（地区）	进 出 口	出 口	进 口
肯尼亚	11 863	11 579	283
坦桑尼亚	10 585	9 818	767
文莱	10 361	891	9 470
突尼斯	9 991	4 985	5 006
加纳	9 144	5 745	3 400
葡萄牙	8 039	5 004	3 035
马达加斯加	7 598	4 382	3 215
斯洛伐克	6 526	4 455	2 072
马耳他	6 443	2 421	4 022
保加利亚	6 301	1 414	4 887
莫桑比克	5 855	2 919	2 936
塔吉克斯坦	5 301	4 114	1 187
吉尔吉斯斯坦	4 474	4 444	30
塞内加尔	4 047	1 206	2 841
卢森堡	4 001	2 717	1 283
克罗地亚	3 730	2 563	1 167
巴林	3 646	3 383	263
多哥	3 290	2 172	1 117
玻利维亚	2 977	478	2 499
博茨瓦那	2 951	2 542	409
黎巴嫩	2 895	2 873	22
科特迪瓦共和国	2 800	2 017	783
乌干达	2 673	2 282	391
贝宁	2 608	1 402	1 206
柬埔寨	2 516	2 394	122
直布罗陀	2 357	2 357	0
爱沙尼亚	2 292	1 103	1 189
特立尼达和多巴哥	2 245	1 738	506
斯洛文尼亚	2 223	1 622	602
巴巴多斯	2 017	2 012	5
阿尔巴尼亚	1 995	675	1 320
马里	1 971	1 843	128
卢旺达	1 872	1 872	0
波多黎各	1 722	257	1 465
拉脱维亚	1 716	1 422	293

（续）

国别（地区）	进 出 口	出 口	进 口
马拉维	1 687	196	1 491
几内亚（比绍）	1 662	1 662	0
立陶宛	1 655	1 448	207
阿富汗	1 476	1 386	90
萨摩亚	1 471	1 471	0
危地马拉	1 453	1 450	3
尼泊尔	1 371	1 363	8
塞尔维亚	1 363	1 209	154
几内亚	1 287	1 283	3
牙买加	1 279	501	778
厄立特里亚	1 139	1 096	42
毛里求斯	1 077	1 071	6
多米尼加共和国	1 059	797	262
斐济	1 010	1 007	3
佛得角	1 005	1 005	0
吉布提	976	976	0
塞拉利昂	945	920	24
巴拉圭	864	840	24
马其顿共和国	852	807	45
布基纳法索	685	567	118
中非	556	556	0
瓦努阿图	525	525	0
圣文森特和格林纳丁斯	518	518	0
萨尔瓦多	425	424	1
亚美尼亚	372	300	72
格鲁吉亚	354	323	31
英属维尔京群岛	347	347	0
开曼群岛	321	321	0
黑山	273	258	15
格陵兰	245	0	245
冰岛	241	173	68
莱索托	241	148	92
圭亚那	238	148	91
尼加拉瓜	226	222	4
多米尼加	209	172	37

（续）

国别（地区）	进 出 口	出 口	进 口
留尼汪	205	205	0
伯利兹	203	203	0
布隆迪	201	194	6
汤加	198	198	0
百慕大群岛	196	196	0
苏里南	189	178	11
列支敦士登	154	68	86
巴勒斯坦	147	147	0
库克群岛	142	142	0
洪都拉斯	130	128	2
法属波利尼西亚	103	103	0
国别（地区）不详	101	0	101
摩尔多瓦	101	89	11
科摩罗	95	95	0
海地	89	89	0
波斯尼亚—黑塞哥维那	83	82	1
新喀里多尼亚	62	62	0
所罗门群岛	57	32	25
帕劳共和国	56	56	0
冈比亚	39	38	1
塞舌尔	34	34	0
马尔代夫	26	25	1
摩纳哥	23	9	14
阿鲁巴岛	22	22	0
基里巴斯	11	11	0
索马里	11	9	2
格林纳达	10	7	3
东帝汶	8	8	0
瓜德罗普岛	7	7	0
社会群岛	7	7	0
圣其茨——尼维斯	7	7	0
库腊索岛	7	7	0
荷属安地列斯群岛	5	5	0
马提尼克岛	3	3	0
圣卢西亚	2	2	0

（续）

国别（地区）	进出口	出口	进口
加那利群岛	2	2	0
法属圭亚那	1	1	0
圣马力诺	1	0	1
密克罗尼西亚联邦	1	0	1
盖比群岛	1	1	0
圣马丁岛	1	1	0
马约特岛	1	1	0

注：数据摘自北京海关统计月报

（李　倩）

2-5　按贸易方式分海关进出口贸易额

金额单位：万美元

贸易方式	进出口	出口	进口
总　值	**21 476 276**	**4 836 261**	**16 640 014**
一般贸易	16 316 597	2 027 591	14 289 007
加工贸易	3 449 405	2 137 414	1 311 991
进料加工	2 397 724	1 729 420	668 304
来料加工	1 051 682	407 994	643 688
两区一库仓储	910 374	147 411	762 963
保税仓库进出境货物	909 185	147 411	761 774
出口加工区进口设备	1 189	0	1 189
对外承包工程出口货物	487 610	487 610	0
租赁贸易	146 086	45	146 041
外商投资企业作为投资进口的设备、物品	104 457	0	104 457
其他贸易	36 996	25 768	11 228
国家间、国际组织无偿援助和赠送的物资	13 439	10 043	3 396
其他境外捐赠物资	9 460	0	9 460
出料加工贸易	888	379	509
免税外汇商品	545	0	545
加工贸易进口设备	255	0	255
寄售、代销贸易	163	0	163

注：数据摘自北京海关统计月报

（李　倩）

2-6　全国各省市进出口贸易总额

（按经营单位所在地分）

金额单位：万美元

地　　区	进出口	出　口	进　口	同比（±%）		
				进出口	出口	进口
总　　值	**22 072.7**	**12 016.6**	**10 056.0**	**−13.9**	**−16.0**	**−11.2**
北京	2 148.7	483.8	1 664.8	−20.9	−15.9	−22.3
天津	638.4	298.9	339.4	−20.6	−29.0	−11.4
河北	296.1	156.9	139.2	−22.9	−34.6	−3.4
山西	85.5	28.4	57.2	−40.6	−69.3	11.2
内蒙古	67.7	23.2	44.6	−24.1	−35.5	−16.3
辽宁	629.3	334.4	294.8	−13.1	−20.5	−2.9
吉林	117.5	31.3	86.2	−11.9	−34.4	0.6
黑龙江	162.2	100.8	61.5	−29.9	−40.0	−2.8
上海	2 777.5	1 418.8	1 358.7	−13.8	−16.1	−11.1
江苏	3 388.3	1 992.4	1 395.9	−13.6	−16.3	−9.5
浙江	1 877.3	1 330.2	547.1	−11.1	−13.8	−3.7
安徽	156.4	88.9	67.5	−22.5	−21.8	−23.5
福建	796.6	533.3	263.3	−6.1	−6.4	−5.4
江西	126.6	73.6	53.0	−7.0	−4.7	−10.0
山东	1 389.7	795.0	594.7	−12.3	−14.7	−8.8
河南	134.4	73.5	60.9	−23.1	−31.5	−9.9
湖北	172.3	99.8	72.5	−16.8	−14.8	−19.4
湖南	101.5	54.9	46.6	−19.1	−34.7	12.7
广东	6 111.2	3 589.6	2 521.6	−10.8	−11.5	−9.7
广西	142.3	83.8	58.6	7.5	14.0	−0.5
海南	48.1	13.1	35.1	6.3	−17.6	19.2
四川	242.3	141.5	100.8	9.6	7.8	12.3
重庆	77.1	42.8	34.3	−19.0	−25.2	−9.8
贵州	23.0	13.6	9.5	−31.6	−28.6	−35.3
云南	80.2	45.1	35.1	−16.4	−9.4	−24.0
西藏	4.0	3.8	0.3	−47.5	−46.9	−54.2
陕西	84.0	39.9	44.2	0.9	−25.9	49.8
甘肃	38.2	7.4	30.9	−37.3	−54.1	−31.3
青海	5.9	2.5	3.3	−14.9	−40.1	24.2
宁夏	12.0	7.4	4.6	−36.0	−41.0	−26.0
新疆	138.3	108.2	30.0	−37.8	−43.9	3.0

注：数据摘自北京海关统计月报

（李　倩）

2-7 历年进出口总额一览表

(1993—2009年)

金额单位：万美元

年　份	进出口总额	出口额	进口额
1993	2 826 683	672 105	2 154 578
1994	2 927 427	834 206	2 093 221
1995	3 703 513	1 024 977	2 678 536
“九五”时期	**17 417 315**	**5 010 231**	**12 407 084**
1996	2 931 833	811 975	2 119 858
1997	3 038 852	961 103	2 077 749
1998	3 050 609	1 051 293	1 999 316
1999	3 433 844	989 059	2 444 785
2000	4 962 177	1 196 801	3 765 376
“十五”时期	**39 273 900**	**9 269 879**	**30 004 021**
2001	5 154 131	1 178 687	3 975 444
2002	5 250 870	1 261 464	3 989 406
2003	6 846 262	1 685 173	5 161 089
2004	9 465 509	2 057 493	7 408 016
2005	12 557 128	3 087 062	9 470 066
“十一五”时期	—	—	—
2006	15 817 225	3 797 921	12 019 304
2007	19 294 630	4 892 328	14 402 302
2008	27 171 187	5 745 424	21 425 763
2009	21 476 276	4 836 261	16 640 014

（李　倩）

2-8 历年进出口额在全国排名

年　份	进　口	出　口
1995	2	3
1996	2	7
1997	2	7
1998	2	5
1999	2	7
2000	2	7

（续）

年 份	进 口	出 口
2001	2	7
2002	3	7
2003	4	7
2004	4	8
2005	4	7
2006	3	7
2007	3	7
2008	2	6
2009	2	7

（李 倩）

2-9 2009年北京地区企业前十位进出口市场

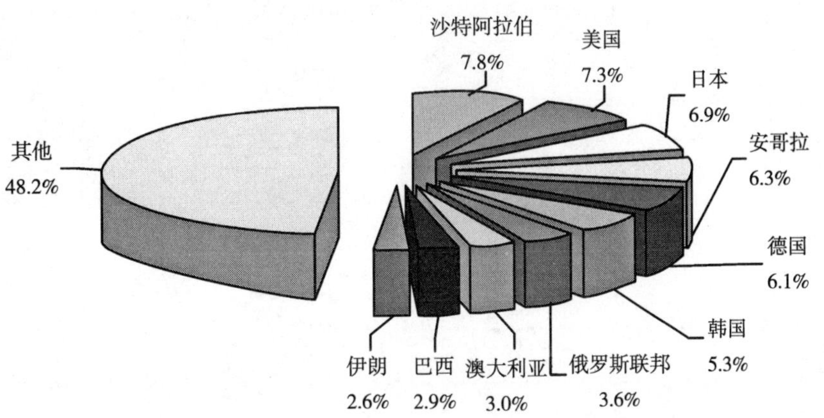

2-9-1 2009年北京地区企业前十位贸易伙伴

（李 倩）

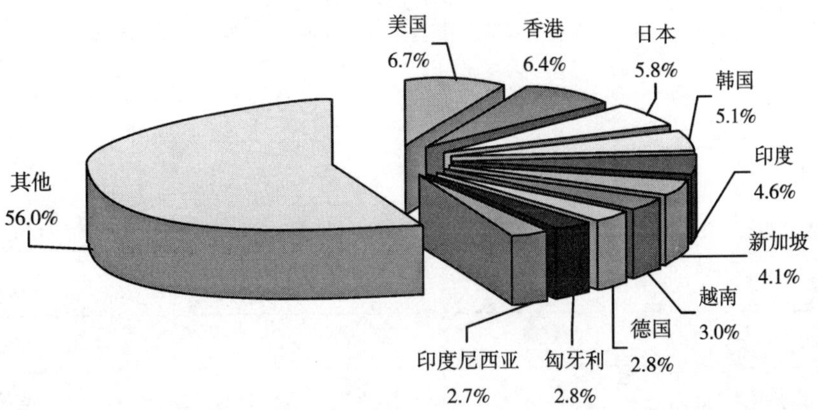

2-9-2 2009年北京地区企业前十位出口市场

（李 倩）

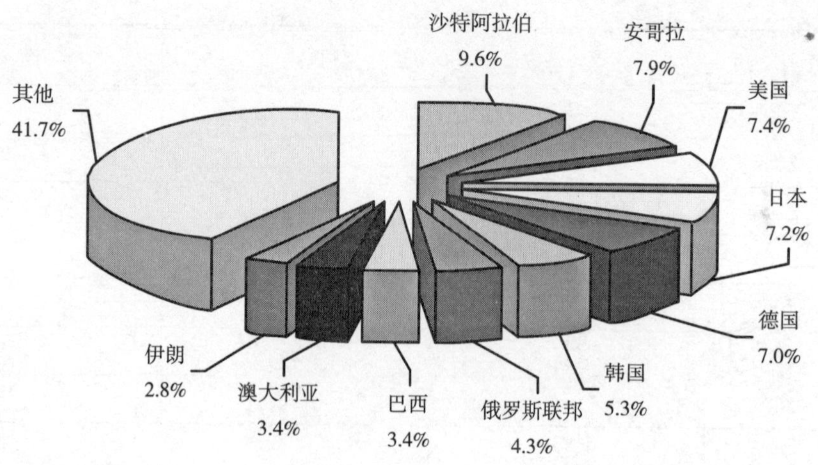

2-9-3 2009年北京地区企业前十位进口市场

（李 倩）

三、技术贸易

3-1 2009年技术出口合同认定登记情况

3-1-1 按合同类别分组

合同类别	合同数（个）	成交额（亿美元）	其中：技术交易额（亿美元）
合 计	**1 167**	**51.74**	**30.32**
技术开发	658	16.18	16.15
技术转让	44	0.55	0.55
技术咨询	17	0.01	0.01
技术服务	448	35.01	13.61

（巨振乐）

3-1-2 按企业类别分组

合同类别	合同数（个）	成交额（亿美元）	其中：技术交易额（亿美元）
合 计	**1 167**	**51.74**	**30.32**
机关法人	0	0.00	0.00
事业法人	29	0.02	0.02
社团法人	0	0.00	0.00
企业法人	1 138	51.72	30.29
自然人	0	0.00	0.00
其他组织	0	0.00	0.00

（巨振乐）

3-1-3 按技术领域分组

合同类别	合同数（个）	成交额（亿美元）	其中：技术交易额（亿美元）
合 计	**1 167**	**51.74**	**30.32**
电子信息技术	730	14.46	14.43
航空航天技术	7	5.91	5.91
先进制造技术	29	1.97	0.82
生物、医药和医疗器械	218	1.37	1.30
新材料及其应用	34	0.75	0.75
新能源与高效节能	89	17.99	5.37
环境保护与资源综合利用	24	2.62	0.52
核应用技术	3	0.00	0.00
农业技术	4	4.04	0.72
现代交通	11	1.89	0.35
城市建设与社会发展	18	0.74	0.14

（巨振乐）

3-1-4 按国家（地区）分组

合同类别	合同数（个）	成交额（万美元）	其中：技术交易额（万美元）
合 计	**1 167**	**517 423.68**	**303 170.51**
印度尼西亚（ID）	6	90 862.76	15 123.57
美国（US）	229	90 000.62	89 966.47
博茨瓦那（BW）	1	82 504.86	16 427.10
委内瑞拉（VE）	3	64 299.50	31 056.50
尼日利亚（NG）	1	26 445.12	26 445.12
伊朗（IR）	9	25 021.32	9 637.32
芬兰（FI）	6	18 816.89	18 816.89
新加坡（SG）	29	13 429.77	13 429.77
埃塞俄比亚（ET）	6	12 540.73	2 552.32
中国香港	186	11 095.40	10 536.99
俄罗斯（RU）	2	10 771.50	5 871.50
瑞士（CH）	19	10 631.46	10 631.46
韩国（KR）	63	7 658.05	7 377.58
瑞典（SE）	14	6 997.51	6 997.51
日本（JP）	260	6 167.08	6 167.08
哈萨克斯坦（KZ）	19	3 774.12	3 774.12
土库曼斯坦（TM）	9	3 700.36	3 680.46

（续）

合同类别	合同数（个）	成交额（万美元）	其中：技术交易额（万美元）
法国（FR）	35	3 686.66	3 686.66
尼日尔（NE）	5	2 074.18	2 074.18
爱尔兰（IE）	2	1 864.93	1 864.93
苏丹（SD）	6	1 840.50	1 840.50
德意志联邦共和国（DE）	16	1 369.73	1 369.73
伊拉克（IQ）	1	1 284.88	1 284.88
百慕大（BM）	2	1 274.72	1 274.72
阿拉伯联合酋长国（AE）	2	1 159.25	1 159.25
英国（GB）	39	1 081.15	1 081.14
阿塞拜疆（AZ）	3	736.67	736.67
开曼群岛（KY）	6	730.07	730.07
厄瓜多尔（EC）	2	674.39	674.39
英属维尔京群岛（VG）	5	507.29	507.29
中国澳门	11	457.79	457.79
巴基斯坦（PK）	3	444.78	444.78
利比亚（LY）	1	428.29	428.29
塔吉克斯坦（TJ）	2	329.02	329.02
阿尔及利亚（DZ）	4	324.48	324.48
加拿大（CA）	13	253.46	253.46
厄立特里亚（ER）	3	234.03	234.03
意大利（IT）	6	220.52	112.01
澳大利亚（AU）	21	176.44	176.44
津巴布韦（ZW）	1	174.25	164.56
缅甸（MM）	1	140.75	126.25
荷兰（NL）	10	118.98	118.98
以色列（IL）	1	107.81	107.81
中国台湾	33	106.36	106.36
丹麦（DK）	6	81.89	81.89
乍得（TD）	1	68.00	68.00
马来西亚（MY）	3	65.32	65.32
土耳其（TR）	1	50.00	50.00
乌兹别克斯坦（UZ）	6	43.01	43.01
萨摩亚（WS）	1	42.50	42.50
新西兰（NZ）	3	30.39	30.39

（续）

合同类别	合同数（个）	成交额（万美元）	其中：技术交易额（万美元）
埃及（EG）	2	27.50	27.50
印度（IN）	4	26.81	26.81
比利时（BE）	6	22.66	22.66
越南（VN）	2	22.53	22.53
加纳（GH）	1	21.00	10.50
蒙古（MN）	3	19.23	19.23
南非（ZA）	2	15.88	15.88
泰国（TH）	5	15.00	15.00
奥地利（AT）	3	7.22	7.22
葡萄牙（PT）	1	1.90	1.90
挪威（NO）	3	0.64	0.64
刚果（CG）	1	0.00	0.00

（巨振乐）

3-2 2009年技术引进合同登记情况

3-2-1 按引进方式分组

引进方式	合同数（个）	合同金额（万美元）	其中：技术费（万美元）
总　　计	**1 275**	**358 710.27**	**196 946.99**
A：专利技术的许可或转让（包括专利申请权的转让）	20	31 963.98	31 963.98
B：专有技术的许可或转让	175	71 462.49	70 032.08
C：技术咨询、技术服务	729	157 237.11	58 351.60
D：计算机软件的进口	278	21 004.39	21 004.39
E:A、B内容之一相关联的商标许可	——	163.89	163.89
F：涉及A、B、C内容之一的合资生产、合作生产等	6	846.17	846.17
G：为实施A至G项内容而进口的成套设备、关键设备、生产线等	65	73 976.69	12 529.33
H：其他方式的技术进口	2	2 055.55	2 055.55

（巨振乐）

3-2-2 按企业性质分组

企业性质	合同数（个）	合同金额（万美元）	其中：技术费（万美元）
总　　计	**1 275**	**358 710.27**	**196 946.99**
国有企业	538	236 618.77	81 596.53

（续）

企业性质	合同数（个）	合同金额（万美元）	其中：技术费（万美元）
集体企业	3	71.35	71.35
外资企业	522	101 101.03	98 278.48
民营企业	170	12 668.39	8 951.67
其他	42	8 250.73	8 048.96

（巨振乐）

3-2-3 按国民经济行业分组

行　业	合同数（个）	合同金额（万美元）	技术费（万美元）
总　计	**1 275**	**358 710.27**	**196 946.99**
农、林、牧、渔业	1	26.00	26.00
林业	1	2.00	2.00
农、林、牧、渔服务业	——	24.00	24.00
采掘业	88	90 483.30	24 622.97
煤炭采选业	6	813.30	460.42
石油和天然气开采业	81	89 190.26	24 118.03
有色金属矿采选业	1	479.74	44.52
制造业	526	177 565.15	108 848.77
食品加工业	1	9.00	9.00
食品制造业	3	424.70	424.70
饮料制造业	1	33.23	33.23
服装及其他纤维制品制造业	1	122.46	122.46
皮革、毛皮、羽绒及其制品业	——	66.30	66.30
家具制造业	1	13.06	13.06
造纸及纸制品业	——	255.15	255.15
印刷业、记录媒介的复制	1	32.77	32.77
石油加工及炼焦业	20	15 347.54	4 691.62
化学原料及化学制品制造业	45	17 445.18	12 053.47
医药制造业	10	341.23	341.23
化学纤维制造业	3	271.62	271.62
橡胶制品业	2	445.51	445.51
塑料制品业	2	121.37	121.37
非金属矿物制品业	1	23.40	23.40
黑色金属冶炼及压延加工业	38	51 141.54	9 873.28
有色金属冶炼及压延加工业	4	2 374.72	117.25

（续）

行　业	合同数（个）	合同金额（万美元）	技术费（万美元）
金属制品业	9	446.20	165.86
普通机械制造业	26	4 470.89	1 150.36
专用设备制造业	26	3 198.73	3 198.74
交通运输设备制造业	130	27 233.79	26 661.21
电气机械及器材制造业	14	2 042.65	2 042.65
电子及通信设备制造业	162	46 147.72	42 470.40
仪器仪表及文化、办公用机械制造业	1	418.93	418.93
其他制造业	25	5 137.46	3 845.20
电力、煤气及水的生产和供应业	58	29 292.90	4 354.02
电力、蒸汽、热水的生产和供应业	58	29 292.90	4 354.02
建筑业	24	445.32	445.33
土木工程建筑业	3	97.68	97.69
线路、管道和设备安装业	15	270.88	270.88
装修装饰业	6	76.76	76.76
交通运输、仓储及邮电通信业	42	7 198.92	6 776.42
铁路运输业	4	229.05	229.05
水上运输业	1	135.40	8.60
航空运输业	19	3 590.07	3 409.85
交通运输辅助业	1	5.68	5.68
其他交通运输业	3	1 595.79	1 595.79
邮电通信业	14	1 642.93	1 527.45
批发和零售贸易、餐饮业	11	1 082.78	1 082.78
食品、饮料、烟草和家庭用品批发业	1	6.62	6.62
其他批发业	——	1.57	1.57
零售业	6	771.31	771.31
餐饮业	4	303.28	303.28
金融、保险业	26	9 952.19	9 952.19
金融业	24	9 654.52	9 654.52
保险业	2	297.67	297.67
房地产业	62	3 271.37	3 271.37
房地产开发与经营业	61	3 262.51	3 262.51
房地产管理业	1	8.86	8.86
社会服务业	353	29 088.11	29 078.87
居民服务业	2	241.64	241.64

（续）

行　业	合同数（个）	合同金额（万美元）	技术费（万美元）
旅馆业	2	132.71	132.71
租赁服务业	5	210.65	210.65
旅游业	9	977.98	977.98
娱乐服务业	1	9.36	9.36
信息、咨询服务业	64	5 187.92	5 187.92
计算机应用服务业	256	21 205.96	21 197.36
其他社会服务业	14	1 121.89	1 121.25
卫生、体育和社会福利业	1	11.58	11.58
体育	1	11.58	11.58
教育、文化艺术及广播电影电视业	2	164.98	164.98
教育	1	20.00	20.00
文化艺术业	1	144.98	144.98
科学研究和综合技术服务业	49	4 330.15	4 108.08
科学研究业	17	1 097.64	1 049.30
综合技术服务业	32	3 232.51	3 058.78
国家机关、政党机关和社会团体	1	60.00	60.00
国家机关	1	60.00	60.00
其他行业	31	5 737.52	4 143.63
商业经济与代理业	26	1 499.95	1 499.95
公共设施服务业	3	2 571.46	977.57
其他行业	2	1 666.11	1 666.11

（巨振乐）

3-2-4　按国家（地区）分组

国家/地区	合同数（个）	合同金额（万美元）	其中：技术费（万美元）
总　计	**1 275**	**358 710.27**	**196 946.99**
亚洲	648	93 036.29	62 798.51
塞浦路斯	2	127.82	127.82
阿拉伯联合酋长国	1	15.15	15.15
韩国	170	22 772.11	17 406.20
泰国	1	16.67	16.67
中国台湾	24	776.33	776.33
马来西亚	3	121.86	121.86
以色列	3	98.86	98.86

（续）

国家/地区	合同数（个）	合同金额（万美元）	其中：技术费（万美元）
日本	155	43 482.40	23 416.56
菲律宾	3	104.11	104.11
新加坡	33	1 966.14	1 966.14
中国香港	250	23 448.43	18 642.40
巴基斯坦	2	75.83	75.83
印度	1	30.58	30.58
欧洲	346	193 896.89	84 760.86
俄罗斯	12	727.39	727.39
英国	42	18 778.38	16 785.17
卢森堡	3	169.87	169.87
荷兰	24	3 441.85	2 887.78
瑞士	31	10 164.88	2 489.44
法国	39	8 886.16	5 970.70
德意志联邦共和国	91	59 118.89	14 598.83
意大利	34	51 917.48	4 518.72
瑞典	22	364.27	364.28
丹麦	1	75.03	75.03
比利时	5	1 468.39	490.35
葡萄牙	1	12.00	12.00
西班牙	3	253.43	73.21
爱尔兰	13	6 087.35	6 087.35
奥地利	13	5 858.49	2 937.71
挪威	2	178.44	178.44
芬兰	9	26 378.56	26 378.56
列支敦士登	1	16.03	16.03
拉丁美洲	23	1 802.67	1 794.07
英属维尔京	18	961.52	952.92
开曼群岛	3	416.04	416.04
巴西	1	400.00	400.00
古巴	1	25.11	25.11
北美洲	246	67 682.74	45 654.75
加拿大	31	8 135.83	6 907.08
美国	215	59 546.91	38 747.67
大洋洲	12	2 291.68	1 938.80
澳大利亚	12	2 203.68	1 850.80
马绍尔群岛共和国	——	88.00	88.00

（巨振乐）

四、利用外资

4-1 按投资方式分外商直接投资情况

单位：万美元

项目名称	项目数	实际外资
总　计	**1 423**	**612 094**
中外合资企业	277	91 049
中外合作企业	17	32 249
外商独资企业	1127	448 912
外商投资股份制	2	39 884

（高　茜）

4-2 按投资产业分外商直接投资情况

单位：（万美元）

产业名称	项目数	实际外资
总　　计	**1 423**	**612 094**
第一产业	3	3 833
第二产业	88	88 536
第三产业	1 332	519 725

（高　茜）

4-3 按投资行业分外商直接投资情况

单位：万美元

行业名称	项目数	实际外资
总　　计	**1 423**	**612 094**
农、林、牧、渔业	3	3 833
农业	1	19
畜牧业	1	1 781
农、林、牧、渔服务业	1	2 030
制造业	85	75 364
农副食品加工业	0	607
食品制造业	2	4 264
饮料制造业	0	10 632
纺织业	2	292
纺织服装、鞋、帽制造业	0	568
皮革、毛皮、羽毛（绒）及其制品业	2	30
木材加工及木、竹、藤、棕、草制品业	0	1 482

（续）

行业名称	项目数	实际外资
家具制造业	0	300
印刷业和记录媒介的复制	0	536
文教体育用品制造业	4	60
石油加工、炼焦及核燃料加工业	1	224
化学原料及化学制品制造业	4	724
医药制造业	5	3 965
橡胶制品业	1	20
塑料制品业	1	656
非金属矿物制品业	6	439
黑色金属冶炼及压延加工业	0	124
有色金属冶炼及压延加工业	1	0
金属制品业	1	1 104
通用设备制造业	17	8 848
专用设备制造业	14	6 561
交通运输设备制造业	6	13 940
电气机械及器材制造业	4	12 846
通信设备、计算机及其他电子设备制造业	8	3 503
仪器仪表及文化、办公用机械制造业	5	3 440
工艺品及其他制造业	1	69
废弃资源和废旧材料回收加工业	0	130
电力、燃气及水的生产和供应业	0	10 679
电力、热力的生产和供应业	0	3 384
水的生产和供应业	0	7 295
建筑业	3	2 493
房屋和土木工程建筑业	0	1 827
建筑安装业	0	572
建筑装饰业	2	68
其他建筑业	1	26
交通运输、仓储和邮政业	4	11 873
道路运输业	0	90
水上运输业	0	422
航空运输业	0	531
装卸搬运和其他运输服务业	3	7 402
仓储业	1	3 428
信息传输、计算机服务和软件业	200	94 752

（续）

行业名称	项目数	实际外资
电信和其他信息传输服务业	2	225
计算机服务业	40	7 724
软件业	158	86 803
批发和零售业	398	55 411
批发业	389	38 411
零售业	9	17 000
住宿和餐饮业	32	8 427
住宿业	1	1 976
餐饮业	31	6 451
金融业	6	7 816
其他金融活动	6	7 816
房地产业	27	79 682
房地产业	27	79 682
租赁和商务服务业	431	225 888
租赁业	0	503
商务服务业	431	225 385
科学研究、技术服务和地质勘查业	191	29 472
研究与试验发展	42	11 394
专业技术服务业	109	12 057
科技交流和推广服务业	39	5 641
地质勘查业	1	380
水利、环境和公共设施管理业	1	777
环境管理业	0	365
公共设施管理业	1	412
居民服务和其他服务业	9	1 512
居民服务业	4	166
其他服务业	5	1 346
教育	1	300
文化、体育和娱乐业	32	3 815
新闻出版业	0	118
广播、电视、电影和音像业	5	90
文化艺术业	23	1 946
体育	2	300
娱乐业	2	1 361

（高　茜）

4-4 按国别（地区）分外商直接投资情况

单位：万美元

国别地区	项目个数	实际投资
总 计	**1 423**	**612 094**
亚洲	909	332 153
中国香港	564	266 975
中国澳门	3	9 341
中国台湾	53	921
文莱	0	71
柬埔寨	1	0
印度尼西亚	1	68
马来西亚	11	419
菲律宾	1	0
新加坡	56	12 505
泰国	2	35
印度	1	101
伊朗	11	20
以色列	4	0
日本	86	23 906
蒙古	3	0
巴基斯坦	2	2
卡塔尔	0	182
乌兹别克斯坦	1	0
沙特阿拉伯	2	0
韩国	105	17 601
阿拉伯联合酋长国	2	6
也门共和国	1	0
非洲	23	5 802
科特迪瓦	1	0
利比亚	2	0
毛里求斯	3	5 615
尼日利亚	3	12
塞内加尔	1	0
塞舌尔	13	175
欧洲	204	59 511
塞浦路斯	2	74

（续）

国别地区	项目个数	实际投资
比利时	6	970
丹麦	6	110
英国	25	4 242
德意志联邦共和国	48	14 853
法国	24	6 349
爱尔兰	3	4 019
意大利	19	1 255
卢森堡	4	3 290
荷兰	15	4 906
葡萄牙	2	4
西班牙	13	2 646
奥地利	4	62
芬兰	2	0
匈牙利	3	0
波兰	1	0
瑞典	8	10 642
捷克共和国	1	3
列支敦士登	0	152
挪威	3	0
瑞士	8	5 884
白俄罗斯	1	0
俄罗斯	7	50
乌克兰	1	0
拉丁美洲	71	166 483
巴巴多斯	2	2 384
伯利兹	2	0
巴西	1	0
开曼群岛	11	41 199
智利	1	0
多米尼加	1	0
墨西哥	1	4
英属维尔京群岛	52	122 896
北美洲	193	24 250
加拿大	38	1 182
美国	154	18 627

（续）

国别地区	项目个数	实际投资
百慕大	1	4 441
大洋洲	35	1 915
澳大利亚	20	488
新西兰	8	42
萨摩亚	7	1 310
马绍尔群岛共和国	0	75
欧洲其他	2	0
其他	14	21 980

（高 茜）

五、对外经济

5-1 历年境外投资情况

金额单位：万美元

年 份	企业数	批准投资总额	中方投资额
1979	1	22.00	22.00
1980	4	266.00	181.80
1981	2	25.80	25.80
1982	3	33.40	20.80
1983	2	172.80	166.50
1984	3	210.07	210.07
1985	5	232.50	190.30
1986	4	139.40	56.60
1987	6	445.64	213.72
1988	12	1 595.30	720.70
1989	6	1 456.60	671.00
1990	11	684.04	396.90
1991	23	4 163.96	3 623.18
1992	34	1 799.84	819.45
1993	47	13 394.66	12 562.49
1994	30	815.82	486.68
1995	25	2 678.13	2 510.86
1996	22	2 264.36	1 656.70
1997	20	921.29	715.46
1998	21	630.63	550.73

（续）

年　份	企业数	批准投资总额	中方投资额
1999	13	437.74	394.58
2000	20	6 667.48	2 502.29
2001	20	1 390.22	912.30
2002	25	28 837.61	5 086.04
2003	38	119 758.49	63 249.61
2004	52	29 949.40	20 371.08
2005	52	25 515.85	24 216.24
2006	76	38 112.13	31 654.53
2007	87	42 179.25	36 642.53
2008	103	49 263.35	42 491.15
2009	140	63 489.65	49 958.39
总计	**907**	**437 553.41**	**303 280.48**

（崔春玲）

5-2　对外承包工程情况

金额单位：（万美元）

国别名称	新签合同额	完成营业额	外派人数	期末在外人数
合　计	**296 851**	**184 997**	**7 057**	**11 783**
尼日利亚	89 291	30 314	100	567
利比亚	50 563	12 316	1 683	2 378
安哥拉	30 407	54 023	2 697	3 547
俄罗斯联邦	27 249	0	0	0
卢旺达	22 600	1 221	22	21
马来西亚	9 525	3 789	89	542
刚果（金）	9 232	3 277	179	19
刚果（布）	7 325	3 413	116	200
乍得	6 852	7 397	56	88
印度	6 720	5 626	217	46
毛里求斯	6 097	4 289	199	345
老挝	4 915	1 899	332	332
阿尔及利亚	2 951	3 343	345	644
阿富汗	1 840	443	79	81
美国	1 744	381	2	0
埃塞俄比亚	1 634	5 185	67	276

（续）

国别名称	新签合同额	完成营业额	外派人数	期末在外人数
蒙古	1 500	1 613	162	193
加纳	1 493	1 631	1	59
津巴布韦	1 291	313	84	83
佛得角	1 252	966	2	1
乌干达	1 195	549	1	1
赞比亚	1 169	858	39	122
厄立特里亚	886	6	1	1
坦桑尼亚	799	4 481	151	151
英国	687	515	39	41
哈萨克斯坦	625	2 140	0	50
肯尼亚	620	117	0	0
委内瑞拉	590	356	0	0
卡塔尔	559	0	1	20
博茨瓦纳	410	0	0	0
柬埔寨	376	794	0	65
哥伦比亚	308	263	0	0
泰国	299	65	0	0
乌兹别克斯坦	295	1 198	1	1
科摩罗	293	21	0	5
斯洛文尼亚	292	202	0	0
伊朗	250	3 214	3	224
阿拉伯联合酋长国	245	15 660	90	513
纳米比亚	210	2 379	21	21
黑山	194	28	0	0
突尼斯	191	193	2	1
爱尔兰	189	176	1	1
斯洛伐克	185	0	0	0
毛里塔尼亚	183	117	2	0
莫桑比克	182	332	2	3
赤道几内亚	180	519	1	65
埃及	148	148	0	0
中国香港	137	0	0	0
越南	126	756	7	35
巴西	101	0	0	0

（续）

国别名称	新签合同额	完成营业额	外派人数	期末在外人数
古巴	89	7	0	0
新加坡	60	711	3	462
东帝汶	45	0	1	0
日本	45	0	0	0
菲律宾	34	34	0	0
芬兰	33	10	2	0
比利时	32	32	0	0
奥地利	27	0	0	0
塞拉利昂	23	92	7	9
立陶宛	23	23	0	0
韩国	11	11	0	0
苏丹	10	74	3	1
苏里南	8	0	0	0
荷兰	6	6	0	0
巴拿马	0	2	3	0
密克罗尼西亚联邦	0	0	0	5
印度尼西亚	0	0	0	0
缅甸	0	0	0	1
孟加拉	0	0	2	0
巴林	0	15	0	0
圭亚那	0	0	0	0
危地马拉	0	0	0	0
厄瓜多尔	0	0	0	0
智利	0	0	0	0
土耳其	0	732	0	0
叙利亚	0	0	0	51
玻利维亚	0	0	0	0
安提瓜和巴布达	0	664	60	60
丹麦	0	0	0	0
多哥	0	0	0	2
南非	0	0	0	103
塞内加尔	0	0	3	0
尼日尔	0	0	0	4
摩洛哥	0	0	0	0

（续）

国别名称	新签合同额	完成营业额	外派人数	期末在外人数
马里	0	0	0	1
科特迪瓦	0	0	0	0
几内亚（比绍）	0	388	57	57
几内亚	0	0	0	4
巴基斯坦	0	595	4	8
阿曼	0	1 814	0	0
尼泊尔	0	134	19	36
加蓬	0	0	0	0
塞尔维亚	0	0	0	0
斯里兰卡	0	28	0	26
波兰	0	118	0	0
格鲁吉亚	0	0	1	0
拉脱维亚	0	0	0	0
冰岛	0	0	0	0
匈牙利	0	54	0	0
阿尔巴尼亚	0	0	0	0
沙特阿拉伯	0	289	0	2
吉布提	0	0	0	1
马尔代夫	0	0	0	1
澳门	0	0	1	1
中非共和国	0	0	0	5
喀麦隆	0	1 872	0	0
布隆迪	0	100	8	8
贝宁	0	0	0	0
以色列	0	0	2	0
东萨摩亚	0	0	0	5
西萨摩亚	0	4	0	0
也门	0	100	0	33
朝鲜	0	0	0	0
澳大利亚	0	15	0	0
特立尼达和多巴哥	0	527	87	150
秘鲁	0	20	0	5

（崔春玲）

5-3 对外劳务合作分国别（地区）情况

金额单位：万美元

国别名称	新签合同额	完成营业额	外派人数	期末在外人数
合 计	**39 372**	**41 876**	**3 439**	**5 316**
国内	38 601	38 601	0	0
台湾省	475	448	420	136
中国香港	198	491	470	213
新加坡	88	815	1 318	2 120
日本	10	1 074	451	2 082
加拿大	0	154	246	156
美国	0	8	7	3
几内亚（比绍）	0	0	0	0
塞拉利昂	0	11	10	30
德国	0	44	53	29
韩国	0	58	0	70
希腊	0	13	47	47
法国	0	0	4	4
菲律宾	0	19	41	30
英国	0	2	9	10
毛里塔尼亚	0	0	0	0
马来西亚	0	39	234	307
以色列	0	73	69	27
也门	0	0	0	0
阿拉伯联合酋长国	0	7	10	10
塞浦路斯	0	19	50	42

（崔春玲）

5-4 历年对外承包工程与劳务合作情况

金额单位：万美元

年份	北京合同额	全国合同额	北京营业额	全国营业额	北京外派人数	全国外派人数	北京在外人数	全国在外人数
1983	219	——	837	——	1 130	——	1 130	——

（续）

	北京	全国	北京	全国	北京	全国	北京	全国
年份	合同额	合同额	营业额	营业额	外派人数	外派人数	在外人数	在外人数
1984	2 710	——	1 842	——	1 739	——	2 159	——
1985	853	——	2 083	——	1 113	——	2 400	——
1986	445	——	1 535	304 914	479	——	837	——
1987	548	——	697	453 816	618	——	690	——
1988	885	——	802	——	447	——	819	——
1989	2 100	——	1 017	——	578	——	600	——
1990	3 756	260 345	1 056	186 741	364	52 906	336	57 939
1991	3 202	360 908	1 896	236 272	943	87 065	980	89 837
1992	8 889	658 508	3 140	——	892	118 220	952	130 984
1993	29 397	679 982	9 748	——	1 770	136 657	1 555	173 654
1994	15 715	798 750	18 783	597 796	1 769	169 558	2 720	222 578
1995	15 613	967 218	12 789	658 795	1 693	194 258	2 604	264 535
1996	67 689	1 027 318	43 057	769 610	1 525	199 481	2 516	285 763
1997	35 640	1 135 634	29 629	838 312	2 402	234 996	3 122	333 763
1998	25 526	1 117 323	31 009	1 013 381	2 404	230 572	3 647	352 125
1999	25 232	1 300 198	26 167	1 123 458	1 904	233 942	3 476	382 275
2000	16 285	1 494 330	19 799	1 132 536	1 359	——	3 205	426 000
2001	21 439	1 645 467	18 628	1 213 931	1 295	263 666	3 494	475 176
2002	27 949	1 789 117	23 160	1 435 222	1 303	213 016	2 134	489 622
2003	48 271	2 093 999	34 926	1 723 000	1 343	210 000	2 097	524 800
2004	81 185	27 690 000	59 630	2 136 700	1 551	248 000	2 552	535 000
2005	93 732	3 420 700	71 281	2 678 700	3 473	274 000	4 796	565 000
2006	176 752	7 164 000	83 518	3 570 000	7 661	351 000	8 962	675 000
2007	236 881	8 533 000	94 077	4 786 000	6 796	372 000	11 299	743 000
2008	558 714	11 301 466	168 416	6 511 630	6 007	426 968	11 422	740 119
2009	336 223	13 368 221	226 873	8 661 725	10 496	394 833	17 099	776 619
合计	**1 835 850**	——	**986 395**	——	**63 054**	——	**97 603**	——

（崔春玲）

第七部分

大　事　记

2009 年大事记

1 月

1 月 5 日

陈泽星参加北京国有资本经营管理中心揭牌仪式。

1 月 7 日

束为参加全国政协十一届二次会议大会秘书处总务组成立会。

韩雯参加刘敬民与北京军区副政委的会谈，沟通阅兵服务需求和北京市保障工作。

1 月 9 日

许康参加全市外事暨港澳工作会议。

1 月 13 日

陈泽星参加顺义区政府共同促进临空经济发展合作备忘录签字仪式。

1 月 15 日

魏忆京参加全国安全生产电视电话会。

1 月 20 日

束为参加苟仲文副市长会见香港商会会长一行活动。

1 月 22 日

束为参加吉林召开的本市贯彻落实国务院实施成品油价格和税收改革的方案会议。

2 月

2 月 4 日

卢彦参加吉林主持的研究 GDP 增长工作目标体系和一月份经济运行形势会议。

束为参加全国“两会”驻地联合检查及食品供应工作协调会。

2 月 5 日

卢彦、陈泽星参加天竺综合保税区建设运营经费有关问题讨论会。

2 月 6 日

程玉华参加研究北京市鼓励和支持文化创意产品和服务出口的有关政策会议。

2 月 11 日

闫小彦参加 2009 年全市推进社会信用体系建设重点任务会议。

2 月 13 日

卢彦参加北京市维护稳定暨信访工作会议。

李薇薇参加程红主持的研究支持企业发展的有关意见会议。

2 月 17 日

束为参加北京市做好全国“两会”服务保障工作动员会。

2 月 18 日

程玉华参加 2009 年全国机电科技产业商务工作会议。

2 月 19 日

陈泽星参加北京汽车产业研发基地奠基仪式。

任雅丽参加 2009 年北京市审计工作会议。

卢彦、陈泽星、王卫平参加内外贸企业对接活动。

2 月 20 日

卢彦参加市委组织的“扩内需，保增长，促进首都经济发展”主题调研座谈会。

任雅丽参加市委、市政府学习实践活动群众满意度测评会。

2月24日

程玉华参加北京服务贸易协会首届理事会。

束为参加全国打击违法添加非食用物质和滥用食品添加剂专项整治工作会。

闫小彦参加程红主持的平谷马坊物流基地和朝阳口岸建设情况的汇报会议。

2月26日

申金升参加北京市宏观经济与社会发展基础数据库仪式。

程玉华陪同苟仲文副市长走访中国铁建股份有限公司。

2月27日

程玉华参加“科技北京行动计划”工作会。

3月

3月1日

李薇薇参加北京市政法机关“保增长，保民生，保稳定”工作会议。

3月2日

卢彦参加商务部搞活流通扩大消费电视电话会议。

3月4日

韩雯参加北京市志愿者工作大会。

3月6日

卢彦、陈泽星出席“逛金源燕莎，赶外贸大集”活动。

3月10日

陈泽星参加程红副市长会见美国嘉康利公司董事长罗杰·巴纳特一行活动。

程玉华参加“科技北京行动计划”工作会。

陈泽星参加市政府和海关总署签署共同促进首都经济发展合作特备忘录活动。

3月12日

许康参加市委组织部召开的区（县）经济社会和党建工作实绩考核工作部署会。

3月13日

陈泽星参加鲁勇主持的研究本市振兴制造业和高新技术产业发展会。

3月18日

陈泽星参加研究落实本市帮扶企业应对国际金融危机若干措施相关工作会。

3月21日

程玉华参加研究中关村国家自主创新示范区建设工作会议。

陈泽星陪同王安顺到经济技术开发区调研。

3月23日

陈泽星参加本市帮扶应对国际金融危机第一次市级调度会议。

3月24日

闫小彦陪同郭金龙市长会见安利公司负责人。

3月26日

闫小彦参加市政协“扩内需，保增长”座谈会。

3月28日

程玉华参加北京银行中关村海淀园支行等四家金融机构挂牌仪式。

3月30日

闫小彦参加阳安江主席主持的“推进燕房合作协调小组”第二次会议。

3月31日

李薇薇参加关于加快发展农产品加工业推进农业产业化经营意见会议。

4月

4月1日

许康参加北京市与国家开发银行互派挂职干部工作动员部署会。

4月2日

魏忆京参加2009年第二季度全市公共安全形势分析会。

4月9日

陈泽星参加第六届中国—东盟博览会筹备工作会议。

4月11日

李薇薇参加全国百城旅游宣传周和2009年“回味奥运、圆梦北京”旅游行动计划启动仪式。

4月16日

魏忆京参加打击违法添加非食用物质和滥用食品添加剂专项整治汇报会议。

程玉华参加听取台办近期帮扶台资企业有关情况的汇报。

4月17日

程玉华参加2009年中关村科技园区百家创新型企业试点工作会。

魏忆京参加2009年第二次消防工作联席会议并研究部署全市环境建设工作。

4月23日

李薇薇参加首届北京市发明专利奖励大会暨全市知识产权工作会。

4月24日

程玉华参加李福祥主持的落实《中关村国家自主创新示范区若干意见》2009年折子工程任务分解工作会。

4月28日

陈泽星参加北京工业开工建设、竣工投产重点项目新闻发布会。

束为陪同郭金龙市长会见诺基亚公司总裁。

王卫平参加市政府与新华通讯社战略合作协议签约仪式。

4月29日

束为接待商务部市场运行司来京调研放心肉服务体系建设试点工作。

4月30日

魏忆京参加苟仲文副市长率队对本市人员密集场所进行安全生产检查。

5月

5月4日

闫小彦参加2009年中国青海投资贸易洽谈会。

5月10日

闫小彦参加第二届京津冀晋蒙政协区域经济发展论坛开幕式。

5月11日

束为陪同刘敬民前往通州、沙河阅兵村实地调研阅兵服务保障工作。

申金升参加刘志主持的北京市参与新中国成立60周年成就展筹备工作会议。

5月16日

韩雯参加北京首都农业集团有限公司揭牌仪式。

5月18日

魏忆京参加全国社会治安综合治理先进集体先进工作者表彰大会。

5月25日

李薇薇参加京承深化发展合作座谈会。

陈泽星参加第十八次市长接待台商日暨帮扶台资企业应对国际金融危机政策大集。

5月26日

郭伟参加第三届南新仓东四奥林匹克社区文化节。

束为参加发改委组织的在京跨国公司座谈会。

陈泽星参加苟仲文副市长主持的研究帮扶工业企业扩大产品出口有关扶持措施会议。

5月27日

郭伟前往东城区进行商业无障碍设施调研。

6月

6月2日

陈泽星陪同全国政协经济委员会专题组到北京市调研。

6月4日

王卫平、陈泽星、郭伟同市监察局领导调研铜牛服装进出口公司。

6月5日

王卫平、陈泽星、郭伟同市监察局领导调研艾科泰电子有限公司。

申金升参加家乐福、施耐德"世界环境日"节能推广活动。

6月7日

闫小彦赴四川什坊考察对接农产品进京工作。

6月8日

程玉华参加赵凤桐、苟仲文组织的"科技北京"行动方案任务分解工作研究会议。

6月9日

程玉华参加中关村论坛系列活动——"驻华使节谈商机"。

魏忆京参加首都社会治安综合治理表彰暨"国庆平安行动"动员部署大会。

6月11日

程玉华陪同国务院研究室领导调研服务外包企业。

6月14日

王卫平参加2009中国北京国际节能环保展览会外宾招待会。

6月15日

闫小彦参加商务部姜增伟副部长主持的培育大型流通企业集团工作座谈会。

程玉华参加中信与北京宏福集团签署出口信用保险协议仪式。

李薇薇参加市农业基础建设综合开发暨农业工作会。

6月16日

陈泽星参加商务部组织的关于华北、东北外贸形势座谈会。

束为陪同程红副市长会见日本索尼公司驻华总代表。

6月17日

申金升参加节能环保研讨交流专题签约仪式。

王卫平、闫小彦陪同程红副市长调研物流企业。

王卫平参加"推进首都现代化建设，振兴都市工业"专题调研座谈会。

6月18日

李薇薇参加2009北京国际旅游博览会开馆仪式。

郭伟参加全国整顿外派劳务市场秩序专项行动电视电话会。

6月19日

许康陪同苟仲文副市长参加《城市零距离》节目直播。

6月22日

韩雯参加第十二届科博会总结大会。

6月25日

李薇薇参加商务部公平贸易工作会议。

魏忆京参加健全完善人员密集场所消防安全监管与安全生产监管协调配合机制座谈会。

7月

7月1日

束为参加北京市服务中央单位和驻京部队综合服务平台揭牌仪式。

7月2日

韩雯参加全市第一批学习实践活动单位整改落实“回头看”情况抽查工作部署会。

程玉华参加中关村共建产业基地空间范围和布局调整专项工作动员会。

7月3日

卢彦参加国办督查组检查“扩内需、促增长”政策落实情况汇报会。

7月7日

程玉华参加商务部召开有关对外承包工程企业开始征税座谈会。

7月8日

魏忆京带队前往西城区开展“合围攻坚行动”防火专项督查。

7月9日

陈泽星参加北京区（县）试点投融资平台揭牌仪式。

7月14日

李薇薇参加商务部召开的汽车家电以旧换新会议。

程玉华赴山东烟台参加第九次泛黄海中日韩经济技术交流会。

陈泽星陪同黎晓宏拜会中国人民银行苏宁副行长就跨境贸易人民币结算试点工作进行协商。

7月15日

卢彦会见拉萨市副市长，继尔会见家乐福北方区副总裁顾飞亚。

7月16日

卢彦、陈泽星参加海关总署与北京市人民政府合作协议签署仪式。

闫小彦参加市政府与中石化集团公司战略合作框架协议书签署仪式。

7月20日

闫小彦陪同程红副市长会见沃尔玛公司总裁。

7月23日

束为陪同苟仲文副市长会见索尼爱立信公司全球首席执行官。

7月26日

闫小彦参加商业企业家活动暨和谐商业高端论坛。

7月29日

卢彦参加天竺综合保税区揭牌仪式。

卢彦、陈泽星参加中航工业顺义航空产业园开园暨航空发动机产业基地奠基仪式。

7月30日

李薇薇参加全国打击借“家电下乡”等名义制售假劣产品专项整治会议。

8月

8月4日

束为参加苟仲文副市长主持召开的北京市投资促进工作交流会。

8月6日

韩雯参加北京新发地农产品批发市场合作签约仪式。

卢彦、李薇薇参加研究启动本市汽车以旧换新有关工作会议。

8月7日

李文炜参加港澳台同胞海外华侨华人支持2008奥运会纪念展室揭幕仪式。

刘行苍参加北京奥运城市发展论坛开幕式和主论坛。

8月10日

束为参加讨论公共卫生应急指挥部各组人员的加班补助事宜。

闫小彦陪同程红副市长会见瑞典宜家集团亚太区总裁一行。

8月11日

李薇薇参加废旧机动车处理工作现场工作会。

卢彦、郭伟赴西藏拉萨市就支持拉萨招商引资、加强商务合作进行交流。

8月17日

韩雯参加研究完善地下商业项目产权手续及利用问题。

8月18日

郭伟、闫小彦参加《全国工程建设领域突出问题专项治理工作》电视电话会。

申金升参加2009年下半年北京工业重大项目开工、竣工、签约仪式。

8月19日

卢彦会见TESCO新任中国区副总裁兼北方区首席执行官Tony Hoggett一行。

8月26日

魏忆京参加首都综治委科技创安综合协调委员会第一次全体会议。

许康、魏忆京参加市商业行业安全生产监管工作培训暨国庆平安行动再动员。

8月27日

刘行苍研究中小商贸企业融资担保宣传推介会方案。

程玉华召开清理整顿外派劳务市场秩序专项行动总结通报会。

8月28日

卢彦、李薇薇、魏忆京、刘行苍参加购物季开幕式。

陈泽星参加北汽与博世公司CVT项目合作签约仪式。

8月31日

程玉华参加北京数字电视产业园暨京东方第八代TFT－LCO生产线奠基仪式。

陈泽星陪同刘志前往吉林参加中国东北亚投资洽谈会。

9月

9月1日

程玉华陪同程红副市长参加商务部对俄贸易秩序工作会。

魏忆京参加京津冀晋辽蒙六省（市）盐政执法协调会。

9月2日

程玉华参加发改委召集的研究首钢秘鲁铁矿项目问题会议。

卢彦陪同程红副市长调研信用保险。

9月4日

闫小彦参加“迎国庆”食品安全专项督查情况通报会。

9月7日

陈泽星参加程红副市长主持的北京市参与2010年上海世博会工作协调小组第二次会议。

9月11日

许康参加国务院安委会督查组对朝阳区人员密集场所安全生产工作进行的督查活动。

卢彦陪同郭金龙市长会见家乐福集团总裁罗盛中。

9月13日

闫小彦参加房山中央购物休闲区（CSD）启动仪式新闻发布会。

9月17日

卢彦参加健赞（北京）研发及实验室生产基地项目奠基仪式。

程玉华参加有机绿色农产品物流配送项目建设协调会。

9月20日

许康参加加强旅馆业管理、确保国庆安全动员部署大会。

9月23日

郭伟参加西城区对无障碍设施改造效能监察工作进展情况进行行政检查。

程玉华参加研究中关村国家自主创新示范区范围和布局调整方案。

9月25日

闫小彦参加吉林副市长召开的能源与经济运行调节工作领导小组国庆能源保障专题会。

9月27日

韩雯参加北京市参与2010年上海世博会工作协调小组展览展示方案专题会。

9月28日

束为陪同程红副市长会见墨西哥宾堡集团高级执行副总裁。

程玉华参加研究北汽福田重卡扩能项目有关问题的会议。

10月

10月8日

卢彦陪同程红副市长前往黑龙江省绥芬河市参加第二届中俄政党论坛。

10月10日

束为参加中关村国家自主创新示范区领导小组第三次会议。

10月12日

卢彦参加第十届北京CBD国际商务节开幕式。

10月14日

申金升参加中国动漫游戏城建设项目启动信息发布会。

魏忆京参加研究部署液化石油气安全生产专项治理工作。

李薇薇参加2009年北京国际时装品牌推广周特别活动。

10月15日

束为参加2009跨国公司地区总部发展论坛。

卢彦参加北京—浙江经济社会发展情况交流会。

程玉华陪同程红副市长参加“重组流通经济研究所”座谈会。

10月16日

刘行苍参加北京购物季之北京汽车节。

闫小彦参加北京—浙江推进经济转型升级洽谈会和项目签约仪式。

10月17日

卢彦、程玉华参加昌平区美食旅游文化节开幕式。

10月19日

卢彦、李薇薇、刘行苍参加2009年北京拍卖季开幕式。

10月22日

程玉华研究马坊口岸型物流基地启动运行。

10月25日

李薇薇参加纪念首都农业集团成立六十周年大会。

10月28日

程玉华参加第四届文博会组委会会议。

李薇薇参加商务部“老字号”座谈会。

10月29日

卢彦、李薇薇参加京港洽谈会首届香港品牌商品展览会开幕仪式。

陈泽星前往深圳参加创业板开市仪式。

11月

11月2日

李薇薇参加组建“绿色车队”及完善药品配送绿色通道工作汇报会。

郭伟、许康召开区（县）政风纠风民意测评结果通报视频会。

11月3日

陈泽星陪同郭金龙市长会见美国摩托罗拉联席首席执行官。

11月5日

程玉华与香港推广署长会谈。

李薇薇参加商务部“老字号”工作会。

11月6日

陈泽星陪同郭金龙市长会见美国前总统国家安全事务助理。

11月11日

李薇薇调研电子商务企业。

闫小彦参加北京市经济形势分析会。

11月18日

陈泽星参加听取《天竺综保区管委会需要有关部门下放的行政管理职权表》意见。

11月19日

闫小彦、李薇薇参加WTO与中国北京国际论坛开幕式及主题论坛。

程玉华参加商务部服贸司工作会谈。

11月20日

李薇薇参加WTO与中国北京国际论坛“老字号”与人文北京专题会议。

11月21日

许康参加酒类流通协会主办“北京酒·市场”研讨会。

闫小彦陪同市领导前往朝阳区围绕“保增长、促发展”主题进行调研。

11月23日

许康参加第二届中国服务贸易大会筹备工作。

李薇薇参加宣南文化节“老字号”、特色街展示周启动仪式。

11月25日

陈泽星参加北京数字电视产业园及京东方8代线项目协调小组第一次会议及动员会。

12月

12月2日

陈泽星参加北京天竺综合保税区务虚工作会议。

12月21日

程玉华与服务外包协会、中关村软件园研讨相关事宜。

李薇薇参加“老字号”协会常务理事会。

陈泽星、韩雯陪同公平贸易局领导前往京东方调研工作。

12月22日

魏忆京前往大兴区参加南部区（县）安全生产座谈会。

郭伟、李薇薇参加2009北京购物季闭幕式暨新年商业促销活动启动仪式。

束为前往商务部外资司研究工作。

李薇薇参加商报“北京商业高峰论坛”。

12月23日

東为前往商务部外资司研究工作。

李薇薇参加“老字号”立法论证座谈会。

束为前往索尼公司研究工作。

陈泽星参加密云县福田多功能汽车工厂奠基仪式。

12 月 24 日

束为参加全国商务工作会议。

李薇薇参加连锁企业创新营销方式论坛。

第八部分

附　录

北京市商务委员会组织序列（截至2009年12月31日）

序　　号	商　务　委　处　室
1	办公室
2	综合处（研究室）
3	法制与公平贸易处（世贸组织事务处）
4	流通规划处
5	流通发展处
6	流通秩序处
7	服务交易处
8	储备调控处（北京市盐务管理办公室）
9	市场运行处
10	物流发展处
11	酒类管理处
12	外贸运行处
13	外贸发展处
14	机电进出口处（北京市机电产品进出口办公室）
15	服务贸易处
16	对外经济合作处
17	外资发展处
18	外资管理处（对港澳台经济合作处）
19	安全监管处
20	财务处
21	人事处
序　　号	**市政府口岸办公室处室**
1	秘书处
2	综合业务处
3	航空港处
4	陆港管理处（北京市人民政府口岸办公室丰台货运口岸管理处、北京市人民政府口岸办公室朝阳口岸管理处）

（续）

序号	市粮食局（部门管理机构）
1	办公室
2	调控处
3	政策法规处
4	储备处
5	监督检查处
6	流通管理处
7	财务处
8	人事处
序号	**市商务执法监察大队（直属管理机构）**
1	法制科
2	办公室
3	财务科
4	执法一队
5	执法二队
6	执法三队

北京市商务委领导成员（2009年1月1日至12月31日）

卢　彦　　党组书记，主任
束　为　　党组副书记，副主任
郭　伟　　党组成员，纪检组组长（2009年3月调入）
闫小彦　　党组成员，副主任
陈泽星　　党组成员，副主任
任雅丽　　党组成员，纪检组组长（2009年3月调出）
程玉华　　党组成员，副主任
许　康　　党组成员，副主任
李薇薇　　党组成员，副主任
吴开镕　　委员（正局级）
魏忆京　　委员（副局级）
孙　尧　　委员（副局级）
韩　雯　　副巡视员
申金升　　副巡视员
刘行苍　　副巡视员

北京市人民政府口岸办公室领导成员

王卫平　　党组书记，主任
杨国栋　　党组成员，副主任
高俊岭　　党组成员，副主任
吴伯棠　　党组成员，纪检组长

北京市粮食局领导成员

李广禄　　党组书记，局长
周爱华　　党组副书记，纪检组长
马长旺　　党组成员，副局长
朱　雷　　党组成员，副局长

北京市人民政府第八届专家顾问团

商业发展组（按姓氏笔画排序）

姓　名	单　位	职务（职称）	专　长
王琪延	中国人民大学	教授	统计分析与预测
陈　淮	建设部发展研究中心	研究员	战略与政策研究
范剑平	国家信息中心预测部	研究员	收入分配与消费
姚力鸣	中商商业经济研究中心	副研究员	商业经济研究

经贸发展组（按姓氏笔画排序）

姓　名	单　位	职务（职称）	专　长
文　魁	首都经贸大学	校长	经济理论
王子先	商务部政策研究室	副司长	外经贸政策研究
王传丽	中国政法大学	教授、博导	国际经济法
冯　雷	中国社会科学院财贸所	室主任	国际贸易
张小济	国务院发展研究中心对外部	部长	经济政策研究
李慧芬	中国机电产品进出口商会	原会长	国际贸易
周世俭	中国五矿化工进出口商会	原副会长	国际贸易
薛荣久	对外经济贸易大学	教授、博导	国际贸易